CITY BRANDING

Theory and Cases

Keith Dinnie

城市品牌

理论与案例

（英）基思·丹尼 编著 沈涵 等译 赵倩 校订

东北财经大学出版社
Dongbei University of Finance & Economics Press 大连

辽宁省版权局著作权合同登记号：图字 06－2013－240 号
Keith Dinnie：City Branding—Theory and Cases

图书在版编目（CIP）数据

城市品牌：理论与案例 /（英）丹尼编著；沈涵等译．
—大连：东北财经大学出版社，2014．8
ISBN 978－7－5654－1498－5

Ⅰ．城…　Ⅱ．①丹…　②沈…　Ⅲ．城市管理－品牌战略－研究　Ⅳ．F293

中国版本图书馆 CIP 数据核字（2014）第 070170 号

东北财经大学出版社出版发行
大连市黑石礁尖山街 217 号　邮政编码　116025
教学支持：（0411）84710309
营 销 部：（0411）84710711
总 编 室：（0411）84710523
网　　址：http：//www. dufep. cn
读者信箱：dufep @ dufe. edu. cn
大连图腾彩色印刷有限公司印刷

幅面尺寸：170mm×240mm　字数：266 千字　印张：24 3/4
2014 年 8 月第 1 版　2014 年 8 月第 1 次印刷
责任编辑：李　季　杨紫旋　　　　责任校对：那　欣　毛　杰
封面设计：冀贵收　　　　　　　　版式设计：钟福建
定价：52. 00 元

译者序

随着发达国家城市发展的成熟，城市之间对人才、资本等资源的竞争非常激烈，城市竞争促生了城市品牌这一研究领域的兴起和发展。中国的城市化发展虽然经历的时间不长，但是城市的差异化发展和品牌战略也逐渐成为城市管理者开始关心的一个问题。为了更好地吸引人才、游客和投资，促进经济产业和社会文化的发展，城市需要建立并推广良好的城市形象，而城市形象的推广需要对城市的发展战略进行科学定位，并且通过有效的传播渠道和营销方法将城市品牌的核心概念传递给社会大众。

但是与企业品牌战略相比，城市品牌战略的制定和实施更为庞杂。城市品牌不仅仅是一个形象的问题，抑或是传播推广的问题，而是牵涉到了城市发展的方方面面。首先，城市的定位是否科学？是否对周围看得见的竞争者有过深入的了解？在全球化浪潮中，是否想到世界某个地方的城市可能对我们的城市构成竞争威胁？应该如何应对？这需要我们的决策部门对城市品牌的定位作出科学全面的调查和研究。

其次，公共部门是否有能力为城市品牌战略的实施提供有力的支持？品牌战略的实施需要一种可持续的制度设计，牵涉到公共部门的组织机构设置、公私合作机制的建立、利益相关者的认可和参与……具体实施的难度决定了我们在城市品牌战略制定之初就必须考虑方案的可实施性和可持续性。需要合理地安排实施机构，听取各方面的诉求并设计很好的利益分配机制。

再次，我国过去几年的快速城市化隐藏了很多问题，产业发展的支撑、公共服务的供应、社会治理的经验等准备不足，尤其是我们的公共管理部门对城市管理、社区发展的理念还有待转变。城市品牌化的观念有助于我们从外部评价者和内部相关者的角度审视城市发展的现状与未来，从市场需求和资源配置这些方面进行城市竞争优势和差异化的设定，从而形成城市发展与管理的宏观视野和思路。

因此，城市品牌研究内容非常广泛，研究体系也日益扩展，既有从传统市场营销学衍生出来的理论，也吸纳了公共管理、政府决策、城市规划、社区发展、利益相关者等领域的知识。本书努力构筑了比较系统的城市品牌理论，并且利用这一理论，从不同角度对一些城市品牌实践的案例进行观察和分析，从中获得的经验可以为城市管理部门、市政当局、咨询机构、媒体机构、社区团体、旅游企业等与城市品牌相关的公共部门和企业社团提供思路和借鉴。同时，本书也为市场营销、公共管理、媒体传播、城市规划、旅游管理等学科的教学提供了很好的案例研究和理论素材。

本书得以出版要感谢东北财经大学出版社国际合作部的主任李季博士，李博士对本书的选题非常支持，为此书还专程来复旦与笔者探讨，专业精神令笔者极为感动。此书的责任编辑是去年从英国学成归国的杨紫旋女士，作为杨编辑负责的第一本译稿，她的投入和认真的态度令人印象深刻。

本书的翻译团队成员是复旦大学旅游学系的沈涵、宋承奕、樊诗卉、李祎旸、刘星、赵静、赵倩、樊佳依这八位教师和学生。在此书的翻译过程中，我们团队经历了非常漫长的讨论和修改，在定期的见面会上讨论翻译过程中的困难和问题，尤其涉及一些国外的城市发展和营销活动的专业术语，是全书翻译的最大难点。为了更为精确地翻译词汇，我们逐一对其背景资料进行网络和文献渠道的查阅，从而较好地了解和把握其意思。成稿后又经历了两次统稿，最后由赵倩校对核稿。但是由于才疏学浅，在本书的翻译过程中，不当与疏漏之处难免，还请读者指正，笔者将很荣幸与诸位交流、切磋(shen_han@fudan.edu.cn)。

沈涵

2014 年 6 月 18 日

于上海复旦光华楼

译者简介

沈涵博士是旅游目的地营销和广告传播、城市品牌研究方面的专家，现任复旦大学旅游学系副教授，国际旅游学会副秘书长，中国社科院旅游研究中心特邀研究员，同时担任国际学术期刊《旅游城市》的编委。入选首批国家旅游局青年专家，先后承担过国家社科基金、教育部人文社科基金、国家旅游局课题、上海市人民政府决策咨询课题等十余项国家级、省部级课题。承担过英国、泰国、韩国等国，以及上海、苏州等多个城市的旅游形象、市场营销咨询课题。

译者致谢

本项研究得到了国家旅游局“旅游业青年旅游专家培养计划”（TYETP201311）的资助。

前　言

城市和大都市已经代替国家逐渐成长为地理区域研究的主角。在建立城市形象的竞争中，潜在游客、投资者、商业机会、学生和人才的地域选择会发生剧烈变化，城市则致力于传达区域的竞争力和选择该区域的实质性意义，以诱导、掌控这种变化。

基思·丹尼先生的第一本书——《国家品牌——概念、问题与实践》(*Nation Branding —Concepts*, *Issues*, *Practice*) 取得巨大成功后，他适时地把自己的研究方向转移到了关于城市品牌的重要问题探讨上。最新的联合国报告中，一篇题为"世界城市化潮流前景的重新展望"的报告突出强调了67亿世界人口中已有一半人口生活在了城市化进程中，而这在人类历史上还是第一次。报告还做出预言：世界人口的未来增长会集中在城市化不断发展的亚非地区。这个预言在亚洲许多国家经济高速发展的背景下正逐步实现，而这些国家已经拥有了像上海、孟加拉和迪拜这样的已经发展为国际性经济舞台的大城市。

如今，所有类型的城市已经认识到它们正处在与世界另一端的地区、组织的竞争之中。在世界范围内对人才、有利要素和市场的搜寻，甚至把小城市也纳入了全球合作的网络之中。与此同时，国际性游客也越来越容易辨别，他们的目的地呈现出由传统的著名城市向知名度较小、正在发展中的城市和地区倾斜的趋势。这个现象表明想要谋求大发展的城市必须主动地塑造和影响世界对它们的看法和态度，并以一定的策略和手段来“营销”自己。

社区领导已经慢慢地认识到，在他们的城市形象、声誉和作为旅游、居住、投资及学习的目的地所产生的吸引力之间，有着十分直接的联系。有观点认为，如果他们真心希望促进当地繁荣、发展社会资本和鼓励经济增长的话，“不作为”显然不是可行的选择。每年都有更多的城市想要挤进目前已经被过多的备用选择、广告、媒体选择和市场信息所充斥的世界之中。并非所有城市都理解如何穿过这些混杂的“噪音”来与消费者建立联系。为了取得成功，城市领导者正在思考如何利用一度运用于商业产品和服务领域的品牌效应来实现城市发展，而不仅仅局限于传统渠道。

当城市以巨大的经济、政治和社会价值闻名时，这种想法就会提上议事日程。很少有城市领导会考虑工作岗位的数量，商业和那些负责城市形象、声誉的组织的发展情况。不幸的是，这些经常被人们漠视、未被有效组织管理的因素有着巨大的价值。而这项价值从不被度量，也不会出现在资产负债表或市长、城市管理者或选举出的政府人员的工作绩效考评表上。对建立城市名片的重视程度，与旅游业的健康发展、经济增长和城市声望之间有着直接的联系。在强调了城市形象的重要性后，制定规划就成为培育、管理和保护这项最有价值的城市资产的当务之急。

解析城市品牌概念的过程涉及大量的利益相关者，而且可能会有一些东西与企业品牌商品和服务所遵循的逻辑有所冲突。造成这种冲突的一个原因是城市品牌共同体本身所具有的复合与复杂特性。这个共同体由许多相互独立且相互竞争的商业、产品组成，此外还包括那些可能由多个团队和品牌维护者拥有或管理过的历史因素。一些专业人士论证了城市品牌必须经得起一定程度的政治和公众讨论，这一点与消费者品牌截然不同。他们强调城市品牌必须经得起时间考验、公众讨论、政治审查、媒体舆论和市场分析。他们认为，使城市品牌摆脱政治因素影响的最佳途径，是在城市品牌战略开始之初就通过专家咨询流程来构建社区和合作者的补偿购入机制。

《城市品牌——理论与案例》(*City Branding — Theory and Cases*) 讨论了城市品牌的相关理论，并提供了有趣的案例以供借鉴。从这些例子中我们可以了解到许多城市成功树立城市品牌的不同做法。这些案例揭示了定义城市品牌具有许多复杂、多维的因素。重要的是，这本书选取的案例范围很广，不仅包括已经成功的案例，而且还包括那些尚不成熟甚至失败的案例，为读者提供了一个更好地理解城市品牌的视角。此外，它的全球化视野使得本书成为一本不仅吸引人，而且值得所有对城市品牌有兴趣的读者一读的好书。无论是想要获得学术启发，还是想要了解市场实践，这本书都不会让读者失望。这本书对于那些期望深化自己对于品牌机制及其运行的认识的读者来说，是十分宝贵的资源。这些引人入胜的全世界诸多案例，展示了品牌规律是如何在诸多不同的挑战同时发生的情况下得到运用的。无论读者是这个领域的专家，或者是初次接触这个领域的读者，这里都有许多值得学习的东西。

比尔 · 贝克 (Bill Baker)

序　言

这本书旨在把关于城市品牌的理论和实践融合在一起，形成可以供政策制定者、学者、学生以及广大有兴趣的读者参考借鉴的体系。这本书的作者和案例具有十分广泛的地域分布，反映出城市品牌的全球维度。除了那些我们所熟知的欧洲、北美地区的经典案例以外，如巴塞罗那、巴黎和纽约，本书还包括世界其他地区的经典案例，如艾哈迈达巴德、蒙得维的亚、阿克拉和重庆等。

来自全球各地的一系列作者，为我们提供了丰富的案例，展示了当下城市品牌的理论与实践发展状况的诸多视角。特约撰稿人们有着不同的专业背景，这也保证了城市品牌理论的多学科交叉基础，同时为能够决定品牌化措施成功与否的日常实践操作问题提供许多有效的视角。

然而，这本书并没有提出一个关于城市品牌化的一般化模板。相反地，它通过列举许多与城市品牌相关的理论概念，对现实中树立不同城市品牌的独特操作方式进行分析，如布达佩斯、首尔、伍伦贡、爱丁堡、吉隆坡和悉尼等。这本书致力于为政府制定城市品牌化策略时，提供灵感和理念，以求真实全面地反映城市独特的精髓。对于城市品牌来说，没有“放之四海皆准”的解决办法，这也是城市品牌这个课题如此吸引人的一个原因。

基思·丹尼

东京

致　谢

编著《城市品牌——理论与案例》是一次使我受益匪浅的经历。与多位学识丰富的作者在一个项目组中共事，是我莫大的荣幸。特约撰稿人与我们分享了许多代表了城市品牌领域几十年专业研究的观点和角度、反响以及专业活动。我十分感谢所有的作者，而且真诚希望将来能与他们继续合作。

我还要向 Palgrave Macmillan 出版社献上我真诚的谢意，他们在整本书的成书过程中不遗余力地提供了各种支持和帮助。尤其是要特别感谢斯蒂芬·拉特（Stephen Rutt）和埃莉诺·戴维·科里根（Eleanor Davey Corrigan），他们在这个项目中始终保持着浓厚的兴趣，对于我们在出版过程中的疑问都及时地给予了答复。此外，我还要由衷地感激 Palgrave Macmillan 出版社的布伦达·劳斯（Brenda Rouse）对这个项目一直以来的支持和鼓励，他对本书最终能够在《品牌管理》（*Journal of Brand Management*）和《地方品牌和公共外交》（*Place Branding and Public Diplomacy*）两本知名刊物中得以发表起到了重要作用，使本书在地方品牌领域中的地位得到一定的提升。

基思·丹尼

东京

作者附注

比尔·贝克（Bill Baker）是总体目的地管理组织（Total Destination Management）的主席，该组织位于俄勒冈州的波特兰市。他拥有超过30年的目的地品牌化及25个不同国家的市场营销经验。比尔被国际上公认为是创造策略领域的先驱，他策划的目的地涵盖了所有规模，大至国家，小至城镇。他领导的团队曾经为美国、澳大利亚的100多个地方的旅游业、经济发展出谋划策。他的策略性建议也受到数个国家和地区的追捧和采纳，例如中国香港特别行政区、印度、澳门和沙特阿拉伯等。他是欧美和亚洲地区目的地品牌会议的重要发言人，也是备受好评的书作——《小城市的目的地品牌》（*Destination Branding for Small Cities*）的作者（www. DestinationBrancing. com）。

胡安·卡洛斯·贝洛索（Juan Carlos Belloso）是企业和地方发展策略和品牌化方面的专家。他在策略、品牌化、发展、市场营销和国际推广领域有着十分丰富的经验，曾经与许多企业和地方（市区、城市、地区和国家）有过合作。他是巴塞罗那市议会中城市品牌化、市场营销和区域发展方面的顾问，也是巴塞罗那城市策略发展计划（PEMB）的顾问，该计划是一个由市议会推进的私人非营利协会。此外，他还担任许多企业的品牌化和公共关系问题的顾问。胡安·卡洛斯毕业于巴塞罗那大学经济与工商管理学院，并在纽约大学国际市场营销系从事过专业研究。他曾担任马德里未来品牌的策略总监、永道会计师事务所和毕马威会计师事务所的策略咨询服务总监，以及位于纽约的加泰罗尼亚国际推广署的总监。他在各种期刊上都发表过策略和地方品牌的文章，是一位多产作家，他的声音也代表着学术界的方向（联系方式：jcbelloso@valordemarca. es）。

佩吉·R·班德尔(Peggy R. Bendel）是国际公认的旅游市场营销、危机沟通和目的地品牌领域的专家，在许多国家和地区有丰富的从业经验，从澳大利亚到亚利桑那，从加利福尼亚到智利，从南非到瑞典。她自1985年以来就一直领导国际旅游发展指导部，并于2009年发起创立了班德尔国际通讯（www. BendelCommunicationsIntl. com）。在一场“我爱纽约”的主题活动中，佩吉荣获由国际酒店销售和市场营销协会（HSMA）颁发的终身成就奖。她是美国旅游部门市场营销行政和公共关系署的董事会成员，也是美国旅游协会的专家。她在品牌化、危机沟通、市场营销和对外关系方面有着重要的发言权，也是资深媒体人。佩吉毕业于佐治亚法学院（现已成为大学），还曾就读于纽约大学公共管理研究生院。她和丈夫理查德·古萨鲁夫（Richard Gussaroff）现居住于亚利桑那州图森市和纽约市。

贾里德·布莱特曼(Jared Braiterman）博士是东京绿地的设计人类学家和创始人。他现在致力于研究如何把自然融入城市以造福环境和人类。在2009—2011年期间，布莱特曼博士利用日立公司和外交关系委员会提供的资金在东京农业大学做学术研究。他曾帮助许多地方的政府、房地产企业、建筑师和公司开发新的绿地。他的作品发布在各种大众媒体上，展示在景观设计、电脑和城市设计会议上，并在他的公共博客上持续更新（www.tokyogreenspace.com）。此前在硅谷的时候，布莱特曼博士为全球企业、科创企业和设计机构提供业务创新咨询服务。他的作品曾出现在巴黎蓬皮杜国家艺术文化中心。他曾获得富布莱特和美国国家科学基金会的人才培养基金。布莱特曼博士获得了斯坦福大学的文化人类学博士学位和哈佛大学的学士学位。

基思·丹尼（Keith Dinnie）博士是东京的日本坦普尔大学商学院的副教授。他是城市品牌研究中心（www.centreforcitybranding.com）的主任。他是世界上第一本国家品牌学术教材——《国家品牌——概念、问题和实践》的作者，目前担任《地方品牌与公共外交》期刊的学术编辑。他拥有爱丁堡大学法语与德语专业的文学硕士学位、斯特拉斯克莱德大学营销学的理学硕士学位和格拉斯哥卡里多尼亚大学的博士学位。他的主要研究方向是城市、地区和国家的品牌化。他曾在《国际营销评论》（*International Marketing Review*）、《服务营销期刊》（*Journal of Services Marketing*）和《地方品牌和公共外交》等知名刊物上发表论文，并在美国、英国、法国、德国、葡萄牙、希腊、冰岛、马来西亚、中国、韩国和日本等国做过研讨会和会议演讲及展示（联系方式：keith.dinnie@centreforcitybranding.com）。

马格达莱纳·弗洛莱克（Magdalena Florek）是波兰波兹南经济大学的副教授，拥有市场营销学博士学位。在2006—2007年期间，马格达莱纳担任新西兰奥塔哥大学市场营销学的高级讲师。她是几本有关地方营销的波兰语的书籍的作者或合著者，曾经在各种国际刊物上发表过关于各种规模地区的品牌化的文章，如《地区品牌和公共外交》、《地方管理和发展》（*Journal of Place Management and Development*）和《体育和旅游》（*Journal of*

Sport & Tourism）等。她是《城镇与城市管理》（*Journal of Town and City Management*）编辑委员会成员。马格达莱纳是美国、意大利、波兰和新西兰的研究项目团队的成员，在地方品牌化和城市、地区营销方面积累了丰富经验。此外，她还是地方管理协会（IPM）的成员、地方营销领域的“地方＋（Place＋）”咨询公司的创始人、欧洲地方营销协会“最佳地方（Best Place）”的创立者之一。

玛丽亚·芙拉（Maria Fola）（http：//mariafola. blogspot. com）是一位沟通专家。在2001—2005年期间，她是雅典2004年策略沟通小组的成员之一，与一个国际团队共同为奥运会开发策略沟通计划，还参与了大规模民意调查的设计及实施和奥运会危机沟通计划的开发。她曾在希腊雅典学习大众传媒与传播，拥有伦敦经济学院媒体与传播专业的硕士学位。她专注于国家品牌理论及其应用研究，是克里特大学的博士候选人。过去，她曾担任布鲁塞尔的沟通顾问，也为她的家乡——希腊的许多大型公司做过沟通活动方面的顾问。目前玛丽亚在雅典伯森马斯特勒公司（Burson—Marstellers' Affiliate Office）担任总监一职，负责企业声誉管理。

若昂·里卡多·弗莱雷（João Ricardo Freire）博士目前在里斯本的布兰迪亚中心担任品牌顾问。若昂最大的研究兴趣是品牌，更具体地说是地方品牌。在经过多年的定量和定性研究后，弗莱雷博士对于地方品牌标志建设已经有了全新的思路和独特的方法。他的研究成果出现在一些国际刊物上。他目前是《地区品牌和公共外交》期刊负责欧洲、中东和非洲区域的编辑。最近，若昂为葡萄牙旅游局开发了一个创新性的项目。该项目是用一种新的管理工具来衡量葡萄牙11个旅游区的吸引力。若昂最初的经济学背景使他在金融和市场营销领域的多家跨国公司里工作多年，包括施乐公司、巴西、葡萄牙和英国的圣戈班和卡伯特公司。他还与人合作创办了Ecoterra和

Epicuspicy 两家公司，主营食品的市场营销和品牌化。

西科·凡·盖德(Sicco van Gelder) 是品牌策划的世界领导者之一。他是全球策略和城市品牌系列书籍的作者，也为品牌化的书籍和期刊撰写过许多章节和文章。特别的是，他为地方品牌这一新兴领域的理论和实践作出了巨大贡献。西科是“城市品牌”的创始人（www.placebrands.net)。这是一家致力于帮助城市、地区和国家制定及实施策略的国际顾问公司。在这方面，他曾参与了全世界许多城市和国家品牌的形成与合作。

约翰·格林(John Glynn) 博士是伍伦贡大学商学院的行政院长。他负责并领导工商管理系和悉尼商学院的策略规划发展。格林教授在学术研究和管理顾问两方面都有十分丰富的经验。他的教学和研究兴趣主要集中在金融和公共部门管理、企业重组和创新策略领域。他出版发行过书籍、书籍章节、学术期刊文章和会议论文等 80 多篇出版物。

罗伯特·戈韦尔(Robert Govers) 目前是兼职副教授，在比利时鲁汶联盟大学旅游管理系担任访问佛兰德项目主席。他还是佛兰德旅游政策研究中心的项目负责人。除此以外，他还是海牙酒店管理学院、鹿特丹管理学院、米兰 IULM 大学、都灵大学和迪拜一些机构的客座教授。他在地方品牌与形象、旅游业、酒店业和质量管理领域曾与他人合作撰写了许多出版物。作为项目负责人，戈韦尔曾参与许多知名组织的咨询项目，如国际航空运输协会（IATA)、欧盟委员会、佛兰德政府、荷兰各部委和旅游宣传部门。他还讲授地方品牌、市场营销、服务营销、策略服务管理和研究方法的课程。

巴勃罗·哈特曼(Pablo Hartmann) 是乌拉圭蒙特维多奥特大学的品牌管理学教授，教授市场营销和广告学。他之前是乌拉圭共和国大学经济学院的会计和审计学副教授。他毕业于乌拉圭共和国大学金融会计专业，并从意大利塞杰斯塔大学国际市场营销专业和阿根廷布宜诺斯艾利斯大学企业社会责任专业获得研究生学历。他是矩阵联合营销（www.metrix.com.uy）的CEO和创始人。这是一家乌拉圭的市场营销和企业社会责任咨询公司，为乌拉圭、阿根廷、巴西和厄瓜多尔的企业提供服务。在矩阵公司成立以前，巴勃罗曾在乌拉圭的施格兰、可口可乐公司和桑坦德银行及其他本地企业担任营销部经理。

格特—简·霍斯珀斯(Gert—Jan Hospers）是荷兰内梅亨大学城市和区域营销学的教授以及屯特大学经济地理学的讲师。他对于旧工业区的形象、识别和发展问题以及非营销理论（如行为地理学和城市规划）在地方营销的应用问题很感兴趣。多年来，霍斯珀斯定期在国际期刊上发表文章，如《欧洲规划研究》（*European Planning Studies*）、《经济和社会地理学学刊》（*Tijdschrift voor Economische en Sociale Geografie*）和《地方品牌和公共外交》。他和保罗·本尼沃斯（Paul Benneworth）一起参与了《旧工业区经济发展中文化的作用》（*The Role of Culture in the Economic Development of Old Industrial Regions*，2009）一书的校订工作。

约翰·P·霍顿(John P. Houghton）是城市、住宅和再生方面的作家和顾问，也是“共享智力”（Shared Intelligence）的首席顾问。为解决搬迁问题，他与私人、公共部门和当地人民合作制定策略并提供方案。约翰与安妮·鲍尔（Anne Power）教授一起合著了《拼图城市》（*Jigsaw Cities*），并发表了许多文章。他从牛津大学获得学士学位，从伦敦大学获得文学硕士学位，在富布莱特奖学金的资助下曾在汉弗莱公共事务学院从事混合社区研究。大家可以在 www.metropolitanlines.co.uk. 阅读一些他的文章来了解更多关于他的作品的信息。在这里，他以个人身份充分表达了自己的观点。

本特—阿恩·B·F·霍利曼(Bengt—Arne B. F. Hulleman）硕士（1978）现在是国际刑事法院的礼宾官。他于2001年从海牙酒店管理学院获得学士学位，并于2008—2009年在鹿特丹伊拉斯姆斯大学和海牙酒店管理学院攻读酒店管理硕士。他的论文题目是《海牙——国际和平正义之城，一个关系网络品牌》。在2002—2008年期间，他担任皇家典礼官政策助理和荷兰女王陛下司仪的政策助理。他是酒店管理俱乐部的董事会成员，也是荷兰外交礼仪大奖“The Gilbert Monod de Froideville Price”的评委会成员。他有一双儿女。

安德丽·因琪(Andrea Insch)博士是新西兰奥塔哥大学的高级讲师和研究员。她从格里菲斯大学获得国际贸易和亚洲研究学博士学位。她的研究领域集中在以地域为基础的市场营销和地方认同创造利益相关者价值的方式等问题。安德丽目前正在从事新西兰城市的地方品牌资产的定义及测量研究，并希望将这项研究拓展到其他国家。安德丽曾在《英国食品》(*British Food Journal*)、《市场营销沟通》(*Journal of Marketing Communications*)、《国际零售与分销管理》(*International Journal of Retail & Distribution Management*)和《地方管理和发展》等学术期刊上发表文章。此外，她还写过许多书籍章节、会议论文和嘉宾演讲。

蔡静(Cai Jing)是上海华东师范大学的讲师。她在传播学院讲授企业沟通、广告学和市场营销方面的课程。2006年，蔡静从中国苏州大学获得广告学学士学位。此后，她从英国利兹大学获得广告与市场营销学硕士学位。她的研究方向是企业慈善事业、企业社会责任和整合市场沟通。她目前还从事其他专业活动，包括担任上海市慈善教育培训中心的兼职讲师以及中国上海2010年世博会的志愿者。

琼—诺埃尔·卡普费雷尔(Jean—Noël Kapferer)是巴黎HEC商学院品牌管理的教授和国际专家，拥有美国凯洛格管理学院的博士学位。他是国际MBA重要教材《策略品牌管理》(*Strategic Brand Management*)的作者，这本书现已印刷至第五版。他是第一个促使品牌识别概念成为品牌管理关键理念的人。卡普费雷尔最近刚出版了《奢侈品策略：打破打造奢侈品牌的营销规则》（*The Luxury Strategy*：*Break the Rules of Marketing to Build Luxury Brands*）一书并受到了全世界的追捧。他定期在美国、日本、中国和韩国参与行政研讨会。

罗兰德·凯尔茨（Roland Kelts）是一位美日混血作家、编辑和讲师。他的大部分时间都在纽约和东京度过。他是《日本美国：日本流行文化怎样入侵美国》（*Japanamerica*：*How Japanese Pop Culture has Invaded the US*）一书以及即将发行的小说《通道》(*Access*)的作者。他是杂志 *Adbusters* 和文学期刊《公共空间》的特约编辑和作家，也是《读卖新闻》的专栏作家。他曾任教于纽约大学、东京大学和上智大学，并在美国、日本、澳大利亚和英国的众多机构做过关于日本当代文化的公众演讲。他的作品出现在《今日心理学》(*Psychology Today*)、《时尚》(*Vogue*)、《日本时报》(*The Japan Times*)、《动漫杂志》(*Animation Magazine*)、《书坛》(*Bookforum*)、《乡村之声》(*The Village Voice*) 和其他出版物上。他是《*A Wild Haruki Chase*》、《花花公子小说》(*Playboy Fiction*)、《玩家》(*Gamers*)、《哈库》(*Kuhaku*)、《东京艺术空间》(*Art Space Tokyo*)、《西洋镜：所有的故事》(*Zoetrope*：*All Story*) 等收藏文集的撰稿人。他还是《动漫杰作》(*Anime Masterpieces*) 筛选和讨论系列的主编、国家公共电台 (National Public Radio) 的约稿作家。

格雷格·克尔(Greg Kerr) 博士在新南威尔士州的地方政府拥有高级管理的经验。他为经济发展和旅游研究作出了贡献，在地方市场营销领域有许多研究成果和出版物。他的博士论文探析了理想的地方品牌的实施过程。他目前在伍伦贡大学讲授市场营销管理课程。他担任许多管理者角色，是大学营销学系的系领导和学术委员会的成员，还是商业部和悉尼工商学院校友会的主席。

金恩表(Peter Eung—Pyo Kim) 是首尔市政府的品牌管理者，负责国际策略、媒体策划和推广。他建立了首尔现行的国际城市品牌结构和执行系统。他擅长国际城市策略制定和国际媒体策划。在进入首尔市政府之前，他在网络媒体和韩国公司担任市场营销经理。他在韩国西江大学获得学士和硕士学位，主修工商管理。他的研究兴趣是目的地和国家的国际化品牌。

金佑京(Kim，You Kyung) 是首尔的韩国外国语大学的教授，讲授市场营销学、沟通、广告和品牌方面的课程。他在美国雪城大学纽浩思公共传媒学院获得了博士学位。他写过许多关于传媒市场、品牌管理、全球品牌沟通、广告及相关问题的书籍和文章。他亦在韩国许多领先的公共或私人部门担任过策略、全球品牌管理、国家和城市品牌化方面的顾问。他是韩国广告协会（2008）的前任主席，目前是韩国直属总统的国家品牌委员会的成员。

刘小康(Freeman Lau) 是中国香港著名设计师。2004 年，他凭借为屈臣氏蒸馏水水瓶的设计获得“瓶装水世界”全球设计大奖，成为其人生中的一个重要里程碑。该设计糅合艺术、文化、设计和商业触觉的元素，同时达到提升品牌市场占有率的显著效果。除设计以外，刘小康进行公共艺术及雕塑的创作，其作品更获多个博物馆珍藏。近年，他还参与艺术教育和推广，担任多家非营利设计机构的领导职位，当中包括香港设计中心董事局副主席及北京歌华创意中心总监。2006 年，刘小康更获得香港特别行政区政府颁授的铜紫荆星章，肯定了他为提升香港设计形象所付出的努力和在艺术设计教育方面做出的卓越贡献（联系方式：lau@kanandlau. com)。

梁耀云(Angelica Leung) 曾居住在加拿大、法国、新加坡和中国台湾，从事过市场调研、航空运输、设计和策略等跨行业工作。她热衷于传统艺术和手工艺品，经常闭关禅修，或出席中国佛教、道教和法家思想协会举办的研讨会。她是一个真诚热情、擅长交际的人。梁耀云经常在活动中担任主持，为自己规划不同规模和主体的社交活动。她在这些活动中致力于通过建立人们的联系来创造新的协同效应。她目前居住于香港，在工作时间致力于为家乡贡献自己的力量，在非工作时间则执着于自己的创造性追求（联系方式：angelica. leung@gmail. com）。

格雷斯·卢（Grace Loo）是香港的自由撰稿人。她擅长商务与时尚营销方面的写作，曾为中国的许多大学撰写过教学案例。她在美国获得了国际关系学士学位和新闻学硕士学位。2001 年在牛津大学时，她还是路透社的研究员。

卢玮瑜（Theresa Loo）博士是国家策略规划总监，是 WPP 集团旗下尚扬媒介中国区媒介策划及消费者洞察研究总监。她分别在 JWT 和 O&M 开启了她的广告职业生涯，还在中国从事过营销和市场调研工作。卢玮瑜拥有英国曼彻斯特商学院的市场营销博士学位和多伦多大学罗特曼管理学院的工商管理硕士学位。她还是中国华东师范大学和上海外国语大学的客座讲师，讲授消费者行为、整合市场沟通和新媒体的课程。她的研究兴趣在于地方品牌、农村市场营销和数字媒体。

T. C. 梅勒华（T. C. Melewar）（学士，工商管理硕士和博士）是瑞士苏黎世应用科技大学经济管理及法律学院的市场营销学教授。他是《品牌管理》期刊的总主编。他曾在英国布鲁奈尔大学、华威大学商学院、拉夫堡大学、德蒙福特大学和马来西亚玛拉技术学院有过学习或任教经历。他编辑了两本书籍：（1）《企业识别、传播和声誉面面观》（*Facets of Corporate Identity, Communication and Reputation*）；（2）《企业品牌和识别管理的当代思考》（*Contemporary Thoughts on Corporate Branding and Corporate Identity*

Management）。他的研究兴趣包括企业品牌和识别、市场沟通和国际营销策略。他已在权威期刊上发表论文 50 余篇，如《国际商务研究》（*Journal of International Business Studies*）、《国际营销评论》（*International Marketing Review*）和《欧洲营销期刊》（*European Journal of Marketing*）。他曾在瑞典、德国、俄罗斯、格鲁吉亚、摩尔多瓦、法国、马来西亚和印度尼西亚等国教授过研究生课程。

艾伦·C·米德尔顿（Alan C. Middleton）博士是舒立克行政教育中心的执行董事，也是加拿大多伦多约克大学舒立克商学院的营销学助理教授。无论是在实践还是学术方面，他一直都在积极参与品牌的发展。他的职业生涯长达 25 年，曾在英国、美国、挪威、加拿大和日本从事营销和广告工作，曾担任智威汤逊（日本）的总裁/首席执行官和智威汤逊全球（JWT Worldwide）的执行副总裁兼董事长。20 世纪 90 年代，他开启了自己的学术生涯，曾在美国罗格斯研究生商学院以及阿根廷、中国、俄罗斯、泰国的商学院和舒立克商学院任教。艾伦是《广告作品 II》（*Advertising Works II*）和《图标——加拿大品牌景观指南》（*Ikonica—A Field Guide to Canada' s Brandscape*）两本书的作者。他在品牌管理、整合市场沟通、市场沟通投资回报率、代理关系和代理补偿策略领域撰写了很多书籍的章节和论文。在 2005 年，他入选加拿大营销传奇名人堂导师名录。

加扎利·穆萨（Ghazali Musa）博士不仅是一名合格的医生（MBBS），而且还拥有旅游学博士学位。他是吉隆坡的马来西亚大学商业管理与会计学院的副教授。他在旅游学领域拥有广泛的研究兴趣，包括深水潜水、健康旅游、残疾人旅游、老年旅游、旅游的社会文化影响、生态旅游、高海拔地区旅游、寄宿和背包客旅游。

萨蒂什·K·奈尔（Satish K. Nair）是艾哈迈达巴德尼尔玛大学管理学

院的助理教授。凭借理学硕士学位（物理）和工商管理硕士学位（市场营销管理），以及九年来在一线销售、后勤业务和零售管理岗位的行业经验，奈尔先生于1998年成为MBA水平的教授。他感兴趣的领域包括策略管理、竞争优势（尤其是中小型企业环境）、策略品牌管理和策略营销。他在学院的学术背景横跨策略管理、企业家精神和市场营销领域。自2005年加入该学院以来，在短短的时间之内，他先后担任学术行政管理处主任、市场营销领域主管、策略管理与企业家精神领域主管、工商管理（家族企业和企业家精神）项目负责人，并负责协调了一个国际会议和三个企业家秘密会议。

加里·诺布尔(Gary Noble) 博士是悉尼工商学院和伍伦贡大学工商学院的副教授和副院长。诺布尔博士从事营销学领域的教学和研究，具体侧重于国际市场营销和亲环境营销。在成为学者之前，诺布尔博士在世界各地的一些跨国公司的市场推广部门担任高级职位。他是几本国际营销学教科书的作者。他的作品发表在很多权威的营销和管理学期刊上。

卡恩—森·奥里(Can—Seng Ooi) 博士是哥本哈根商学院的副教授。作为一位受过专业训练的社会学家，他的研究项目多是对地方品牌、旅游策略和艺术世界的具体调查分析，聚焦于对新加坡、丹麦和中国的研究，其本质上是比较性质的。在丹麦策略研究理事会的支持下，他现在正带领一个研究团队开展项目，探究地方品牌和艺术文化之间的复杂关系。他的研究成果发表在许多学术期刊和书籍上，包括《地方品牌和公共外交》、《文化政策国际期刊》(*International Journal of Cultural Policy*) 和《旅游研究》(*Annals of Tourism Research*)。他是《文化旅游》(*Cultural Tourism*) 和《旅游文化》(*Tourism Cultures*) 的作者。关于他的更多信息参见 http：//www. ooi. dk. 。

杰夫·帕门特(Geoff Parmenter) 于2008年2月被任命为首任新南威

尔士州活动组织首席行政官。新南威尔士州活动组织（Events NSW）负责为悉尼（和新南威尔士州）开发和管理事件项目，以推动当地经济发展和提高品牌营销效益。杰夫在大型活动、策略和营销方面拥有 20 多年的经验。在回到澳大利亚为 2000 年奥运会和残奥会工作之前，他在英国和欧洲的国际事件中获得了丰富经验，曾参与 1991 年橄榄球世界杯和 1995 年、1996 年的欧洲杯。在奥运会结束之后，杰夫加入了澳大利亚橄榄球联盟（ARU），最初担任 2003 年橄榄球世界杯的总经理，后来成为 ARU 市场营销部门的主管。2004 年，杰夫成为澳大利亚足协（FFA）的市场沟通和策略部门的总监，负责为 FFA、国家足球队、A 联赛和澳大利亚足球开发策略和推动企业整合。杰夫是悉尼品牌项目组的成员、悉尼商务活动董事会和悉尼商会区议会的董事。

萨雅·辛迪瓦尼(Saumya Sindhwani) 博士拥有伦敦政治经济学院的硕士学位和英国曼彻斯特大学的博士学位。她现在是印度翰威特公司的印度与中东问题解决的领导者，一直从事南亚区域合作联盟（SAARC）国家、北非和中东国家的地方品牌和地区吸引力项目的研究及实施工作。最近，她被印度翰威特公司评为“思想领袖”。在来到翰威特工作之前，她就职于曼彻斯特商学院。她热爱音乐、旅行和徒步。

安东尼·艾波·斯皮奥(Anthony Ebow Spio) 是加纳阿西斯大学二商管理系的讲师，讲授中高级市场营销、服务营销和策略品牌管理课程。1999 年，他从苏格兰的斯特拉斯克莱德大学毕业，并取得国际营销学硕士学位。1987 年，他获得加纳大学的经济学学士学位（荣誉）。他是加纳和英国特许营销协会的特许营销师和成员。安东尼拥有超过 19 年的行业经验，在市场营销、沟通和业务管理工作上不断进取。他在加纳发现通讯公司(DiscoveryTel Ghana) 担任总经理。这是加纳一家向企业提供互联网和网络解决方案的国际通讯技术公司（ICT）。他还曾在加纳和尼日利亚的联合利华跨国公司工作过 16 年。他的学术研究兴趣包括地方品牌、企业伦理、企业家能力和国际商务等。

安德鲁·史蒂文斯（Andrew Stevens）是《城市市长》（*City Mayors*，www. citymayors. com）的副主编，在纸媒和网媒上发表了很多文章来介绍过去十年间城市主义（urbanism）和地方主义（localism）发展的最精彩部分。他写过几本书，也为他人的书撰稿。他曾为政府当局、咨询公司和大使馆出谋划策。

捷尔吉·松迪（Gyorgy Szondi）博士是英国利兹商学院公共关系学系的高级讲师，负责国际沟通的硕士项目。他的研究兴趣和出版物内容包括国际公共关系、沟通管理、地方品牌、公共外交、风险及危机沟通。他的文章和书籍章节发表在《公共事务》（*Journal of Public Affairs*）、《地方品牌和公共外交》、《劳特利奇公共外交手册》（*The Routledge Handbook of Public Diplomacy*）、《全球公共关系手册》（*The Handbook of Global Public Relations*）等刊物上。他曾为英国政府学校、爱沙尼亚政府、爱沙尼亚社会事务部和东欧的一些政府和营利性组织设计并领导策略沟通课程或工作项目。在开启学术生涯以前，捷尔吉曾在伟达公共关系顾问公司的布达佩斯分公司和伦敦国际总部工作。最近，他被提名为欧洲沟通领域的 50 位领先学术专家之一。除了母语匈牙利语外，他还说英语和意大利语，精通德语、法语、波兰语和爱沙尼亚语（联系方式：G. Szondi@leedsmet. ac. uk）。

理查德·泰尔斯通（Richard Tellström）博士是瑞典厄勒布鲁大学餐饮和烹饪艺术系的研究员。他的论文项目从民族学的视角考察了食物文化遗产在瑞士和北欧国家的商业化和政治化机制。有些饮食文化为何被人们视为有用，而有些文化则被人们忽视或“被遗忘”，这样的重要问题在他的论文中被深入研究探讨。理查德不仅在瑞典多所大学教授课程，而且还为政府和企业担任顾问，提供饮食文化资产化的咨询服务，以促进正处于经济复苏时期的地区发展以及食品工业、美食旅游的发展。

肯尼思·沃德罗普(Kenneth Wardrop) 学士（荣誉）、工商管理硕士、旅游管理硕士、英国注册市场推广学会会员，是一位有着 25 年经验的经济发展和旅游学专家。肯尼思目前是爱丁堡目的地营销联盟（Destination Edinburgh Marketing Alliance，DEMA）的行政总裁。DEMA 是爱丁堡新的城市营销机构，旨在打造并提升城市作为观光、投资、居住、工作和学习优秀目的地的国际形象。他领导的项目有爱丁堡除夕夜和圣诞节庆祝活动、华莱士国家纪念碑翻新项目、斯特灵旧城再生项目、斯特灵和特罗萨克斯游客中心建造项目和 2003 年爱丁堡 MTV 欧洲音乐节颁奖礼等。他是爱丁堡会议局的董事。他是爱丁堡纳比尔大学的访问学者，目前正进行“Y”一代旅游消费者的研究。肯尼思是《节事 & 特殊事件管理》（*Festival & Special Event Management*，2008）和《节事和事件管理：国际艺术文化视角》（*Festival and Events Management：An International Arts Cultural Perspective*，2004）两本书的编者，还是《节事和事件管理国际期刊》（*International Journal for Festival and Event Management*）的编辑顾问委员会成员。

目　录

第一部分

理论篇

第1章

城市品牌概论

基思·丹尼（Keith Dinnie）

1.1 前言

城市品牌是一个备受学术界学者和政策制定者关注的重要领域。为了吸引旅游者、投资、人才及实现其他目标，城市在国际范围内展开竞争，而源于商业世界的“策略”理念则越来越多地被应用于寻求城市发展、再生和提高生活品质的实践中。城市品牌的已有研究多数根植于市场营销和城市研究这两个平行发展的学科范畴，而非遵循多学科交叉的研究路径。本书的第一部分由多位来自不同理论背景的学者撰写，旨在为城市品牌理论提供各种丰富的视角。本章关注了城市品牌研究领域的一些重要主题，概述了本书第一部分各位作者提出的核心概念，并且把这些主题和概念与第二部分的城市品牌案例实践相结合。

人们普遍认为，所有规模的地区都可以从资源、声誉和形象管理的统一策略的实施中受益，而人们对城市品牌的兴趣也正是这种认知的一部分。最近出版的有关城市、国家和地区品牌的书籍包括 Anholt（2007），Avraham 和 Ketter（2008），Govers 和 Go（2009），以及 Moilanen 和 Rainisto（2008）的著作。在这些书围绕国家、地区以及城市的品牌化展开论述的同时，越来越多地探讨城市品牌本质的期刊论文为我们呈现了一个更加具体和独特的视角（例如：De Carlo 等，2009；Evans，2003；Gaggiotti 等，2008；Harmaakorpi 等，2008；Kavaratzis，2004；Russell 等，2009）。许多学者对城市品牌和企业品牌进行了对比研究，他们指出，就复杂性和广泛的利益相关者来说，城市品牌与企业品牌是十分相似的（Hankinson，2007；Kavaratzis，2009a；Parkerson 和 Saunders，2005；

Trueman等，2004）。而城市品牌的复杂性则部分来源于满足一系列截然不同的目标受众需求的义务。任何一个城市品牌都应该针对多样化受众，有旅游者（Bickford-Smith，2009）、运动爱好者（Chalip和Costa，2005）、时尚消费者（Martinez，2007），以及现有或未来潜在居民（Greenberg，2000；Zenker，2009）。为了消除一个城市既有的负面印象，可以运用市场营销和策略的各种技巧（Paddison，1993）。

大量的城市品牌研究，尤其是在都市和地区研究领域，都涉及了“创意城市”（creative city）这个概念（Bayliss，2007；Healey，2004；Hospers，2003；Ooi，2008）。“创意城市”这个概念之所以流行起来，Florida（2003，2005）功不可没。他建议城市政策制定者尝试吸引“创意阶层”成为城市居民，从而刺激当地经济的发展。“创意阶层”成员包括科学家、建筑师、作家、艺术家以及其他创造新的理念、技术和创意内容的人士。然而，Scott（2006）对Florida的观点提出了挑战，并质疑一个城市中创意阶层的存在是否能自发引导当地经济的蓬勃发展。Scott强调了健全的治理方案和具有整体性的城市规划的重要性，而非仅仅依靠城市创意阶层的存在。暂且不论创意阶层对于城市经济的相对影响力究竟有多大，吸引人才仍是许多城市策略活动的重要目标。在打造城市品牌的过程中，生气勃勃的文化生活被视为吸引创意阶层的一个先决条件。在这一方面，一些城市已经致力于推动文化生活的发展（Chang，2000；Peel和Lloyd，2008）。

除了上述文献中所涉及的这些关键主题，本书第一部分的章节中还进一步提出了三个核心概念，分别是品牌架构及品牌属性、网络方法和可持续发展。接下来我们会逐项讨论每个概念。

1.2　品牌架构及品牌属性

品牌架构这个概念在品牌研究文献中有很好的阐述（Aaker 和 Joachimsthaler，2000）。在企业品牌的框架下，Devlin 和 McKechnie（2008：654）将品牌架构定义为“一个设计和管理其品牌组合的组织方法”。品牌架构这个概念已经被 Dooley 及 Bowie（2005）和 Dinnie（2008）应用到地区品牌化中，这几位学者探讨了地区品牌如何采取类似于企业管理其产品或服务品牌组合的方式来组织地区的诸多“副品牌”。城市品牌化的最大挑战是在针对不同目标受众所发起的不同领域的活动中，如何搭建一个强大的“品牌伞”使其仍然能保持内在一致性，并且同时保证特定细分品牌的信息沟通。目标受众呈现高度多元化的特点，有城市居民（第 2、9 章）、潜在的投资者（第 3 章）、旅游者（第 4、8 章）和内部利益相关者（第 5、6 章）。通常情况下，城市品牌和该城市所在国家的国家品牌之间存在重要的联系。这种联系在爱丁堡（第 18 章），巴黎（第 25 章）和首尔（第 26 章）的案例中得到了讨论。

为了塑造一个强大的品牌，政策制定者应该明确一系列该城市拥有的品牌属性，而城市品牌属性可以在多样化受众心目中形成城市正面感知的基础。当相关目标群体被问起：“当你想起这个城市时，你会想到什么？”时，人们头脑中首先被唤起的印象正是这个城市品牌所希望树立的城市属性。找出并对一系列相关的城市属性达成共识的过程需要利益相关者们的共同参与，而不能采取自上而下的强制性措施。识别和选择合适的品牌属性需要想象力和开放的心态，从而能有效地表现出这个城市独一无二的属性。例如，我们可以从美食文化（第8章）或者城市负责任地治理环境的承诺（第9章）中得到灵感。无论选择了哪些属性，它们都应该被充分有效地交流讨论。这种交流不仅可以通过传统渠道进行，还可以通过现在被广泛使用的数字媒体来进行（第10章）。一些城市已经尝试把确立品牌属性作为综合性的城市品牌化策略的一部分，例如阿克拉（第12章）、巴塞罗那（第15章）和吉隆坡（第21章）。

1.3 网络方法

本书第一部分的很多章节都反复出现一个主题，那就是城市品牌需要采用网络方法而不是交由小众的精英群体来进行所有的决策。这一观点与Hankinson（2004）将地区品牌概念化为关系网络品牌的思想相似，关注公共部门和私人组织之间的合作机制和城市策略的所有权分配机制。建立有效合作关系的原则有包容性和代表性、长期承诺、共同愿景、责任共担、彼此信任、共同参与、沟通一致、“品牌相关”的决策和行动的进行、“品牌相关”的投资、评估影响和效果的意愿（第5章）。在涉及诸多利益相关者参与的合作机制中，不可避免地会产生矛盾和挑战，但是我们应该乐于迎接这些挑战，并将其视为创造城市品牌认可感和承诺感的必要基础（第6章）。运用各方面的网络化方法来进行城市品牌化这一做法在本书第二部分的大多数案例中体现得淋漓尽致。例如：在艾哈迈达巴德的案例中，艾哈迈达巴德与其所在的古吉拉特邦从城市和邦这两个层面的策略上相互受益（第13章）；在海牙的案例中，作者运用了 Hankinson 的关系网络品牌的概念来进行分析（第 19 章）；在里斯本的案例中，最主要的挑战是划定城市品牌的范围并暗示其利益相关者的范围（第 22 章）；在伍伦贡的案例中，利益相关者方法成为挑战城市负面印象的必要手段（第 29 章）。

1.4 可持续发展

可持续发展的两个维度在本书第一部分的章节中是显而易见的。第一个相对狭义的维度指的是城市品牌的可持续性；第二个相对广义的维度是指城市本身的宜居环境的可持续性。就城市品牌的可持续性来说，我们需要重视下列前提条件：一份城市策略的长期承诺，而非一系列短期的特别活动；充足的资金分配；对社会变化的及时响应；有严谨研究作支撑的特定目标需求（第 5、6、7 章）。城市策略的研究和度量的重要性在布达佩斯（第 16 章）、蒙得维的亚（第 23 章）、纽约（第 24 章）和悉尼（第 27 章）的案例中得到了论证。

就可持续发展的第二个相对广义的维度来说，我们可以采取很多潜在的行动，通过实施一系列有益于城市居民和游客的环境友好型措施，从而塑造一个强大的城市品牌。这些措施以在城市环境中创造新的绿地为基本理念，包括发挥街道的功能、体现屋顶花园和垂直花园的有利效果、恢复河流和城市港湾的作用（第 9 章）。首尔十分重视将可持续发展和城市策略结构相结合的必要性（第 26 章）。

1.5 总结

城市品牌理论的研究尚处于新兴阶段。在过去的几年时间里，城市品牌领域的学术研究出版物出现了可喜的增加。在接下来的几年中，随着城市间在人才招揽、旅游营销、体育和文化活动举办、招商引资以及其他为实现城市发展和再生而设定的诸多目标等方面的竞争愈加激烈，城市品牌的研究兴趣也将呈现稳步增长的态势。在城市品牌领域中，未来研究会朝着跨学科的方向发展，这反映出了以多样化理论视角来捕捉城市品牌复杂性和多维性本质的必要性。

第2章

城市的宜居地品牌建设

安德烈亚·因奇（Andrea Insch）

2.1 前言

出于一种紧迫感，很多城市管理部门都急于为他们的城市创立一个品牌，而这可能导致一些重要的利益相关者的需求、利益以及价值被忽视。在建立城市品牌的过程中，一个群体经常被忽视。对居民在塑造和强化城市品牌中所拥有的价值的低估，可能会破坏城市原有策略设计的目标和意图。居民在城市品牌的塑造中是十分重要的，因为他们“呼吸并生活”在城市的品牌标识下；然而，满足所有居民的需求和渴望却又是不切实际的。居民们对他们生活、工作、娱乐的地方的态度和依恋程度，可以通过他们的建议或抱怨来影响游客和访问者的感知。同时，居民的技能、天赋以及创业动力也能够为城市及地区的发展和繁荣作出贡献。通过上述以及其他途径，居民们可以为他们所居住的城市品牌价值的建设添砖加瓦。

因而，本章的写作意图在于阐释为什么居民在一个可信而持久的城市品牌的共同创造过程中是至关重要的参与者。为了达成这些目标，本章将首先讨论城市品牌与居民的联系，接下来解释居民满意度与城市品牌之间的关系。笔者还对如何实现城市品牌的终极目标——创造一个适合居住、工作以及娱乐的城市进行了描述。最后，笔者特别强调在城市的宜居地品牌化过程中，所谓的“放之四海皆准”的办法是不现实的。

2.2　城市品牌化——与居民的联系

除了城市集聚的经济优势以外，城市还为居民提供了许多社会和情感方面的益处，包括信息共享、建立紧密社会纽带和参与一系列自己感兴趣的活动的机会。实际上，正如 O’Flaherty（2005：12）所说：“城市将会一直存在下去——就像它们已经存在了 1 000 多年一样——只要它们的优势足够抵消掉劣势。”城市为个体创造各种机会——就业、教育、住房、社会流动和交通，也为商业创造各种机会——成本降低、金融服务提供、受过教育的劳动力和邻近的市场供给，而这些因素支撑了整个 20 世纪持续不断的城市化进程（United Nations，2005）。出于对这种趋势的不可持续的担忧，为了保证城市的“健康”以及“长寿”，城市间对资源的争夺日趋白热化，人力、资金、知识资源都是被争夺的对象。作为在与其他城市的竞争中提升自身知名度与吸引力的手段，市政当局开始采用品牌运作策略，并将其作为城市营销与市镇发展的一部分（Morgan 等，2002）。

与产品和服务品牌的目标相类似，城市品牌化的终极目标是在城市所服务的各种群体中，建立起他们对于城市的偏好与忠诚度。那些独立但存在共性群体或那些有着共同利益或事由的利益相关者群体的数量，在城市中可能是无限的。在这些群体中，最为显而易见和突出的，有企业主、投资者、非营利性组织、居民、学生、特殊利益集团、旅游者和访问者。虽然在一个具体问题的语境中，我们也许可以为他们的竞争利益关系排出一个优先等级（例如，是否建造一座新的体育场），但是一个城市的策略必须体现出“局外人”和当地居民的诉求。然而，在塑造一个能够被旅游者和其他短期访问者所欣赏的城市品牌的漫长过程中，当地居民往往被忽视，尽管他们是城市品牌的忠诚支持者和代言人。

城市在经济、社会、文化和环境方面的活力取决于当地居民。对于一个城市来说，维持一个多样化的、有技能的以及对现状感到满意的居民人口，是极其重要的，因为他们的失望可能会导致恶性循环。同时，居民的低满意度也会造成那些潜在的商业移民者对城市产生负面感知，他们往往会对不同城市居民的幸福感和满意度进行比较。除了传统的硬条件外，生活质量也成为了公司主管、管理人员以及他们的家属在进行迁移和投资决策时的考量因素（Biel，1993）。此外，像生活质量这样的因素与在评估过程中考虑的其他“硬”因素是相辅相成的，例如人力资源、基础设施、交通、教育以及培训机会（扩展列表请见 Kotler 等，1993）。因此，达到理想水平的居民满意度应当成为地方管理者的终极目标（Guhathakurta 和 Stimson，2007；Kotler 等，1999），因为居民满意度是强化或弱化城市品牌的潜在因素（Insch 和 Florek，2008）。

2.3 居民满意度——城市品牌化的最终成果

除了经济收益之外，城市生活还为个体派生出了社会及情感方面的支出和收益。为了吸引并稳定有价值的居民，城市政策制定者与规划者必须提高居民的日常生活质量，从而获得他们的长期承诺。在城市的社区生活中，人们在居住、工作和娱乐方面有由多数人共享的基本需求——实惠方便的住房、交通、医疗、教育培训、零售网点、休闲游憩设施、其他公共设施以及社交机会（Williams 等，2008）。这些要求可能因居民个体的以往经历而有所不同，因为那些经历会塑造他们对于城市的期望、动机和态度。由于这些设施的建设是人们十分需要的，因而其中又存在着潜在的危机——城市可能沦为有着特定标准的克隆体。一份由新经济基金会（2004）发布的题为"不列颠克隆城镇"（Clone Town Britain）的报告警告了英国的商业街和其他主要购物区被连锁零售店占领的发展趋势，这样会破坏城市与城镇的多样性和独特性。

同样地，建造新体育场馆以解决城市棘手问题的做法通常不会得到居民的支持，因而对其公共融资问题的批评声也是越来越多。Delaney 和 Fckstein（2007：332）的综述研究指出："对于那些拥有球队的城市来说（大多数城市都有），新的体育场馆提供了一段为期很短的蜜月期，期间上座率会上升；但是，最终在消费者开支或者政府税收收入方面的净增长却很少。"这种显性的投资并不一定会提升居民的福利或生活质量。此外，基于那些模仿郊区的商业街模式而形成的发展项目不仅是目光短浅的，而且还可能会破坏"城市社区结构的多样性"（Carr 和 Servon，2009：29）。那些不太具有标志性但是每天需要面对的问题很容易被忽略，如改善公共交通、学校、公共安全和垃圾处理服务。但对于居民来说，这些问题却是刻不容缓的。

市政当局必须考虑城市现有及潜在居民的动机、期望和需求，同时也要确保他们的需求能够得到满足（Insch，论文出版中）。各种个人和情景因素也会刺激或激发人们对地区必要生活质量以及该地区提供的货币的感知价值进行评估。例如，如果一位居民对他（她）所住地区的评价稳步上升，那么他（她）对这个城市的依恋和承诺也就有望上升。对市政当局来说，测量与监测城市居民满意度是一项基本绩效指标（详情见 Insch 和 Florek，2008）。

2.4 基于居民满意度的城市策略实施

或许，在城市品牌化过程中，最具挑战的问题是如何用一种相关的、持续的、一致的方式与诸多利益相关者或受众交流。为了达成这个目标，城市品牌很可能变成泛泛而论、含糊不清、乏味，乃至没有任何意义。城市想要通过一个单一的品牌来囊括其复杂多样性的尝试往往是失败的。例如，许多城市成为了有着包罗所有叙述或“绰号”的代名词，像加利福尼亚州的旧金山，它已经与下列名词联系起来——海湾边的巴格达、湾边之城、每个人都喜爱的城市、雾城和金门城市。同时，旧金山官方采用了两条广告语——“唯有在旧金山”（Only in San Francisco）和“知道怎么做的城市”（The City that Knows How）。此外，如果要吸引游客等外部受众，城市品牌的决定可能会冒犯甚至疏远本地居民。例如，公认的拉斯维加斯的广告语——“在这里发生的事，留在这里”（What Happens Here, Stays Here），在政府决定从 2001 年起采用之后，使当地居民十分惊愕（Sauer，2006）。从这种意义上来说，一个品牌沟通（brand communications）活动的设计和执行，首先需要决定如何根据居民的投入和认可来进行最有效的城市品牌定位。

举例说明，新西兰的惠灵顿城市创建了一个可以服务诸多受众的定位叙述，受众包括国内外游客、事件参与者、商务及政府访客和居民，这一叙述可以通过不断调整来迎合特殊需求。在过去的 15 年间，惠灵顿城市的市场营销部门投资了一项高密度的推广活动，核心标语是“纯粹、积极的惠灵顿”（Absolutely，Positively Wellington）。这座城市现在已成为新西兰人的首选目的地。惠灵顿旅游首席执行官 David Perks 将成功的结果归因于“城市愿景与居民激情的交汇”。他解释道：“惠灵顿从一个人们迫不及待想要离开的城市，演变为一个人们迫不及待想要前往的地方，这要归功于惠灵顿的团队合作”（Anon，2010：53）。

如上文所述，城市品牌的有效性取决于当地民众的支持和承诺，其中包括居民、当地商业经营者和社区组织。与此同时，它也应该吸引那些对城市有自我身份认同的潜在居民。那些城市品牌的拥护者，尤其是市政当局、旅行社和商会，必须让主要的利益相关者参加到共同创造的过程中，一起制定和实施相关的策略。例如，纽约的旅游局、“纽约城市公司”（NYC & Company）市场营销和合作组织于 2007 年首次发起了一个名为“问问当地人吧”（Just Ask the Locals）的活动，利用名人居民进行宣传，如罗伯特·德尼罗（Robert De Niro）、朱丽安·摩尔（Julianne Moore）、尚恩·库姆斯（Sean ‘Diddy’ Combs）和凯文·贝肯（Kevin Bacon）。这次活动的目的在于鼓励纽约居民欢迎外来游客，与之分享他们的专业提示和内行知识，如城市中最佳的宵夜餐点、最实惠的特价商品和最贴近生活的跳蚤市场等（Illroots，2008）。

居民是城市社区的生命力所在，因此他们应当参与关于城市长期经济、社会和环境发展方向的决定。明确地表达出对城市未来的共同愿景是制定城市策略的起点。然而，市政当局却往往更关注城市品牌化过程中的视觉元素，例如标志和标语，因为这些元素被认为是最容易创造和控制的。总之，城市花费大量时间、金钱与精力来进行一项基于一个特殊的标语或标志的一维活动，而在居民或外部受众看来，这些标语或标志都不是可信的、难忘的、独特的或可持续的。通过居民的参与，一个城市的正式市场营销部门就能够与其合作来共同捕捉城市的身份特性并进一步提炼出品牌的精髓。除了在执行策略过程中的特殊决策与相关任务之外（见表2—1），政府还必须考虑如何在品牌化过程中共同创造出居民渴望的成果，其中包括提升他们对城市生活质量的满意度以及对城市的依恋度（Insch 和 Florek，2010）。

鼓励并确保居民可以在城市未来的宏观发展和具体的品牌策略问题上能够分享他们的想法和思路，而这又受到当前居民的社区归属感、信任程度和公共、社会事务参与度的影响（Holman，2008；Morton 等，2008）。所以，对提高城市品牌化活动的参与度和支持度来说，解决居民与社会组织的不信任以及事不关己的消极感知问题是最为重要的。关于社会参与问题的已有研究指出，通过了解当地政府机构和决策者的结构框架，当地居民和社区组织可以增强他们“希望被听到的呼声”以及想法的影响力（参见，例如，Holman，2008）。

需要强调的是，群体可以辨识框架中的重要策略并与之联系，因而可以克服城市品牌化中的精英化、排外主义和自上而下方法的弊端。如果本地居民与社区组织能够在各领域扮演关键角色的话，那么注重邻里传统遗产与文化的城市经济发展计划更有可能会获得成功。进一步来说，这一过程使居民在当地商业发展中拥有了自己的所有权，同时其家庭也可以在经济与社会层面上受益于他们的投资（Carr 和 Servon，2009）。居民参与城市的经济和个性发展项目的机会促进了公民社会的繁荣发展。这样的机会提升了他们的福利水平，反过来，他们对于所生活、工作与娱乐的地方的依恋程度也会得到强化。

表 2—1 **城市品牌开发策略的关键问题**

识别 我们是谁? 我们代表了什么?	社区对其共享资产、个性、理想属性等进行评估，并有选择性地强调城市的地方认同的方面。机制与环境对于鼓励社区参与和策略支持都必须是有益的。
指定的结果 我们想要实现什么? 我们想要吸引谁? 我们如何评估进展?	品牌精华与城市发展目标的整合和一致性。对于城市要去吸引的群体的定义。监测进程和评估投资回报的方法选择。居民参与到指标的选取过程中是非常重要的。
沟通 我们如何用一种有创造性且令人信服的方式来接触并影响受众? 我们如何在可信性基础上来讲述自己城市的故事?	品牌沟通不再是向一个被动受众传送一条讯息。讯息是无法控制的。必须要考虑被选择的受众如何才能被影响到，并使其参与到城市和城市供给的对话中。除了传统的媒体途径，人们正更多地运用交互性的社交媒体来建设城市品牌。
一致性 我们如何在传播中组织项目和行为来实现一致性和一体性?	计划的主体部分是决定由谁来驱动具体的倡议。同时也要考虑大的蓝图，也就是，具体的任务和措施是否一致。

2.5　总结

居民塑造了一个城市的本土文化，持有并运作本地商务，也代表了那个地方的特性。正如 Hayden（1997：15）解释的那样："本土居民和殖民者、开拓者和建筑师、移民工人和市长、家庭主妇和房屋检查员，他们在城市景观的塑造中都是积极活跃的。"这些群体和利益相关者各自都有着对于维护城市价值的兴趣，他们都希望城市更具吸引力和更加宜居。一个城市的富裕程度、多样性程度，以及城市策略的灵感源，可能也会为城市策略带来挑战，并使之更加复杂。所以，所谓"放之四海皆准"的方法是不明智的，也是不切实际的。与构建城市特殊性相关的具体因素有规模、个性、历史、价值、居民结构和城市资产。从这种意义上来讲，每个城市都是一个复合系统，它的各个部分互相渗透、交织在一起，并反映在其地方形象中（Florek 等人，2006）。城市必须要去识别这些部分或特色，以及它们是如何通过相互联系和建构来保持它们的独特性，并将它们传达给新的和已有的居民。同时，城市还必须要弄清楚一座城市乃至一个社区服务的系列对象。此外，居民必须参与到共建城市品牌的过程当中，从而在其利益相关者心目中建立起一个可信的、可持续的城市形象。

第3章

城市品牌化与对内投资

艾伦·C. 米德尔顿（Alan C. Middleton）

3.1 前言

当今世界，各个城市与地区为了争取公共或私人部门的投资展开了极其激烈的竞争，品牌声誉也就变得尤为重要。通过品牌这个透镜，我们不仅可以了解信息，而且可以知道决策标准。

相较于产品或服务，城市的品牌化更为复杂。城市品牌化涉及的利益相关者与目标群体更为广阔，其中包括市民、游客，以及公共与私人部门的决策者，而他们各自又有不同的利益诉求。然而，如果城市让其品牌为不同群体而分离发展，那么活跃的品牌化价值中的大部分也将流失。

为了取得成功，城市管理者必须完成一个社会与经济环境走势的策略审查；判断城市的机遇、技能、资源和能力集中在城市的哪个区域；确认是何种核心价值观、态度、行为与个性使得城市能够达成这些目标；然后找出是什么结合体能够为其目标群体提供独特的吸引力。在这项审查的基础上，必须创立一个综合的策略与执行计划，并从中确立一个综合的品牌沟通策略和执行计划、一个基于城市核心价值观、态度、行为和个性的品牌定位。随后管理者可以以此作为参考，并识别出那些可以最好地体现不同目标群体利益诉求的技能、资源和能力的组合体。

城市品牌沟通的综合方法的缺失和活跃的城市品牌化进程的失败都会削弱这个品牌。加拿大的多伦多就是一个例子，它拥有很好的技能、资源和能力，而这些都需要一个城市品牌沟通的综合方法来体现。

3.2 作为品牌的城市

“城市即人”（What is a city，but the people.）

——西西尼乌斯，莎士比亚的《科里奥兰纳斯》，第三幕，第一景

城市一直以来都是活动与变化的中心。而如今，城市化已经具有了真正意义上的普遍性：1925 年，只有 25%的全球人口生活在城市里，但是据预计，该比率将于 2025 年上升至 75%。在经济、环境、政治、社会和商务分析的各个方面，我们要理解一些关键的集群。

Simon Anholt、Keith Dinnie 等地区品牌化的权威人士认为，一个地区的品牌化远比一个商业产品或服务的品牌化要复杂得多。Anholt（2007：xii）指出，地区的品牌化“包含了一些个人很难解决的高深哲学问题：感知和真实的本质、物体及其代表物间的关系、大众心理学的现象、国家认同、领导力、文化和社会凝聚力的奥秘，以及更多其他问题”。如果真是如此，那么挑战将会十分严峻，为什么要去尝试呢？真正的价值又是什么呢？

国家品牌被定义为“能够为其所有目标受众展现该国家文化的异质性及相关性的元素的独特多维混合体”（Dinnie，2008：15）。用“城市”一词来代替“国家”，我们便得到了城市品牌的可用定义。

Anholt（2004）、Clark（2007）、Dinnie（2008）、Temporal（2001）以及其他学者强调了为国家建立一个积极品牌的价值所在。这一思路也适用于城市，其中包括：

- 入境投资的吸引力
- 入境旅游的吸引力

- 投资者的可信度与信心
- 内部（国内）及外部（国际）政治影响力的上升
- 与其他的城市、公共或个人研究机构、大学机构、私人组织之间更好的、富有成效的全球伙伴关系
- 产品或服务的“原创城市”效应
- 公民自豪感：集聚本地和谐、信心和决心的能力

在这份清单的基础上，我还要列举两个建立强有力的城市品牌的额外优势：第一，规划过程优势（planning process advantage）；第二，执行优势（execution advantage）。规划过程优势指的是明确城市品牌是什么以及它代表了什么。搞清这个问题对于聚焦策略是十分有益的。品牌排斥的联盟和活动正如它所包含的那样多。策略是将稀缺资源投向回报率最高的地方的分配活动，那么城市品牌也是对其策略的诠释。

执行优势首先要明确什么是城市品牌，鼓励更广泛的活动协调与交流，这些在商业品牌化中被视为品牌成功的路径。也就是在城市品牌竞争中建立一种相关差异，如果品牌得到正确管理的话，随着时间的推移，城市的知名度和受尊重程度将会得到提高。

有些人可能认为，因为城市的目标群体是如此迥异，从一般游客到寻找适合总部的商务人士，一个单一的品牌定位既不可能也不起作用。尽管这个观点中有一部分是正确的，但其结论却是错误的。强大的品牌就如同伟大的人一样，特定的个性是始终如一的。就如同温斯顿·丘吉尔的口才，约翰·F. 肯尼迪的年轻活力与乐观，尼尔森·曼德拉的智慧、勇气与宽容，玛格雷特·撒切尔的顽强意志。这些特质并不能决定整个人——这取决于人们的角度——其他方面也许具有决定性因素。然而，很少有人会否定这些特性。

同样地，商业品牌通常会涵盖大范围的产品及服务。然而，强大的品牌

拥有一些能够超越其他产品或服务的核心特性。IBM、GE、路易威登、还有索尼，都是世界上最具价值的品牌（Interbrand，2009），它们都拥有强大的核心特性。

不管是公司品牌模型（如 IBM 和 GE），还是要素品牌模型（如 Intel），它们也许可以代表城市品牌的模型。城市品牌的关键是在核心价值和活动的基础上的识别和建立。核心价值观、态度、行为和个性体现了一个品牌的本质——对于产品、服务、特性或城市中的活动而言，这并不是必要的。世界顶尖城市纽约和伦敦共同聚焦于娱乐、金融服务和旅游，但是没有人会将它们的品牌形象限制性地描述成其中之一，或者——因为他们的焦点是相同的——而将他们描述地完全相同。纽约拥有一个创业的、世界性的、侵略性机会主义、个人主义的品牌形象，而伦敦则是活泼的、世界性的，并拥有大英帝国历史优越感的。城市品牌化的效应被描述为向全世界讲述一座城市的故事（Clark，2007），并且它需要的是一个与众不同的故事（Markusen 和 Schrock，2006）。

3.3　吸引对内投资的品牌角色

为了吸引投资，城市间开展了全球性的、国家性的激烈竞争。Clark（2007）提出，城市要扮演可供投资的并准备好投资的角色。投资创造就业，扩大课税基础，帮助管理预算与信用等级，还能够资助教育、基础设施与服务。地区和城市是其自身利益的积极促进者。两周时间里，在两本商业杂志中，出现了以下广告：

■“哈利斯科——墨西哥创意之都”（*Fortune*，2009）

- "在 2008 年期间，马德里区域集中了 82%的外商直接投资(foreign direct investment)。你们想知道为什么吗?"（*Business Week*，2009a）
- "日本的区域首创精神——埼玉—静冈食品工业：令人馋涎欲滴的机会"（*Business Week*，2009b）
- "吉尔吉斯共和国向前展望"（*Business Week*，2009c）

一个城市品牌的声誉和形象不仅是决策标准，而且是一面可以观测投资相关信息的透镜。Florida（2003，2005）、Markusen（2006）及其他学者强调了城市活动总体的重要性。这些活动可以吸引经济投资、人才，以及对于人才的投资——特别是在所谓的知识经济大背景下。根据 Clark（2007）所述，对于经济竞争力来说，三个层级的活动至关重要：

- 层级 1：经济因素(*economic factors*）包括创新/创造，投资，人力资本和连通性（真实与虚拟的传输与传播）。
- 层级 2：社会政治因素(*socio-political factors*）包括经济多样性，生活质量，决策制定和管理。
- 层级 3：基础设施因素(*infrastructural factors*）包括一个地方的品质（例如，教育质量和教育可得性）；住房的范围、质量以及可负担能力；公园与绿地；安全与"可行走能力"。它还包括区位因素，例如文化、教育，以及城市管理部门促成投资的难易程度。

通过同样的方式，这些因素结合起来形成了城市经济投资的吸引力，因此城市品牌必须把城市特性的本质整合起来。策略规划以及品牌计划一定要决定哪些活动可以获得支持——就像一个商业品牌——这些活动应当经得起相关标准的检验，如下所示：

- 能够影响未来城市发展的全球、国际以及区域经济；环境；社会和技术方面的大趋势是什么？
- 基于城市的现有技能、资源和能力，什么样的新兴机会能够成为关注焦点？
- 基于大趋势，何种城市技能、资源和能力能够通过正确的转换项目成为城市潜能？
- 这些技能、资源和能力有多么独特？
- 通过有效的联合策略和实践，是否会有地区或国家层面的更为广阔的措施出现？
- 如何在那些拥有主流经济价值的现有活动以及可以进一步发展并代表了一定程度独特性的活动之间取得平衡？

对于这些问题的回答，取决于税收法则、激励计划、基础设施建设、私人或公共合作等所需要作出的改变。这些活动必须传播到相关目标群体中。

在许多城市管理中，品牌沟通的角色都被误解了。这种误解有很多形式，例如，品牌沟通通常被认为仅是一种与主要策略/品牌活动分离的市场沟通（marketing communications）途径。同样地，品牌沟通经常被看作是依靠组织库（organizational silo）和特定目标群体的一系列单独活动。然而，任何品牌沟通都是为了向特定目标群体传递信息而制定的，基于利益的传播和品牌的本质必须一致而明确。

许多城市管理在运用品牌沟通中还略显不足的是，这样的沟通往往会忽略当地的决策制定者、决策影响者和市民。最近，私人部门的品牌营销者已经开始意识到雇员品牌化的重要性，并将其视为品牌沟通整体的重要组成部分。网络传播与社会市场营销成本并不高。为了有效地传播并说服外部目标受众，必须先设法说服内部受众。

此外，还有一种十分普遍的误解是市场沟通仅仅是把标语作为最重要沟通手段的广告。正相反，优秀的市场沟通通过整合广告、公共关系、直复营销（direct marketing）、促销活动（包括赞助）和社会网络营销，从而实现其策略目标。如果没有品牌沟通组合中其他元素的支持，单独的广告所带来的影响是十分有限的。

在品牌概念作出调整以迎合对外业务（鼓励投资）、现有商务（鼓励扩张）或旅游业务（增加会展活动）的特殊沟通需求之前，我们需要确定核心的品牌立场和平台。

成功的城市品牌的组成部分包括如下内容：

- 塑造一个清晰、独特、有抱负的但也不失真实性的品牌定位和形象
- 将群众的价值观、态度、行为以及个性作为品牌定位的基础
- 反映一个清晰的城市策略及其技能、资源和能力的侧重点
- 有效地适应向目标群体提供好处
- 成功地沟通内部的关键影响因素
- 有效地整合多种市场沟通媒介
- 始终如一

3.4 加拿大多伦多——“瑞士人经营的纽约”

让我们考量一项正在进行的工作来检验这些原则。彼得·尤斯提诺（Peter Ustinov）在1987年8月的一次采访中创造了这样一个短语：“瑞士人经营的纽约”（The Globe and Mail，1987）。当时多伦多是新兴的加拿大

主要城市，在人口和商务重要程度上超过了蒙特利尔。现在，多伦多是北美第五大城市，它拥有 260 万人口（若算上周边区域，则达到 550 万）。多伦多是移民进入加拿大的汇聚点，大约有 40%的移民会在这里停留。它也是世界上最具多元文化的城市之一，有 46%的人口是出生在加拿大之外的，他们说着 100 多种语言和方言。其中，没有一个族群占据优势地位。族群以及多元文化上的平衡使得多伦多成为一个世界性的、安全的、宜居的、极具吸引力的城市，它还拥有广泛的商业机遇和就业良机。诸如经济学人信息部（EIU），福布斯（Forbes），毕马威（KPMG）和美世（Mercer）等组织始终把多伦多列为文化、经济发展和宜居层面上的全球 15 强城市之一。

3.5　多伦多的经济

根据估算，仅多伦多一座城市就可以创造出加拿大国内生产总值 10%的经济价值（1 400 亿美元），而多伦多地区则可创造出 20%（2 690 亿美元）。174 个全国 800 强公司位于多伦多，而国内 40%的商务公司总部也设立在这里。

根据全球化与世界级城市研究小组与网络（GaWC）在 2008 年进行的研究，并基于会计、广告、金融和法律等"高级生产性服务业"的提供，多伦多以第三等级 A 的排名荣膺优秀城市，同档次的城市包括米兰、马德里、首尔、布鲁塞尔、孟买、布宜诺斯艾利斯和吉隆坡等。《外交政策》（*Foreign Policy*）杂志和 2008 年 A. T. 科尔尼全球城市指数就商务活动、人力资源、信息交换、文化体验和政治参与等方面进行排名，多伦多排在第 10 位，仅次于纽约、伦敦、巴黎、中国香港特别行政区、洛杉矶和首尔这样的城市。

3.5.1 多伦多的商务基础

据估计，金融、保险以及房地产领域是多伦多区域GDP的最大贡献者，达到了总额的26%左右。多伦多拥有大约25万的高级技能雇员，还有许多国际公司的总部在此地落户，其中包括：3家世界25强的银行和加拿大前5强的银行、2家全球10强的人寿保险公司、3家全球50强的养老基金组织、38家外资银行的子公司和119家证券公司。世界上所有的顶级会计组织在多伦多都有广泛的活动。就市场总额（market capitalization）而言，多伦多证券交易所（TSX）是世界上第7大证券交易所，也是世界最大的矿产和资源交易场所之一。这些因素使得多伦多成为仅次于纽约、芝加哥的北美第三大金融中心。根据伦敦的全球金融中心指数，多伦多在2009年时排在世界第13位。

多伦多及其周边区域的其他强大领域涵盖了：

- 汽车工业：多伦多区域6家主要的装配厂分别是克莱斯勒、福特、通用、本田、现代和丰田，它们的加拿大总部也坐落于此。除此之外，还有许多一级供应商，如麦格纳。
- 创意产业：多伦多是加拿大英语区的文化中心，拥有发达的广告设计、剧院、电影、出版、唱片等产业，同时也是好莱坞外包电影的主要基地。
- 食品与饮料：食品加工业雇用大约5万人，并创造出200亿美元左右的销售额。
- 绿色产业：这个产业包括了1 000多家公司、20 000份工作和20亿美元销售额。

- 信息与通信技术：随着加拿大通信巨头贝尔（Bell）和罗杰斯（Rogers）在多伦多建立总部，RIM公司在距多伦多不到1小时车程的滑铁卢建立总部。这项产业拥有超过300家国外公司，并创造出大约330亿美元的销售额。
- 制造业：这个行业代表了多伦多区域历史上的强盛，它贡献了多伦多区域GDP的20%左右。像金属工业、化学工业、机械业、家具业、印刷业和塑料业这样的子行业都处在衰退中，而交通、食品和饮料业和IT等行业则代表了新兴发展机会。
- 健康、医疗与生物技术：多伦多是加拿大众多顶尖医院和医学院校的大本营，其中还包括了制药公司和一个投资大约10亿美元的研究中心。
- 旅游业：每年，大约有2 600万游客来到多伦多，并消费大约50亿美元。

3.5.2　关键组成部分：受过教育的多样化劳动力

多伦多成功的一个主要原因就在于其劳动力。第一，多伦多52%的人口都处于劳动年龄——占据了相当大的比例。这有一部分得益于移民优势，因为大部分的移民都是年轻人。第二，多伦多拥有受过良好教育的劳动人口：大学毕业生所占比例超过32%。多伦多有两所拥有全球顶级商学院（舒立克商学院和罗特曼管理学院）的一流大学，同时还有一系列声誉卓著的专科院校。一所世界一流的技术大学在滑铁卢，而雪尔顿学院——一所顶级的动画和广播制作学校，则坐落在多伦多的西部郊区。第三，移民人口的多样性和跨国性不仅有利于各种组织的建立，还有利于创业社区（entrepreneurial community）的发展。

3.6　多伦多的投资

除了国内公共与私人投资外，加拿大还是国外直接投资的接受者。多伦多自然希望能够吸引联邦和省级政府的投资、国内私人领域的投资和外商直接投资。为了达成这点，多伦多要被视为一个拥有风险可接受回报的合适目的地，而这需要拥有一个具有吸引力的品牌的事实和声誉。

“瑞士人经营的纽约”这一短语就捕捉到了动态的、商务导向的北美城市的特点，同时也结合了瑞士人对于秩序和隐私的保护和尊重意识。就有效的品牌沟通而言，多伦多的案例依旧是积极的；尽管在所有的积极因素排名中，多伦多正面临由于激烈竞争而导致商务吸引力流失的危险。这主要是由制造业部门的衰退和一些劳动生产率（labor productivity）问题造成的。为了应对这一局面，两个全新的公司于2009年建立，其董事会成员来自公共和私人领域两部分，并向多伦多市议会报告。这两个公司是“建设多伦多”（Build Toronto）和“投资多伦多”（Invest Toronto）。“建设多伦多”的职责是发展公共和私人部门的合作关系，促进未充分利用的城市房地产开发，从而创造新收入，刺激理想工作的创造，发展新社区。“投资多伦多”的职责是发展与私人部门的合作关系，通过市场营销、组织贸易代表团和协调其他政府及商务团体等方式，来提升多伦多的投资机会。

多伦多在经济发展部门、文化和旅游部门持续地进行促销活动。其他参与到这些活动中的团体有：

- 多伦多经济发展公司（Toronto Economic Development Corporation，TEDCO)：将其一般的城市发展职责转移给“建

设多伦多”，于 2009 年进一步发展为多伦多港口管理局(Toronto Port Lands Authority)，管理多伦多水域。

- 多伦多金融服务联盟（Toronto Financial Services Alliance，TFSA)：管理安大略省及多伦多市的公共——私人合作关系和金融服务私人部门，从而提升多伦多的金融服务质量。
- 多伦多旅游：一个与多伦多市及安大略省合作的行业协会。

这些团体开展活动的范围十分广泛。它们审查行政程序，以使得投资更加简单；审视企业、居民税收和税收优惠政策（tax incentives)；鼓励市有土地和资源的开发；发展私人——公共的合作关系来提升具体部门和部门活动，例如创新、在关键部门所需的识别（identifying)、吸引力（attracting）和劳动力市场技能训练（training labor market skills）方面获取私人——公共部门的合作；改善基础设施，尤其是交通工具；它们也同时从内部和外部提升了多伦多及其吸引力。

虽然这些工作已经有很大一部分开始进行，但是这些活动的品牌化——尤其是沟通活动——还比较薄弱。实际上，多伦多当下的处境类似于一个微缩版的加拿大，它拥有许多引以为傲的特点，但是却缺乏一个协调一致的品牌计划或沟通策略。尽管所有的城市品牌化背景研究和关键的多伦多工作底稿和展示（如 2007 年 Clark 所做的）都建议开发一个中心城市品牌沟通策略，但现今似乎还并不存在。每个主要群体（建设多伦多、投资多伦多、多伦多旅游和 TFSA）都在各自发展着自己的沟通计划。

这种现状一部分要归因于在 2004—2005 年期间多伦多品牌化的高调尝试所带来的负面效应。多伦多旅游、多伦多市、多伦多峰会联盟和安大略旅游及休闲部门共同成立了多伦多品牌化项目。它们与广告代理商合作发起了一项基于全新徽标和标语“无限多伦多”（Toronto Unlimited）的广告活动，其设想是要传达多伦多的多样性、文化多元性和吸引力范围。但它未和本地居民结合起来，并在媒体上被嘲弄了一番。事后看来，虽然有一些策略思维是合理的，但创意执行力却是薄弱的。此外，这项活动太过于注重广告本身，直接造成了策略计划开发与执行的不充分。

我们应该从这个案例中吸取经验和教训。首先要为城市确立一个明确的策略和实施计划；然后，基于那些结论，并结合对关键目标群体的研究报告，对其进行开发、检测并不断修改；最后，形成一个改良的品牌沟通策略和创意平台。

3.7　总结

就吸引对内投资而言，从理论和多伦多实践中可以总结出一些关键的经验。

在这个为投资而激烈竞争的世界，主要的国家性和全球性组织都在寻求最有利于他们的活动的区位。尽管在决策过程中会进行严格的评估，但品牌印象在初始入围和最终抉择中都扮演着重要角色。

成功的品牌遵循着这样的发展进程：首先创造一个独特的吸引力（对竞争城市/地区而言），随后在吸引力的基础上建立起知名度和受尊重程度。这种特殊的吸引力来源于对以下问题的理解：核心价值观、态度、行为和个性是如何发展为特殊技能、资源和城市才能的；这些元素是如何适应经济、环境、社会以及技术发展的新兴趋势的。只有在一个连贯的策略计划被实施并持续地传播给它的受众的情况下，这种吸引力才可能进一步发展为一个强有力的品牌。一个强大的城市品牌需要的不仅仅是它的传播：城市必须要切身参与到其策略计划之中。

尽管城市拥有许多不同的目标受众，而品牌沟通必须适应以满足他们的需求，但是核心的品牌立场必须是始终如一的。一个城市，只能有一个品牌。有一种方法是十分有效的，我们可以将城市看作是一个如IBM和GE这样的企业品牌，努力地去满足众多顾客和利益相关者的需求。当一个城市拥有一系列投资可靠性因素时，它需要一个对外部品牌沟通的不间断且一致的承诺。多伦多拥有许多具有全球竞争力的资产，但却尚未有效地向关键目标群体传播。外部品牌沟通策略及其执行需要运用市场沟通媒体手段，这样才能更好迎合目标群体，并在其被选择时，能够传达一种完整的、稳定的讯息。

对于外部的成功而言，内部品牌沟通是关键的第一步。多伦多的案例是一个整体品牌的失败尝试。对于成功而言，社区中关键的内部利益相关者和决策影响者的意见是十分重要的。

品牌化进展应当被定期追踪，并与竞争者相比较。通过已建立的排名方法进行评估是必要的，但并非是完整的。进展需要在内部和外部被广泛宣传。把数据放在城市网站上并不是有效的传播手段，除非有一个强大的活动来吸引人们。在这个社会营销的时代，创造一种持续传播是不可或缺的。

3.8　致谢

笔者将感谢下列合作人员，他们为此也付出了宝贵的时间和精力：

Janet Ecker女士，多伦多金融服务联盟会长（President，Toronto Financial Services Alliance）

Peter Finestone 先生，多伦多电影专员（Film Commissioner，City of Toronto）

Carl Knipfel 先生，多伦多经济发展部门、文化与旅游部门营销经理（Marketing Manager，Economic Development，Culture & Tourism，City of Toronto）

John MacIntyre 先生，建设多伦多公司事务高级副总裁（Senior Vice-President Corporate Affairs，Build Toronto）

Terrie O' Leary 女士，投资多伦多运营执行副总裁（Executive Vice-President Operations，Invest Toronto）

Joel Peters 先生，多伦多旅游高级副总裁兼首席营销官（Senior Vice-President & Chief Marketing Officer，Tourism Toronto）

Christine Raissis 女士，多伦多经济研究和商务信息部门主管（Director of Economic Research and Business Information，City of Toronto）

Peter Viducis 先生，多伦多经济研究部门、经济发展部门和文化与旅游部门经理（Manager Economic Research，Economic Development，Culture & Tourism，City of Toronto）

Michael Williams 先生，多伦多经济发展部门、文化与旅游部门总经理（General Manager，Economic Development，Culture & Tourism，City of Toronto）

第4章

城市品牌化和游客凝视

格特—简·霍斯珀斯（Gert—Jan Hospers）

4.1　前言

在世界旅游市场中，城市旅游是正在飞速发展的一部分。得益于易捷航空、瑞安航空和其他廉价交通的发展，城市旅游已经变得非常热门。可以这样说，荷兰夫妇和他们的家庭仍旧会驾车或乘火车去阿姆斯特丹度过一个周末。然而，以同样的开销，他们也可以订购一张飞往巴伦西亚的廉价全包机票。计划一次城市旅行变得非常简单：现在，超过一半的欧洲消费者在他们的个人计算机上安排他们的假日。因此，城市间对于游客的竞争日趋激烈也就不足为奇了（Selby，2004）。

在这一大背景下，越来越多的城市开始投资城市品牌。被采纳的策略通常具有两重性（Jansson 和 Power，2006）：城市既强调地方的物质特性，如建筑、事件等；又强调其非物质特性，如故事、口号、徽标等。城市希望借此来区分自己和竞争对手，并吸引游客。的确如此，城市品牌化是建立一个旅游形象的有效途径。但是，这种形象建立是如何奏效的？城市能够做些什么来吸引注意力？为什么像威尼斯这样的城市可以成为“游客磁体”（tourist magnets）？在这一章中，我们将用“游客凝视”理论（Urry，1990）来研究以上及相关问题。我们将讨论、补充并阐明这个理论，从而为城市品牌创立者总结经验。

4.2 城市与游客凝视

在《游客凝视》（*The Tourist Gaze*，1990）一书中，针对为什么人们会为休闲而旅游以及为什么他们会去特定地方这些问题，英国社会学家 John Urry 提出了一个理论。Urry 认为，旅游就是去异地寻找一种我们通常在家中或工作地方看不到的视觉体验。游客主要的活动是“凝视标记”(gazing at signs)：他们会看一个地方的独特之处，例如一个著名的大教堂、美丽的景观或其他吸引物。以纽约为例，大多数游客想要看自由女神像、华尔街和小意大利。作为游客，我们通常比当地居民更想要看该地区的独特事物，我们正是采用了一种“游客凝视”。

被凝视的地方不是随机选取的；游客凝视因社会而异，并经常被社会性地构建。例如，与罗马的古文物相比，中国游客更喜欢法兰克福的摩天大楼——对此，很多欧洲人表示难以理解（Hospers，2009a）。反过来，美国游客则不愿意去游览意大利的比萨城和它的斜塔。他们之所以这样做，是因为他们已经被各种媒体渠道操控而建立起了那种凝视。旅行指南、报纸文章、杂志上的广告和故事、促销手册、电视纪录片、明信片、网站、博客和公共照片分享网站，使得我们已经建立起了一种印象，知道游览一个地方时应该期待什么。所以，在 Urry 看来，游客和景点都是被操控的：游客的凝视焦点正好落在已经被期待的地方元素上。或者，正如 Urry（2002：3）所说：“当看见两个青年男女在巴黎街头接吻，旅游者凝视的就是‘永恒浪漫的巴黎’。”

自 19 世纪下半叶以来，蓬勃兴起的大众旅游支持了这一理论。摄影技术从发明伊始便伴随着旅游业，同一时间还兴起了团队旅游和导游。其实，旅游业成长与摄影发展紧密相随。通过拍摄那些不再被使用的地方，“地点”（sites）便成为了“名胜”（sights）：游客们开始去参观教堂，不是为了祈祷，而是为了拍照（MacCannell，1999）。这种“地点神圣化”（site sacralisation）是旅游业背后的推动力。在一些地方试图把自己变成它所期望的样子的过程中，旅游业生产了很多的“仿真景点”（pseudo-authentic attractions）（Osborne，2000）。举个例子，像代尔夫特和高达这样典型的荷兰城市，它们强化了“荷兰风格”（dutchness）的模式，并开发景点、事件和纪念品，以此向游客暗示他们已经找到了“真正的荷兰”（the real Holland）。

正如 Urry（1995）指出的，显然并非所有的游客都是同一类型。拥有“集体主义的”（collective）凝视的游客们在追随大众时会感觉安全，他们通常会预订组织好的旅行来游览那些“游客磁体”。然而，越来越多的游客更倾向于个体的、“浪漫主义的”（romantic）凝视，并寻找所谓的真实。就如同那些寻求探险的学生，他们跟随“知情人指引”（具体案例参见 http：//www. spottedbylocals. com）。然而，数年之后，Urry 观察到了“后大众游客”的出现。对于他们来说，身处于具有真实故事的历史景点和凝视拉斯维加斯与欧洲迪士尼乐园具有相同的魅力。后大众游客知道几乎所有的地点都只是仿真景点而已，但是依然可以在游览过程中自得其乐。

Urry 是一名社会学家，他并没有在城市品牌化的语境中来发展他的理论。然而，对于那些想要建立一个形象并吸引游客的城市来说，游客凝视的概念也是相关的。毕竟，如果我们参观的主要是那些从摄影作品中了解到的地方，那么城市品牌便有利于这些图片的提供和散布。城市甚至可以很自由地突出显示它的标志。所以，城市品牌开发者便可以操控潜在游客的凝视。

从这个角度来看，城市品牌是一个构建游客凝视的有力工具。城市并不需要提供一种完全真实的体验，而只要确保提供与品牌形象相似的体验。不过，这种实用主义观点也一度因历史和社会文化的原因而遭到批评（Morgan，2004）。与此同时，它为每个地方都带来了希望，甚至是那些困扰于不能提供任何特殊体验的地方。瑞典南部的于斯塔德（Ystad）就是一个活生生的例子：这个小镇是电视剧《神探维兰德》系列的取景地，于是其便利用这一优势来组织维兰德旅游。相似地，西班牙的 Buñol 小镇有着适合摄影的良好声誉：在每年的西红柿节上，村民们将西红柿扔向彼此——将村子的街道全染成了红色。

4.3　一个城市的形象载体

什么样的城市标志能为摄影作品、城市品牌和游客凝视锦上添花呢？事实上，城市中任何特殊的东西都能够吸引游客。最受欢迎的凝视物往往与人们在家中或工作时看到的截然不同——它们在规模、意义和体验方面是不同的。这也就解释了为什么竞技场（罗马）、肯尼迪总统被刺杀现场（达拉斯）和啤酒节（慕尼黑）都成为了“游客磁体”。从学术角度而言，城市形象载体主要有三类：建成环境（the built environment）、标志性事件（hallmark events）和著名人物（famous personalities）（Lynch，1960；OECD，2005；Ashworth，2009）。下文将讨论这三个载体。

游客游览一个地方时，首先会去凝视建成环境中的物体。基于对美国和欧洲城市的大量实证研究，Lynch（1960）和他的追随者认为大部分个体将一个城市主要感知为一系列建成物体。在构建人们的城市印象时，主要是五个物理元素起到了一定作用：

- **路径**（paths）：街道、铁路线、小径和其他人们沿着移动的道路。例如柏林的库达姆大街和巴黎的香榭丽舍大街。
- **边缘**（edges）：清晰的过渡区和线性的边界，如滨水区和绿地。例如尼斯的林荫大道和纽卡斯尔的泰恩河畔。
- **区域**（districts）：住所、邻里和其他拥有城市鲜明特色的地方。例如伦敦的苏豪区和多伦多的唐人街。
- **节点**（nodes）：策略性的集合点，如广场、交叉口或火车站。例如阿姆斯特丹的水坝和马德里的马约尔广场。
- **地标**（landmarks）：作为公共参照点的物理对象。例如毕尔巴鄂的古根海姆博物馆和马尔默的 HSB 旋转中心。

有趣的是，Lynch 和他的同事发现，因为它们相异的“形象性”(imageability）——就是城市某部分会特别容易给人们留下深刻的心理印象——一些城市也就比其他城市更能够印刻在我们的脑海中。尤其是对于游客而言，边缘与地标充当着形象载体，因为它们可以轻易地被识别、被认可和被牢记。

游客同样也会凝视在一个城市中举办的标志性活动。有些活动每年都有，而有些则是一次性的活动。一座城市不仅能通过事件（例如音乐、艺术或体育）的组织活动来进行识别，而且可以通过对活动的举办来展现其组织能力。虽然标志性活动对当地经济发展的效益常常被高估，但是其对当地形象的作用却是相当可观的（OECD，2005）。广为人知的年度活动有戛纳电影节、萨尔茨堡音乐节和哥本哈根时尚周。而一次性活动对形象建立作出贡献的例子有巴塞罗那夏季奥运会（1992）和 2004 年欧洲文化之都——创意城市里尔。

游客们游览一个城市，可能是因为他们将这座城市与名人联系在了一起，例如一位著名的画家、音乐家或作家。通常，一个地方宣称自己与某位知名人士有着特殊的联系，是城市品牌化的结果。因此，在巴塞罗那利用名人——建筑设计师高迪成功品牌化后，Ashworth（2009）把这种品牌化技术叫作“高迪策略”（Gaudí gambit）。画家和音乐家是一个城市的合适图像，即使他们与这个地方是否有着特殊的联系尚存疑问。典型案例有维米尔（代尔夫特）、百水（维也纳）、麦金托什（格拉斯哥）、巴赫（爱森纳赫）、披头士乐队（利物浦）和发电站乐队（汉堡）。对于城市形象而言，历史人物也非常重要，例如瓦斯科·达·伽马（里斯本）或安妮·弗兰克（阿姆斯特丹）。

在实践中，形象载体经常会重叠。例如，在一些拥有由卡拉特拉瓦（巴伦西亚、列日）、福斯特（伦敦，柏林）或库哈斯（鹿特丹，埃森）设计的顶级建筑物的城市里，这些建筑师和他们创造出的作品一样享有盛誉。很显然，城市可能拥有比上述三种更多的形象载体（Hospers，2009a）。一些城市由于其历史上的重要地位而在公众的想象之中。雅典（古迹）、里加（汉萨同盟）或柏林（冷战）都是很好的例证。最后，城市也可能因其当地经济的方方面面，如手工艺、产品或公司，而产生一定的名望。这种“原创城市效应”（city-of-origin effect）可以在帕尔马（帕尔马火腿）、埃因霍温（飞利浦）和沃尔夫斯堡（大众汽车）中看到。

4.4　城市品牌的经验教训

在知道了游客凝视和城市形象载体理论之后，也就不难解释为什么威尼斯一年内能够吸引 1 200 万游客。很少有城市能够拥有像威尼斯这样的视觉冲击力：这座城市遍布 117 座岛屿，由 400 多座桥梁连接，并被 150 条运河分开（Reader，2004）。除了这些巨大的边缘外，这座城市也拥有许多地标（教堂和宫殿）和节点（露天广场）。威尼斯狂欢节和双年展是周期性的标志性活动，而马克·波罗、卡萨诺瓦和维瓦尔第等人物则是当地的英雄。因为这些强大的图像载体，威尼斯一直都是许多小说、画作、戏剧和电影发生的舞台。这样一来，这座城市非凡的地方形象在这些年里不断延续着。这个日积月累的进程带来了一种具有讽刺意味的结果，越来越多年轻的威尼斯人正离开这座城市，因为他们除了旅游业外找不到其他工作。

威尼斯的闻名是“马太效应”（Matthew effect）的一个佐证。这一效应来自于《马太福音》25 章 29 节写道的：“凡有的，还要加给他，叫他有余。没有的，连他所有的，也要夺过来。”（Merton，1968）显然，已经受到公众关注的城市相较于不知名的地方会吸引更多的注意——它们有一种累积优势。数码摄影和因特网的兴起更是将马太效应体现得淋漓尽致。通过对 flickr. com——一个著名的公共图片分享网站的 3 500 万张图片进行分析，发现其用户拍摄的照片正是之前被人们已经拍摄过多次的地点。这项研究表明，巴黎的埃菲尔铁塔是被复制次数最多的对象（Crandall 等，2009）。奇怪的是，作为游客的我们并没有去寻求惊喜：我们只是拿着相机去见证我们期待看到的东西。

城市可以很容易地在他们的策略中解释这些概念。品牌专家很容易地就能判断出城市的形象性。一座城市在多大程度上能够印刻在人们的脑海里？这座城市拥有哪些边缘、地标或其他独特的物理对象——如果有的话？哪些建筑、事件、名人或产品能够被放在明信片或网站的图片上？海牙有和平宫，都柏林有作家詹姆斯·乔伊斯，哈瓦那有雪茄。但是对于奥斯陆、南安普顿和图卢兹而言，它们的图像载体就不是那么明确了。游客凝视理论指出，识别对于那些可以被拍摄、增加和分类的城市标志是十分重要的。越来越多的城市似乎已经意识到了这一点，并开始着手建立一个供用户免费下载城市亮点图片的线上资料库。

如果一个城市没有图片化的、风景化的元素，那么将很难对其品牌化。布鲁塞尔就是这样一个城市，它缺乏可以用来讲述其“欧洲村”的城市故事的明确亮点。当被问及比利时首都的自发性联想时，国际应答者提到撒尿小孩铜像的次数是提到欧盟委员会总部或 1958 年世博会原子球塔次数的 20 倍以上（Anholt，2008）。与此同时，一些城市的形象（例如，哥本哈根和伦敦）已经渐渐模糊了，因为对于可凝视的令人印象深刻的建筑或事件的投资已经过度。因此，对于当地管理部门来说，探索他们想要传播的城市叙述是否能在城市的一个地点或有限数量的地点上形成视觉象征，也就是情理之中的事了。

从这个角度来看，对于公共艺术、城市街区、海港区域或周期性城市节庆的投资，能够带来内在的、象征的和营销性的价值。Anholt（2008）发现了当地政府的“象征性行动”（symbolic actions）的重要性，但是他也强调了它们应该是有实质的，并且是长期策略的一部分。事实上，只有通过实质的、策略性的象征性行动，城市政府才能创造“一个完整的证据链”（an unbroken chain of proof）（Anholt，2008），进而提升城市的摄影质量与游客凝视。

4.5　赫尔辛基和巴塞罗那

接下来我们来探讨，如何将之前讨论的理论概念运用于两个欧洲城市的城市品牌化实践的分析当中：赫尔辛基与巴塞罗那。首先，我们将讨论赫尔辛基的形象性。其次，我们会关注巴塞罗那的游客凝视。

4.5.1　赫尔辛基的形象性

在传统上，赫尔辛基把自己的品牌定位为芬兰名片。多年来，城市品牌开发者将重点放在了美丽的自然风光、福利国家价值观和先进的高科技上——因此，这是芬兰而非赫尔辛基的故事。而那些在游客手册和网站上使用的图片，则强调了赫尔辛基作为芬兰首都的地位：超过半数的照片选取了赫尔辛基参议院广场，它被视为这座城市与这个国家共同的强烈象征（Vanolo，2008；Winter，2009）。的确，芬兰和赫尔辛基最重要的公共机构——国家政府、大学、教堂以及赫尔辛基市，都坐落在这个特别的地方。除此之外，这个广场是游客凝视的拍摄对象，因为它是——如 Lynch（1960）所说——一个有着独特“地标”的“节点”。

然而，赫尔辛基的形象性并不局限于参议院广场。围绕城市中心而建的南港：它就是城市和水域交汇的风景优美的“边缘”。更重要的是，赫尔辛基是建筑学的热门景点。虽然它们广泛分布于整个城市，但是游客依旧可以在这里发现很多地标性建筑（Jansson 和 Power，2006），例如：芬兰大厦、阿尔托（Aalto）设计的学术书店、弗罗斯特乌斯（Frosterus）设计的斯托克曼购物中心和沙里宁（Saarinen）设计的火车站。最后但也很重要的是，赫尔辛基在现代设计领域也取得了很大成功。它有一个非常强大的设计区，著名的设计公司有诺基亚（Nokia）、通力（Kone）和玛丽美歌（Marikemekko），著名的事件有赫尔辛基设计周和与沙里宁、阿尔托等著名设计师的联系。在 2009 年，赫尔辛基甚至获得 2012 年世界设计之都（World Design Capital 2012）的殊荣。对城市品牌设计者而言，是时候为赫尔辛基选择游客手册上的新图片了——除参议院广场外，这座城市还有更多标志。总之，设计一个城市形象载体并检测其是否被充分开发，对于实现城市品牌化的目的是十分有用的。

4.5.2 巴塞罗那的游客凝视

西班牙大都市巴塞罗那是一个“游客磁体”。自 20 世纪 90 年代初以来，这座城市就开始实行一种有效的形象再塑造（re-imaging）策略，该策略始于 1992 年奥运会。在这个盛事及相关品牌化努力之后，城市政府又进行了一系列“象征性行动”：对巴塞罗那建筑遗产的修复，在现代“形象性”建筑的帮助下对城市进行“丰碑化”（monumentalization）（Balibrea，2001）。例如，在高迪设计的圣家族大教堂及奎尔公园的修复和通讯塔（卡拉特拉瓦和福斯特）及鱼形雕塑（盖里）的修建上的公共投资。所有这些经典建筑都受益于“明星建筑师”（starchitects）的声望，并在国际媒体上产生了许多免费宣传，因此吸引了越来越多来自全球各地的游客（Smith，2005）。

一般来讲，巴塞罗那被看作是城市品牌化的最佳实践。但是其中也不乏一些疑难问题。Smith（2005：414）就明确表示：“巴塞罗那现今那些关键的大量标志性建筑可能会造成城市形象的混乱，而不是对其进行增强。”或者，用 Urry 的话来说：一个游客能够接受多少个标志？游客凝视是否也有一个上限？巴塞罗那是否正面临着“建筑学疲劳”和视觉超负荷的风险？巴塞罗那需要解决的另一个问题是形象再塑造的成功。这座城市已经挤满了游客，并发展为大众旅游目的地（Marshall，2004）。在巴塞罗那，“集体主义的”凝视开始占据主导地位，这使得“浪漫主义的”凝视旅客选择敬而远之。然而，必须要说的是，巴塞罗那已经意识到了这种趋势。最近，市委宣传办公室正致力于吸引那些寻求更多真实体验的游客。例如，在由西班牙作家 Zafón 所著的畅销书《风之影》（*The Shadow of the Wind*）中作为背景提到的城市景点处提供导览服务。

4.6 总结

对于城市品牌开发者而言，游客是极具吸引力的目标群体。城市旅游是一个成长型市场，而游客对品牌化技术的反应也十分迅速。Urry 的游客凝视理论指出，人们游览一个城市是去“凝视标志”（gaze at signs）：他们在城市景观中寻找那些已经从图片上知道的特色，例如哥本哈根的小美人鱼与巴黎的埃菲尔铁塔。从这个角度来看，城市品牌化就是构建游客凝视的强大工具。它涉及城市摄影标志的选择和通过新闻报纸、网站等媒体渠道对形象标志的复制。在城市中至少有三种形象载体是适用于游客凝视的：建成环境、标志性事件和著名人物。例子有滨水区域、周期性节日或与著名建筑师的关联。

这个理论可以解释像威尼斯和阿姆斯特丹这样的“游客磁体”自我强化的“马太效应”：那些已经受公众关注的形象城市能够吸引更多的目光——它们因著名而更著名。然而，对于每座城市来说，都还有希望。正如赫尔辛基与巴塞罗那的案例告诉我们的，城市可以轻易识别其形象载体，追踪并构建新载体，最终提升这个地方的形象性。与此同时，城市应该避免游客凝视的视觉超负荷现象的产生。总而言之，如果城市想要建立一个更加强大的旅游形象，它们的确应该开始创建这种形象。

第5章

城市品牌合作

西科·凡·盖德（Sicco van Gelder）

5.1　前言

对一个有效的城市品牌来说，它需要代表其所有关键的利益相关者，并且能够随时间推移保持自身活力。城市品牌化和传统的地方与目的地的市场营销和投资促进不同，因为它是由所有利益相关者驱动和激发而产生的一致的品牌化行为，而非仅仅是那些负责传达营销信息的机构——这些信息可能被地方现实支持，也可能不被支持。在城市策略的开发和实施中融入关键利益相关者并与之建立关联，可以强化品牌的力量，这比利益相关者分别建设的效果要好。

有效的城市品牌化需要一个城市未来的清晰愿景和一个品牌开发的连贯策略。当然，有效的政策实施和与内、外部受众的沟通进程也同样重要。要取得成功，还需要通过一种富有想象力的方法引入并结合新的领导力与合作实践，以此来解决城市品牌领导力、政策制定和公众参与及协商问题。这种方法能够使城市充分发挥自身优势，并在城市品牌开发过程中协调利益相关者之间的关系。利益相关者合作逻辑在企业发展中的重要性已经被承认（Mitchell 等，1997；Parent and Deephouse，2007），目前它也被认为是成功的地方品牌化的基础（Hankinson，2009；Skinner，2005）。

5.2　利益相关者的参与

城市品牌化的一个关键因素就是需要动员所有有助于塑造地区未来的关

键利益相关者。这些利益相关者在地区开发上的投资、他们所采取的行动和与外界的沟通互动都是一个城市故事叙述方式的重要元素。国家或城市与外界沟通的主要渠道是它们的旅游业、私人部门、外交与国内政策、投资与移民、文化与教育和当地公民。

5.2.1　旅游业

在旅游设施、景点和劳动力方面的有关当局政策和私人部门投资，可以向潜在游客强有力地传播地方运作的相关信息。在旅游业和文化、艺术及遗产上的投资规模和性质，很大程度上体现了这个地方的形象以及其迎合游客的程度。

5.2.2　私人部门

从一个地方输出的品牌在很大程度上体现了它们的起源以及其生产世界一流产品与服务的能力。它也可以向世界证明该地其他方面的东西，例如其私人部门对可持续发展的关切、对自然和人力资源的处理，以及对艺术、文化和遗产的敬重。

5.2.3　政府政策

一个城市的商业管理模式以及它和其他地方、国家（国际）机构之间的关系，在很大程度上体现了这个城市的价值观和领导力，而这种价值观和领导力可以在人们的脑海中创建鲜明的城市形象。同样地，国际上对于一个城市的看法会因为城市领导者对待公民的方式而改变，这体现在地方的教育、培训、住房、社会保障、文化与环境方面的政策和项目上。

5.2.4　投资与移民

政府和私人部门投资的模式、规模和性质可以向潜在的投资者和移民传递讯息，尤其是向本地区需要的有竞争力的人才。

5.2.5　文化与教育

城市文化在很大程度上体现了其在艺术、文学、传统和遗产方面的价值观。城市遗产以及其受重视程度表明了城市居民对待历史的态度。在教育和培训方面的投资则在很大程度上表明了城市对待公民的态度以及私人部门在人力资源开发上的投资力度。

5.2.6　城市公民

城市公民的行为和沟通方式是在行动中展示城市品牌的关键。与普通公民之间的互动，对城市品牌的信誉有着强烈的影响。如果当地人都不相信这个品牌，更何况局外人呢?

成功的城市品牌的基础是城市关键利益相关者之间某种形式的共同责任。没有任何一方利益相关者拥有单独开发和实施策略的能力和实力。城市品牌化实践中产生的许多问题都是由于城市主要利益相关者之间的不和谐关系。政府经常把自己视为城市品牌的“所有者”，并总是先考虑其各部门的付出。而这导致了其他关键利益相关者只是被询问（如果有的话）的情况发生，他们感觉被置身事外，不确定应该如何处理这些强加于己的品牌书籍、品牌指引、营销手段以及沟通指导方针。在其他情况下，各方利益相关者可能会根据自身来为地方定义他们的特定品牌，于是城市便出现了诸多不一致的（部门的）品牌：一个旅游品牌、一个投资品牌、一个文化品牌等。

最好的情况是，这些情况会导致城市的混乱及矛盾的信号被传递到当地社区和外部世界。最坏的情况是，每个人都决定忽视所有已开发的东西，从而造成宝贵资源的浪费。

在本章中，我们关注的是一个有效的城市品牌合作关系的构成以及使关键利益相关者在城市品牌开发和实施中承担共同责任的组织方式。

5.3　有效合作关系的原则

城市品牌需要关键利益相关者之间的合作，他们可以有效塑造策略，当然更重要的是能够有效实施。在城市品牌化和城市营销领域，存在很多合作关系失调的例子，他们在呈现团结形象的同时，许多利益相关者并没有真正的影响力，或是其有效实施的办法被拒绝。

我们认为应该认真对待品牌合作关系，将其视为开发、实施和管理——地区、城市、区域或国家品牌的主题。在这种情况下，有效的合作关系是不可或缺的，时间不能浪费在与其他机构的内讧或者用口号和标语来粉饰城市上。根据我们在合作关系上的经验，我们总结了以下十项有效合作的原则。

5.3.1　包容性和代表性原则

城市品牌的合作关系必须包括城市所有的关键利益相关者。关键利益相关者是那些可以在城市未来塑造中通过他们的政策、投资、行动、作为和沟通而作出重要贡献的各方。关键利益相关者也必须在实质上代表他们的支持者。品牌合作各方还要平等地对待其他伙伴，并且真正地将地区品牌化视为共同使命。政治或金融巨头主导的合作关系很可能是无效的，因为他们不会考虑到那些影响力不大但却有巨大（潜在的）城市品牌价值的合作伙伴的重要作用，例如文化、教育和体育。此外，政府代表也会每隔数年有所变更，这使得依赖于选举周期的城市品牌化进程将会变得十分脆弱。当政府是平等合作关系中的一方时，政治变化则不会影响合作关系的职能。城市品牌的合作关系应该向新来者开放。随着城市的发展，那些能为地方品牌作出一定贡献的成员也应被欢迎。

5.3.2 长期承诺

城市品牌的开发和实施是一项策略性任务，它需要各方为了改变人们的城市印象而做出不懈努力和提供资源的承诺，而这需要通过一系列可能需要花费几年甚至更长时间的活动才能完全见效。这一承诺需要来自合作组织，而非仅仅是代表组织的个人，因为后者可能会在一些年间发生经常性的人事变动。这项承诺能够以合同形式在合作伙伴之间加以确立。然而，更重要的是，在他们的活动中这项承诺要被合作伙伴所公认，例如公众场合的共同露面、共同投资、联合事件，等等。

5.3.3 共同愿景

品牌合作伙伴必须对城市未来抱有共同愿景。这一愿景高于他们的单独愿景。多数地区都没有这样一个对于未来的总体愿景，但往往都制定了商业、文化、教育、医疗和住房等方面的单独愿景。这些单独愿景的加总超过了一个意向声明，但在城市未来上却无法达成一致看法。

5.3.4 共有责任

合作伙伴不仅必须决定他们要如何规划城市未来，而且还需要在实现愿景的责任共担问题上达成一致。这意味着合作伙伴要共同作出决定，并为这些决策的结果承担责任。这也意味着合作伙伴将为一个或几个伙伴所采取的行动承担共同责任，即使他们对这些组织没有直接职权。

5.3.5 相互信任

从一开始，城市品牌化的合作伙伴就必须弄清楚每一个合作伙伴期望从城市品牌化进程中获得什么。每个组织都应该提交议程，其期望和目标不该有所隐秘。隐秘议程（hidden agendas）会破坏合作关系的信任基础，并阻碍合作各方高效合作的能力。合作伙伴间对彼此目标的了解有助于各自目标的实现，只要这些目标有利于合作整体的利益。共同开发一个城市品牌需要信任，因为没有人从一开始就知道品牌会发展成什么或者为了实现它应该采取什么行动。所有的品牌合作伙伴从一开始就知道的是，他们走到一起是为了确保他们的地方可以在未来实现那些它想要或需要的东西。这本身也应该是大部分品牌合作伙伴开始合作的足够动力。

5.3.6 充分的协作和参与

一个品牌合作不同于一个委员会。尽管品牌合作伙伴也会有例会，但是其品牌工作在工作会议之间仍然可以继续，他们以小组的合作形式推进某一具体项目。会议目的是讨论新的举措，对小组筹划的项目做出决定以及评估各类活动。此外，品牌合作关系必须有一个共同目标，也就是为所在地区开发和实施一个策略。一旦这个品牌在合作伙伴之间取得一致，它也就成为了合作关系的指导原则。

5.3.7　共同的声音

城市品牌合作关系的巨大优势之一是它不仅可以为所有合作伙伴代言，而且每个合作伙伴也可以为它发声。一旦对品牌取得共识，并且每个合作伙伴对于地方承诺的价值拥有共同理解，那么成员之间的无缝交流和完美合作也就成为可能。尽管每个合作伙伴往往会从自己的角度出发来进行品牌沟通，但是他们知道去契合其他合作伙伴。拥有一个高度可见的统一品牌合作关系，能够向本地以及外部的受众传递强烈的信号。就我们的经验来说，一个活跃的品牌合作不仅可以吸引许多媒体对城市的积极关注，而且可以促进当地的基础设施、教育、医疗或广告方面的投资。这是由于城市展现出了其内部的共同努力，而这正是许多城镇、城市、地区和国家所面临的主要问题之一。

5.3.8　采取"品牌上"的决策和行动

在有了取得共识的品牌之后，品牌合作伙伴必须开始作出使品牌付诸实践的决策和行动。显然，这些决策与行动会因城市而异。这些决策与行动应该要解决城市规划和建筑设计、经济、社会与文化政策、主要事件吸引、本地企业家精神激发、特殊行业吸引、当地传统展示和同盟建立等方面的问题。不论是何种形式，重要的是人们所做的决定以及开展的工作充分落实到了品牌之中，这样才能判断他们所做的事情是否真正地在"品牌上"（on—brand）。

5.3.9　"品牌上"的投资

城市品牌合作关系同样适用于那些对于一个地方如何运作、生产什么、如何服务市民、商务和机构的需求以及如何应对外部世界等方面有主要影响的投资。有时，那些已经被分配的投资能够“被扭转”而成为“品牌上”的投资。例如，机场和火车站的升级计划就能够以一种“品牌上”的方式进行：从建筑风格和设施提供方面着手。这通常不需要任何追加的预算，它需要的仅仅是对升级的设计和执行方面的特别关注。

5.3.10 评估影响与效能的意愿

最后，一个城市品牌的合作必须愿意去评定所做事情的对错、成败，以及是否与预期计划一致。重要的是，在品牌的实施工作开始之前，合作伙伴要在他们取得成功的方式的问题上达成一致。这至少使得合作伙伴能够判断活动是否符合他们的预期，并且能够为他们的成功或失败找到原因。

5.4 创建城市品牌合作

有效的合作并不是理所当然的，而是需要努力的。每个合作关系都有其独特的个性与方法，这很大程度上是由合作伙伴们和他们共同承担并实现的任务所决定的。然而，尽管他们有不同之处，但是大多数合作关系都面临着共同的问题与挑战，也有着同样的发展需求。主要有：

- 在是什么联合了合作伙伴的问题上达成共识的需要，这里指城市愿景及其品牌创造。
- 与目标相关的合作关系的价值；它所代表的和相信的东西十分重要。
- 为达成目标而进行运作的方式——它的惯技（*modus*

operandi)。

- 合作伙伴员工的关系处理方式以及他们是如何朝着一个共同目标运作的。
- 它将采取的领导风格以及谁来领导这个合作。
- 对于将要开展的工作的领导责任的分配。
- 与合作伙伴的员工的内部沟通的方式，与合作伙伴代表的群众、关键目标受众的外部沟通方式，以及如何通过媒体来参与、配合和工作。

在整个品牌开发过程中，在他们的共同领导力和团队合作能力上，品牌合作伙伴发展了以下几个方面：

- 建立个人的、组织的和集体的利益机制。确保这些利益的一致并加强彼此是十分重要的。
- 通过个人观点的结合来得到一个明确的共同目标，并将这些上升到集体高度。
- 明确共同抱负，以此来确保每个人都在为创造地方的共同未来而奋斗。
- 确立共同的价值观和团队文化，以此来促进讨论、决策和谈判。
- 明确团队的角色和职责，确保每个人都清楚合作的任务是什么。
- 明确关键的成功因素，这样从一开始就能弄清楚合作想要实现什么，并在后期能够判断成功与否。
- 明确团队可用的资源，确保策略、计划和措施都能切实实现。
- 在团队内部、与其他相关利益者和目标受众都能进行有效地沟通。

5.5 总结

地方被设定好去改变其运作方式，以此来完成、解决它们的问题，并更有效地进行创新。居民团体、商业和机构的参与应当受到肯定，因为这能使他们从政策、决定和公共服务的被动消费者转变成能够更好地解决他们的地方问题并塑造自己未来的生产者。当这些越来越短暂的时候，这也将在一段时间内有助于发展更加紧密联系的社区。

为了使城市品牌化取得成功，让关键利益相关者组织建立共同的合作关系成为了必要。这并不是传统意义上的公共—私人合作或是精英阶层的联盟。这是一个正式或非正式的整体，在其中的关键利益相关者基于共司责任，在地方品牌的实施上共同发展、创造并领导。

城市品牌合作并不像中央政府部门，也不像当地政府、私营公司、志愿组织和社会及慈善机构。它们是一个混合的组织形式。它们的特性是由其建立者、创立目的和合作工作的领导者所决定的。合作的组织和运作形式很少是给定的。它需要经过将会涉及的各方利益相关者的谈判和同意。

构成合作关系基础的利益相关者组织的代表们有他们各自参与的议程和动机，同时也有各自的工作、决策和处事的方式。他们需要去设计一种全新的可以调和其目标与实践的合作方式，并使得这种合作可以带头寻找或创造所需资源，从而成为提高地方竞争力的有效手段。

品牌合作成员需要理解并协调不同的政策和策略，共同决定城市未来的样子是怎样的，向消费者提供何种有价值的东西，这些东西是如何被体验的，以及为了实现设想他们需要共同做什么。这需要一种走到一起共同解决问题的意愿，即使这可能会因为利益冲突、意见不合、时间表不同或个人喜好问题而变得十分困难。所有这些都出于一个共同原因：让城市可以更好地去争取那些使城市更加美好、更加可持续、更具竞争力的东西。

一旦城市策略在合作伙伴中达成一致，它的任务也就转变成了确保采取正确行动以使品牌保持鲜活。在将所需行动、政策变化、投资、景点项目、事件等因素纳入考虑之后，就需要决定如何最好地去管理城市品牌，而这是城市不同利益相关者的责任，其中有些人甚至可能在初始品牌合作中没有被代表，而现在则需要参与到这个进程中。

第6章

城市品牌化及利益相关者参与

安德鲁·史蒂文斯（Andrew Stevens）

约翰·P. 霍顿（John P. Houghton）

6.1　前言

本章提出了一个看似简单却又颇具挑战性的命题：利益相关者的参与对于任何城市策略的成功来说都是至关重要的，但是要想高效地实现它，就需要采取一种比标准做法更民主、更具有探索性的方法。

许多城市品牌化策略的失败都令人惋惜，有时候这种失败人尽皆知，但更多时候它只能打落牙齿和血吞。城市品牌化失败的主要原因是那些可以动员当地居民、企业和社会团体充分融入到品牌的塑造、表达和传递中的项目的缺乏或不充分。更多的时候，品牌化团队往往选择从外部合作伙伴那里获取咨询和验证，相比有意义的对话和挑战，他们更喜欢及时收购(immediate buy-in）和共同选择（co-option)。

我们规划的城市品牌化的参与方法是产生并激发主人翁精神，这是所有品牌化措施的关键因素。如果一个地方的许多合作伙伴都感觉到自己已经被融入了信息塑造中，他们就更有可能去表达和表现它。

本章的第一部分解释了为什么利益相关者的参与对城市策略的成功是至关重要的，更宽泛地讲，它对于作为一个整体的城市品牌化的新兴知识领域来说都是至关重要。本章的第二部分提出了一些成功的利益相关者参与的重要因素。第三部分则探讨了一些普遍存在的紧张关系和挑战，它们作为有效品牌化或再品牌化策略的组成部分，亟待被提出并得到解决。

6.2 利益相关者的参与为何如此重要

在城市品牌化的研究中，对于利益相关者的参与的探讨相对来说略显不足。Kavaratzis 和 Ashworth（2006）指出，总的来说，城市品牌化进程方面的研究存在一个缺口。本章借鉴了城市品牌化的现有研究（相关文献综述参见 Hankinson，2001；Trueman 等，2004；Kavaratzis，2009a），英国为了实现品牌化在许多领域进行的分析，还有地方规划（place visioning）及远景规划（scenario planning）等相关学科在利益相关者技术方面的例证和经验。

利益相关者的参与（Greenley 和 Foxall，1997；Mitchell 等，1997；Parent 和 Deephouse，2007）对城市品牌化的重要性体现在两个方面。第一，越来越多的证据显示，最有效的城市品牌化措施会将大范围的当地成员纳入到地方新信息的制作和传递过程中。同样地，也有很多有力的证据表明，那些没有融入甚至疏离当地的利益相关者的城市品牌化举措注定会以失败告终。第二，在现代城市发展和管理中，有效的利益相关者的参与对于人们能否接受把城市品牌化作为重要的知识领域来说是十分重要的。有效的城市品牌化策略融入的群体越广泛，对其产生的怀疑也就会相应地减少。

接下来我们更详细地去讨论第一点，城市品牌化的部分怀疑论源于策略开发和执行的方式。公共机构可以努力使其合作伙伴和公民参与到相关工作的核心领域中去。所以，当他们发现，让人们参与到一个类似于城市品牌化这样陌生的新任务中并不那么容易时，就不免感到些意外了。

因此也就有了许多由小部分人开发的失败的城市品牌化策略的案例产

生。在这些案例中，策略是由一些懂得品牌化技术但缺乏对当地的充分了解的外来专家支持的。这些所谓的策略只是纸上谈兵，在真实的世界里根本行不通。参与上的失败给人们敲醒警钟，许多地区正培育本土创造力来作为他们的城市特性元素。

有效的城市品牌必须得到当地人的理解和信任。如果城市主人不是品牌管理者，那么他们也必须参与到品牌化进程的每个步骤中。利益相关者通过发表新的意见、想法和观点，丰富并深化了品牌化讨论的质量。尽管其中会有部分意见十分难听，而讨论也时常需要会议结构和保持中立的简易化，但是，从一开始和整个过程中都去倾听和关注群众的问题，最终可以帮助城市品牌化进程的顺利开展，而不是任其恶化。

利益相关者的参与引入了一个宝贵的“真实世界”等级的测试。那些不切实际的、看上去太过抽象肤浅的或脱离地方实际的构想，很快就会遭到人们的质疑。城市品牌化顾问比尔·贝克结合多年从业经验，强调了利益相关者的参与在一个“以社区为基础的品牌”（a community-based brand）中的价值，并指出当代理人不与利益相关者互动只顾闭门造车时，城市品牌是要失败的。贝克指出，相反地，一个由利益相关者开发的品牌是经得起时间检验的，因为这可以在品牌开发阶段激发人们足够的投入。利益相关者的参与还会进一步产生长远效益，那就是参与过程本身可以创造一个愿意在后期宣扬品牌信息的拥护者队伍。它包括那些之前持怀疑态度但是被游说的人，也包括那些对新品牌饱含热情而改变立场的人。

在经历了一些失败的尝试后，利物浦开始利用其成功的2008年文化之都项目来重塑城市品牌。该过程中的一个关键部分就是一个相当广泛地咨询和倾听当地人及“外人”意见的程序。随之产生的“品牌个性”利用了一些城市的传统品牌优势，例如朴实的品质——“仅有的前方是海”（the only front here is the waterfront）——同时强调了它的活力和多样性。品牌拥护者团队被招募来传递新信息，而当地人则在许多文化之都的活动中肩负重任。

利益相关者的参与尤为重要的第二个原因是，它有利于减少对城市品牌化作为一个知识领域的怀疑。对许多地方而言，城市品牌化是一个新风险。有点讽刺的是，品牌化本身在许多人的脑海中有着极为糟糕的联想——平添了肤浅、“忽悠人”（spin）的印象。这种对于品牌化的潜在抵触心理在城市品牌化中进一步加剧，因为它和人们的家庭和社区息息相关，容易使人们产生防范意识并使公民的自豪感受到伤害。消除这种反感的唯一办法就是让城市公民参与进来，向他们证明城市品牌化也可以是有效的、有利的。有效的城市品牌化措施融入的人越多，对于这个知识领域的整体性理解也就会越好。如果有更多的人能够看到城市品牌化并不是在摧毁城市原有形象或传播虚假信息，那么就会有更多的城市领导者看到品牌化是现代城市发展的合理部分。

6.3 如何成功地融入利益相关者

我们现在来看一下英国许多地区的城市品牌化活动，从而发掘一些成功融入利益相关者的关键方法。在这个过程中，并没有固定的或设定好的方法。每个地区都需要开发一个量身定做的项目，以反映其品牌化挑战、不同利益相关者的范围及可及性和其他的独特因素。然而，还是有一些成功地融入利益相关者的基本准则，这些准则是从城市品牌化经验、相关地方规划和远景规划工作中得出的。

第一，理解并处理地方利益相关者的多样性是至关重要的。利益相关者绝非互不关联的、整齐划一的群体。利益相关者指的是对城市未来有兴趣的个人、群体和组织的混合体。这个范围从市民个体，到当地企业和代表社区认同、利益和地方的团体，再到对该地区有强烈兴趣的或是在该地区的各类国家、国际机构。这些群体需要以不同方法去主动参与。主动参与，走出去，征求人们的意见并认真吸收，而不是坐等人们主动前来，这从许多方面来讲都是很重要的。总有一些“很难触及”或“很难听到”的群体，需要投入更多精力来让他们也能充分参与到城市品牌化中。

随着越来越多的地区把多样性作为城市吸引力的关键元素，确保城市品牌能够展现差异化优势变得愈发重要。挖掘角度和利益的多元化也有助于复杂城市品牌的开发，就像一个高度发达的产品品牌，可以向其不同的目标受众投射细致入微的信息。

第二，另一个基本准则是要在进行品牌化进程之初就要让利益相关者参与进来。当地的利益相关者并不是广告活动的小组焦点座谈会的参与者。他们必须承担品牌化活动的后果，他们的知识需要从一开始就运用到每一个初步探讨中，包括地方面对的优势和劣势、机遇和挑战。因此，有效的品牌化策略应发掘和利用让这个地方良好运作的人，从权威公民、社会团体、企业领袖到出租车司机、理发师，以及其他在认可度不高、但对人们日常生活十分重要的领域的人。这种方法比简单地让当地市民签约要耗费更多时间，但是正如上面所说的，它会给品牌化带来许多观点，并确保品牌化策略在实施前能通过检验。

第三，利益相关者应该参与到实证基础中。城市品牌不是在一张白纸上开始构建的。城市已经被赋予某种品牌，无论他们是否意识到或承认这个事实，删除或修改人们对城市的既定联想是很困难的。一个有效全面的品牌化策略，在一开始就应该对城市要向其现有的或潜在的居民、游客和投资者提供什么，可以开发和突出什么样的资产和优势，需要解决什么样的缺陷和弱点等问题有一个清醒客观的认识。

英格兰肯特郡的海边小镇马盖特就是一个全面实施品牌化的典型案例，它正处于再生和重建的长期过程的中间阶段。上世纪下半叶，曾是当地支柱产业的传统海边度假产业发展萎靡，输给了欧洲的大陆包价旅游。这一现象在英国和欧洲其他国家的许多海边小镇较为普遍。

马盖特用一种更有机的方法避开了一场大型的品牌重塑运动。房屋的重建、酒店的整修、基础设施的增设、包括在再生项目资金支持下的特纳当代美术馆的修建，都是为了建立一个能够提供当代文化享受的传统海滨度假区的崭新形象。为了巩固再生项目，当地议会及其合作伙伴，包括地方政府和中央政府，开展了对占用、住房和劳动力市场环境及变化动态、潜在投资来源、人口统计趋势特征等各方面问题的详细研究。这些调查研究耗费了大量的时间和资源，但却得以规划那些能为小镇复兴带来一种切实的、可持续发展的方法的各种元素，因此付出得到了回报。

在每个阶段，马盖特的合作伙伴的营销思维和看法都植根于对城市所面对的机遇和挑战的丰富且详细资料的了解之上。对于一个能够实现品牌推广承诺的再生策略的开发，这是至关重要的。

第四个也是最后一个成功要素是挑战的重要性。有效的团队经常会意见不合，但却能以一种建设性的协商方式来获得良好结果。品牌化团队需要做好充分准备去挑战合作伙伴的各种假设和先入之见，他们很可能没有看到品牌重塑的需求或没有弄清任务的规模。这需要谨慎处理，也需要很好地去证明，但是创造一个开放的对话环境是很重要的。

再回到利物浦的案例中，城市品牌化试图把重点放在文化之都运动上，但却常常遭到批评，因为它利用人们过于熟悉的符号来进行交易——最常见的是足球和披头士——可悲的是它们被最近的负面联想缠身，如犯罪、失业、政治斗争以及“流氓”（scally）文化。文化之都项目对城市自信十分重要，因为它让当地居民和城市领导者意识到他们的国际形象已经严重受损，需要讨论新的方向和形象，打造一个确定的、讨喜的新形象（几乎不包括披头士和足球）。最终，城市领导意识到，在文化之都项目期间积累的品牌价值已经创造了一股势头，亟需一个媒介来发扬并超越活动本身，而这促成了利物浦城市品牌合作（Liverpool city brand partnership）的长久存在。在许多公共服务中，这种相应的运作方式不会自然而然地出现，但它却对新的政策法令来说越来越重要，例如地方品牌化（Trueman 等，2008）。

6.4 紧张关系和挑战

现在我们来讨论城市品牌化过程中最常见的紧张关系和挑战，看一看不同的地区是如何应对、解决这些问题的。

也许最常见的紧张关系就是一些利益相关者可能会对城市品牌重塑的前景感到不安或不满。这部分地反映出人们对一般的品牌化概念的潜在敌意，而这来源于公民自豪感、对改变的恐惧和一种可理解的对外界批评家园的反抗等情感的结合。有的时候，拒绝品牌化会有一个更加理性的原因。例如，品牌化策略的前提是吸引各种新的投资或游客团体，而这些可能并不会使一些现有的业务受益。不管是什么原因，一些利益相关者通常在城市品牌化上看不到太多价值，甚至看到更多的是威胁。在那些遭到批评并成为人们笑柄的地区，以及一些急需品牌重塑帮助但又因为怕进一步受到非议而拒绝品牌化的地方，体现得尤为明显。

根据备受欢迎的英国房地产电视节目“位置，位置，还是位置”（*Location Location Location*）的研究，米德尔斯布勒是一个饱受其糟糕声誉困扰的城市，最后被“官方地”冠以英国“最不宜居地方”的称号。在这种情况下，该市把对国际知名的米德尔斯布勒现代艺术中心（米马）（Middlesbrough Institute of Modern Art）的投资作为策略核心，不仅可以利用英格兰东北部的夜间经济，而且还可以依托周边现有的卓越的电子游戏产业，在这座上进的城市中开发一个有吸引力的前所未有的创意中心。

然而，这项策略却遭到一些当地的利益相关者（包括反对派议员）的反对。他们认为这代表了精英阶层改变这座城市本质的意图，根本上来说是对“真实的米德尔斯布勒”的否定。城市领导对此回应道：从当地纳税者，到地方投资者，再到国内外游客，都要认识到城市群众的“同轴心”（concentric）的本质；要把米马和其他发展项目的收益分配给这些不同的群体。

第二个常见的紧张关系是品牌化和营销之间的混淆，不知道它们是如何影响利益相关者的角色。有的时候，利益相关者热衷于推广城市的积极面，并希望品牌化也能这样做。但是，当他们发现品牌化比通过市场沟通进行的简单营销更加辩证、更具探索性时，他们会感到疑惑和沮丧。为了避免这种紧张关系，从一开始就应该明确品牌化与营销之间是截然不同的，对于这个地方及其在当下和未来要提供什么的问题，它需要一个更加开明和辨证的讨论。

在米德尔斯布勒，东伦敦的品牌化策略在几个方面备受争议，这正是品牌化和营销之间紧张关系的缩影。尽管 2012 年伦敦奥运会为当地带来了发展机遇，但是东伦敦的后工业化地区依然需要通过吸引不同的新企业和人才来实现再生发展和经济稳定。布里克巷（Brick Lane）的传统品牌正处于一种不稳定的平衡状态：它举世闻名并与伦敦的活力和多元文化相联系，但在伦敦却越来越多地被看作是一个质量不稳定（variable-quality）的旅游目的地。

东伦敦的新策略注重将活力与多元文化的传统联想和对新媒体、时尚（尽管这曾经与东伦敦紧密相连）及创意的强调相结合。策略中的一些紧张关系还可以从当地居民对将小说《布里克巷》（*Brick Lane*）改编成电影的抗议中看出。这个电影被当地和区域机构看作是向世界观众展示东伦敦的良好机会，但一些居民则认为这是对当地孟加拉社区价值观的不当侮辱。

最后一种挑战与城市品牌化过程中的领导者和合作伙伴的关系本质有关。在 Gelder（2008）关于地方品牌化的文章中，他强调了在开明的、流动的合作关系中工作的重要性，这种关系聚焦于一个共同目标，但却愿意适应不同的工作方式和风格。城市品牌化中更加民主的形式可以利用不同人的领导能力来说服不同的内部观众和内外观众。

曼彻斯特的品牌重塑为人们提供了一个跨部门合作运行机制的典范。这座城市传统的“品牌个性”的一个元素是它的“可做式”创新（can-do innovation）和“能做式”自力更生（make-do self reliance）的历史，从罗奇代尔先锋（Rochdale pioneers）到“第一座工业城市”的工厂记录，再到在主办 2002 年英联邦运动会的推动下将东曼彻斯特改造为一个体育、媒体与文化的中心。城市议会早些时候已经认识到，通过“转向而非直行”（steering rather than rowing）和设定品牌的总体方向及品牌发展的总框架能够更好地实现品牌重塑，但为了能够提供大部分的精力和专业知识，对其他部门和合作伙伴的借鉴也是不可或缺的，包括充满活力的音乐和艺术产业。合作关系一旦建立，不同部门之间的配合也会随之增加，城市便会愈发地被视作为文化的温床。在 2003 年，根据新创建的“Boho Britain”指数，曼彻斯特荣登英国最具创新潜力城市榜的榜首——这是“英国对旧金山的回应”（the UK's answer to San Francisco）（Demos，2003）。

这些挑战证明了利益相关者的参与不是一个简单容易的任务。就像磋商或更广泛的公共参与，它们有时被看作是软性的、无内容的活动，但是以一种冷漠的态度进入利益相关者参与机制的品牌化团队会立即产生冲突。利益相关者参与的价值正在于它充满艰辛和挑战，它会因不同的新观点和想法而产生分歧和辩论。这些紧张关系无法避免，但是我们必须尊重利益相关者的多元化，从一开始就以开放的态度接纳他们，而以事实为基础的讨论可以保证辩论和不同意见的创造力和有益性。

6.5　总结

城市品牌化是一门古老的艺术，也是一门新科学。千百年来，城市领导者都认识到了向世界树立一种独特、强大的形象的需要，然而只有在近几十年中，城市品牌化作为一个明确的知识领域才开始得到了承认。最近，城市品牌化的实践者已经开发了一系列具体的工具和技术来促使利益相关者的参与。这些新工具的运用有时不是那么有效，但是有效的利益相关者参与技术的持续改良不仅有助于城市自身的品牌重塑，而且对城市品牌化作为一个整体的知识领域也十分有利。

本章证明了对于任何城市品牌化策略的成功，利益相关者的参与都是至关重要的，但是有效参与的实现需要一种更符合团队合作的方法，而不是上文中所说的那些传统策略。在本章中提出的城市品牌化的参与方法，是为了激发并支持尽可能广泛的利益相关者的主人翁精意识，这种意识在任何城市品牌化的举措中都是重要因素。如果一个地方的许多合作伙伴都感觉到自己已经被融入了信息塑造中，那么他们就更有可能去表达和表现它。

第7章

城市品牌化和社会变迁的矛盾

卡恩—森·奥里（Can—Seng Ooi）

7.1 前言

2009 年联合国气候变化大会（COP15）吸引了 45 000 多人来到哥本哈根参加会议。全世界都在关注这个为期两周的会议的进展。伴随着全球对达成一种管理全球变暖的协议的关注和期望，此次活动也被丹麦首都视为城市品牌化的最佳契机。峰会伊始十分乐观，哥本哈根政府将这座城市称为“希望之本”（Hopenhagen）。但在峰会结束时，所谓的成果《哥本哈根协定书》不具法律效力，因此等同无效。世界各国领导人，包括美国总统奥巴马都未能促成应对气候变暖的有力的全球性条约的签订。此次峰会随后被国际媒体报道冠以“破本哈根”（Brokenhagen）、“无本哈根”（Nopenhagen）和“无望之本”（No Hopenhagen）的称号。

哥本哈根政府对本次的会议结果很失望，但是对于峰会给这座城市带来的大规模的积极的国际宣传还是很兴奋（Astrup，2009）。例如，《泰晤士报》（*The Times*）的 Tom Chesshyre（2009）将哥本哈根描述为“欧洲最绿之城”（Europe's greenest city）；Tom Zeller Jr（2009）在《纽约时报》（*New York Times*）发表了一篇纽约市长 Bloomberg 对于丹麦首都再生能源的使用印象深刻的专题。高规格的联合国会议提升了哥本哈根的国际知名度。除了这座城市的历史景点（例如小美人鱼雕像、城堡和教堂）和其著名的社会开放度之外，世界对哥本哈根有了更多的了解。通过 COP15，哥本哈根塑造了一个现代的绿色城市形象。虽然东道主丹麦在一定程度上对峰会的失败表示不满，但是 BBC 记者 Richard Black（2009）在总结这种矛盾情绪时指出：“（我们）会带着一些感情记住哥本哈根这座城市及其人民，但是历史会对政府处理峰会的政治手段作出判断，包括其首相在某些方面做得并不让人称颂。”

城市品牌化、营销城市的策略有很多，举办大型活动便是其中之一（Brown 等，2002；Burgan 和 Mules，1992；Green 和 Chalip，1998；Smith，2004）。正如开篇 COP15 的例子所说的那样，举办重大的、受欢迎的国际盛事不仅吸引了对于地方的关注，而且还为东道主城市提供了展示其优势与独特魅力的机会。达沃斯——世界经济论坛会议，是城市真正地通过一系列一年一度的盛事来进行品牌化的例子。而戛纳则因其电影节而闻名于世。

一座城市也可以通过成为某些维度的最佳来进行品牌化。伦敦与纽约都是金融中心，以其密集的商业活动为荣。因此，这两座城市利用其擅长的活动类型而进行品牌化。沿着同样的路线，城市品牌权威指的是如《经济学人》（*Economist's*）杂志的宜居指数（Economist，2009）等衡量大都市的全球排名研究。温哥华、维也纳、墨尔本等这些相对较小的城市在宜居指数中排名靠前。除了休闲和文化活动之外，还有很多因素也包括在了排名中，如犯罪率、动乱以及恐怖主义的威胁、医疗与教育有效性、公共交通状况和通讯设施。

结合其他城市的品牌化策略，一个品牌城市也会有一个口号或标语，例如“我是阿姆斯特丹人”（I am sterdam）、“我爱纽约”（I ♥NY）以及“你的新加坡”（Your Singapore）。这些品牌包含了描述或描绘各自城市的信息和故事。品牌故事突出了城市特色，也为人们提供了这些城市的理解框架。折射出人们对一个更加可持续的全球环境的希冀，哥本哈根引领的不仅是绿色生活方式，而且是有关环境问题的全球性协议的起草，“希望之本”（Hopenhagen）就是为了在 COP15 期间把这些信息都囊括进去。

无数的策略已经在文献著述中得到了很好的论述，其中包括本书的一些章节。然而，有关城市品牌化活动与社会变迁之间的动态关系的研究仍旧十分缺乏。城市品牌化是一项不间断的运动。在 COP15 的案例中，哥本哈根政府借由联合国峰会来更新国际形象，塑造了一个新兴的绿色哥本哈根的形象。城市的变化和新的现实总是会出现。城市品牌与城市之间的关系错综复杂。当城市变化的时候，其品牌形象也许不会随着城市现实的变迁而变动。另一方面，一个新品牌也许变动得过快；新品牌的故事是那些目前还未实现的抱负。有时外界对于城市的认知已然改变，而官方品牌却没有跟上公共认知。城市品牌也可能为一个地方能够在期望的方向上做出改变而提供动力。本章讨论的是与城市品牌化和社会变迁相关的问题。

7.2　城市品牌和社会变迁

就概念而言，城市是相对较大、人口稠密并且具有社会多样性的。它们使充满活力的画面进入脑海。这些画面与如同田园诗般的乡村和安逸舒适的村庄形成了鲜明对比。许多城市也被看作是社会、文化、经济和政治中心。新的社会实践和趋势往往会先出现在城市，然后再被传播到其他地方。作为多元互动和潮流发展的空间，城市是一个社会变迁的大熔炉。有些变化需要时间去变得根深蒂固，例如方言的发展。而另一些变化则可能来得更迅速，例如把迪拜打造成国际城市。世界第一高楼——哈利法塔（Burj Khalifa）是迪拜现今发展的象征。这个建筑物不仅勾勒出了迪拜的天际轮廓线，而且也成为了迪拜要成为超现代全球商务中心的抱负的品牌形象。

尽管已经有许多策略运用于城市品牌化，但是城市品牌化还是在一系列相互关联的因素下运作。如果考虑到社会变迁，这些因素（后面将会详细阐述）会产生自相矛盾的需求。第一个因素是城市品牌总是仅仅呈现出地方的积极方面，城市品牌选择性地表达都市，将人们的目光吸引到城市中的积极事物上来。城市的很多方面被忽略了，因为这些方面并不被品牌化负责部门认为是有吸引力的或是有趣的，例如雾霾、组织犯罪和贫民区等。

城市品牌的明确目的就是为了要改变公众认知（Andersen 等，1997；Kleppe 等，2002；McCleary 和 Whitney，1994；Richards，1992）。这就是第二个城市品牌化因素。城市品牌化运动是要塑造人们对于一个地方的感知。以北京为例，2008 年北京奥运会向世界展示了中国首都的形象。长久以来，人们一直认为北京是一个污染严重、落后的专制国家的政治中心，而奥运会的开幕式向世界展示了中国的四大发明——造纸术、指南针、印刷术和火药。随着奥运会的成功举办，世人眼中的北京已经成为了一座现代高效又不失中国传统的城市。世界对北京的看法是否已经改变尚存争议，但不可否认的是，北京奥运会及其盛大的开闭幕式博得了中外的一致好评。

第三个因素是关于城市品牌与城市识别之间的隐形联系。尽管城市品牌是被选择性架构的，但是它也是城市的身份声明。城市品牌是捕捉到的地方的真实故事和独特魅力的总结。例如，丹麦城市奥尔胡斯曾被品牌化为“丹麦第二大城市，脉搏在跳动，却不会因过快而无从享受”（Visit Aarhus，2010）。这个标语突出了奥尔胡斯作为一个相对较小的城市，不会有太多的拥挤喧嚷来打扰游客和居民。

最后一个因素强调了城市品牌影响人们对地方的说明的能力。此外，一个成功的城市品牌化活动会为本地及外来居民提供想象和体验这个地方的框架（Moscardo，1996；Ooi，2007；Prentice 和 Andersen，2007；Waller 和 Lea，1999）。例如，在新加坡作为目的地的品牌化活动中，其品牌“你的新加坡”暗示了人们可以把这个城市国家理解成一个汇聚了不同文化和魅力景点的丰富飨宴，在这里，游客可以自己按其喜好挑选并进行体验。新加坡是一个东西方文化交织、现代和传统融合的现代化的亚洲国家（Ooi，2007）。新加坡许多现代化的摩天大楼可以从风水学或者传统的占卜术的角度来欣赏。如果没有“你的新加坡”这个品牌窗口，外国游客仅仅会把城市国家中的高楼大厦看作是现代构造和（或）百年历史文化习俗的展示。“你的新加坡”讲述了一个岛国的多样性和可能性。

在社会不断变化的背景下，以上多重因素为城市品牌化活动带来了大量挑战。城市品牌化进程仍在持续进行中。它不会一成不变，社会也是如此。我把这些挑战强调为矛盾。

7.3 矛盾1——同样特别

城市品牌展现的是一个地方的蓝图和包装。品牌包装强调的是城市的独特魅力，从而彰显其竞争力。城市品牌化是一个持续进行的过程。随着时间的流逝，城市发生变化，城市品牌也要更新。而矛盾的是，随着城市的发展，它们越来越相似，尤其是当局通过学习其他城市来吸引投资和游客。例如，之前提到的关于城市排名的许多调查。除了其他方面，品牌城市也是排名考虑的重要因素。除了上文提过的《经济学人》杂志的宜居指数，还有Anholt城市品牌指数（2006a），在其中巴黎、伦敦和纽约因其城市活力、公民及设施而高居排行榜单。Florida（2003）根据其创新指数（creativity index）提供了另一种城市排名方法。Florida关注的是三个不同的标准：技术、人才和包容度。城市在人均专利数、“波西米亚人”和同性恋人口密度、移民比例以及所谓的“知识型工人”数量等方面被进行排名（Florida，2003；Peck，2005）。

许多的城市品牌化负责部门会有选择地选取参考指数，来体现其城市排名靠前。同样重要的是，这些研究也成为了相关部门组织和管理其城市的框架。例如，为了吸引更多的技术劳动力、投资者以及游客，新加坡采纳了 Florida 的观点，柔化了岛国的文化环境，告知民众政府并不介意雇佣公开宣布自己是同性恋的人工作。当保守声音出现的时候，当局就解释说这是创建包容、开放和具有创造力的新加坡城市品牌形象的一部分（Ooi，20C7）。为了相同的城市化目标，城市以排名标准作为基准来进行推动。这样的排名就成为了城市间相互学习的工具，造成许多城市变得同样特别。同时，它们也创建了相似的品牌。

7.4　矛盾 2——自下而上和自上而下的冲突

在品牌化的相关文献中，许多都强调要着重考虑不同利益相关者的利益，特别是当地团体和居民。尊重利益相关者不仅仅是确保品牌化活动取得成功的必要条件，而且也是伦理道德的要求。协商表明尊重和礼貌。当然，城市品牌必须反映社会中的不同利益。品牌必须从基层民众开始发展和提升。因此，地方品牌化研究已经不仅仅是品牌的市场营销活动，而是涉及城市管理的各个方面。品牌化进程需要调动并获得当地居民的支持，加强公共—私人合作，并吸引世界各地的观众（Mossberg 和 Getz，2006；Nilsson，2007；Tatevossian，2008；Therkelsen 和 Halkier，2008；Vasudevan，2008）。例如，城市不仅要通过广告来加强对城市形象的宣传，而且还要为游客和居民提供更多的活动和节事。除了要通过城市规划来美化城市外，城市当局还应该活跃文化生活、夜生活以及各种庆典。这些让城市更有生气的活动使居民和游客都能从中受益（Brown 等，2002；Florida，2003；Harmaakorpi 等，2008；Smith，2004）。但是把城市品牌化活动过程带给居民和局外人的利益放在一起，则会产生另一个矛盾。

如之前提及的那样，城市品牌也是品牌识别。识别应该可以反映并描述这个地方的特点，否则就不会是真实和可靠的。城市品牌的目标在于从下而上地讲述这个社会的故事，当品牌被“固定”的时候，它也会给这个地方添加图像。作为一个视镜，品牌故事影响着我们对城市的理解。换句话说，对于地方品牌化负责部门来说，城市品牌在不经意地或刻意地成为了一项有远见的活动，其要能够想象并反映出自己的城市与其他城市的不同之处。成形的公共形象可以让当地人对自身有更深入的了解（Lanfant，1995；Leonard，1997；Oakes，1993；Ooi，2005）。随后城市品牌导致社会向特定的方向转变。下面我来详细阐释这一点。

城市品牌化活动可能会破坏地方原有的精神面貌。例如，当地受欢迎的地方经过城市品牌化的推广而成为外来人士和观光客经常会去的地方；地方的社会构成将发生改变，并可能会失去其原有的吸引力。例如，新加坡的唐人街在目的地品牌故事中得到推广，经过一番打造，它现在吸引着侨民、游客和雅皮士前往游览。为了迎合新的富裕游客，这里还新建了许多酒吧和咖啡厅。结果，许多当地居民发现唐人街消费昂贵，而大多数的商店已不再迎合他们。对当地居民而言，传统唐人街的精神已经消失。具有讽刺意味的是，城市品牌化还会因其当地特色而推广唐人街。当地政府下一步将通过整修唐人街来“强化”地方特色。

另一方面，城市品牌化也会带来令当地居民可喜的社会变化。上海不再是 20 世纪 30 年代那个小渔村或者殖民村落。今天，它已成为拥有超过 2 300 万人口的繁荣大都市。这个城市是现代化的，其象征是著名的摩天大楼。当这座城市在高楼大厦、公路和购物中心的包围中找寻城市灵魂时，政府决定保护旧上海的部分。沿着外滩的新古典主义的殖民建筑被列入其中。豫园——一座美丽的中国古典园林——和它的周边地区一起被当地人称为“唐人街”。豫园周边新建的具有中国传统风格的房屋和商铺云集。在这个案例中，在城市规划的支持下，上海的品牌化维护并重塑了旧上海的风貌。居民们在那里消费，他们已经接受了把豫园打造成上海的标志。换而言之，在一个城市的品牌识别应该能够反映社会的同时，它也要去改变和塑造社会——自上而下地。

7.5　矛盾 3——居民和非居民理解的差异

能与当地人产生共鸣的城市品牌化信息也许无法引起外来者的共鸣。城市品牌化的一个目标就是塑造人们的感知。品牌信息必须是有吸引力且真实的。如果信息大部分是针对外国人的话，那么信息的真实性也许会打折扣，而当地居民听起来会觉得过于精简和商业化。另一方面，一个精细又复杂的品牌信息可以得到当地居民的赞同，但其对外来者却没有吸引力。例如，城市品牌化会经常用到美食。许多外国人却并不能区分上海菜肴和港式菜肴。小笼包是上海的特色食物，是蒸饺的一种；而点心（粤语）则是广东菜里的一系列蒸饺。中国人大多分得清小笼包和点心。而且由于文化传播，这两种美食在这两个城市（以及世界其他地方）都能品尝到。城市中可以发现菜肴的传播和食品口味的增加。无论如何，享受当地的美食是城市品牌化体验的一部分，所以人们在上海应该品尝小笼包，去香港则品尝广式点心。社会变化使外国人难以分辨什么是历史上当地的特色，什么又不是。做这样的甄别，于外国人而言是迂腐而无趣的，尽管本地人会更加精确和细致地去寻找其不同之处。城市品牌化负责部门在其宣传材料中并不会做严格区分。对很多当地人来说，将小笼包和点心混为一谈，都只被看作是中国美食的一部分，会削弱当地美食品牌的真实性。时间证明，如果不反复强调小笼包和点心是出自不同的地方，那么地方美食识别会被弱化。品牌信息的吸引力和真实性要求也许会相互矛盾。令一些当地居民感到懊恼的是，历史和社会变化的复杂内涵常常被忽略掉。而对非本地居民来说，简单的城市品牌信息才是美丽的。一个新的真实性有可能会出现（Cohen，1988；Ooi 和 Stöber，2010）。

7.6 总结

在开篇所举的例子中，哥本哈根政府利用 COP15 告诉世界，丹麦首都是一座绿色的现代城市，这既是一个抱负，也是一个事实。"希望之本"反映出城市政府十分希望丹麦首都能有所改变。许多居民分享着这个城市相同的愿景和想象力。世界应该看到这种光芒下的哥本哈根和丹麦。2010 年全球环境绩效指数显示，丹麦在 163 个国家中排名第 32 位，落后于冰岛、阿尔巴尼亚以及秘鲁等国（耶鲁大学环境法律与政策研究中心，国际地球科学信息网中心，2010）。品牌信息、公众想象和现实情况也许并不相符。

城市品牌化的文献著述中很少会讨论社会变化。时间这一元素十分重要，因为它凸显了社会不断变动的现实。城市品牌信息使城市定格，但事实上，城市品牌化活动是一个持续发展的进程，社会同样如此。城市品牌应该通过自下而上的打造来突出城市的独特性，并反映城市识别。正如这三个矛盾所说的那样，城市品牌化进程会使不同城市变得相似，带来社会变化，并形成新的城市识别。城市品牌化活动会影响社会，正如城市本身塑造了它的品牌形象。

第8章

美食文化中的城市品牌化：地域品牌化的启示

理查德·泰尔斯通（Richard Tellström）

8.1 前言

美食文化并不是一个不容易界定的概念。它涉及的种类和其原材料一样丰富多样，如寒冷海水中游动的鲑鱼和晚宴中用冷熏鲑鱼做成的开胃小菜。事实上，早在我们加工原材料之前，对美食的定义就已经开始了。它开始于人类的智力和反射弧发展阶段，那时植物和动物被文化性、社会性和政治性地定义为可食用或不可食用，例如节日可食用的鲑鱼和非食用的鲑鱼。美食文化是把可食用的原材料转化成一个更为高级的可食用的增值产品的过程。

美食文化和作物收割、烹调及服务结合在一起，成为一个使群体共享相同价值观并紧紧凝聚团体所有成员的工具。美食文化也是一种简单易见的排他方式，例如那些吃我们并不吃的东西的人；或是一种可以简单区分开那些吃蛇、吃青蛙或吃发酵鱼食的人的方法，例如那些用手吃饭的人、那些餐前吃奶酪餐和饭后吃奶酪餐的人，等等。因此，可以说，食物与食物完全无关。相反地，一份食物的价值远远超出其营养价值，它是一种最古老的工具和最具体的文化表达，能够说明我们是谁以及我们希望属于哪里。

把饮食直接作为一种地区或国家品牌化的工具的实践可以追溯到 150 年前，或追溯到 1851 年伦敦举办世博会和工业时代。在过去的几十年里，在西方世界尤其是瑞典，对食物来源的强调得到了广泛使用，而这也是本章的讨论重点。

8.2 地域和食物之间的新旧关系

一种食物的价值不仅可以被转移到其他物体上，而且还可以转移到我们想要赋予特定价值的地区上。把食物价值向反方向转移也是可能的。如果我们对食品本身并不了解的话，那么这个地区的声誉也可以为这个食品增值（Bell 和 Valentine，1997）。在历史上，用于销售的食品和地方之间一直都有着联系，例如斯第尔顿干酪，就是一种生产于斯第尔顿地区并在斯第尔顿的村庄售卖的奶酪（Tregear，2003）。或者说食品与一个地区或城镇有着一定关联，例如克拉科夫香肠（Krakow sausage）从中世纪时期就被人所熟知（Yoder，1981）。地理名称与区域和食物与葡萄酒相关联的现象，大概可以追溯到市场开始销售食品的时候，它一直以来都被用作是一种为产品分类的方法。

关于区域和食品之间的联系，一个理论视角就是原产国（country-of-origin）概念和它与营销之间的关系（Papadopoulos 和 Heslop，1993；Peterson 和 Jolibert，1995；Verlegh 和 Steenkamp，1999）。一个国家与其食品质量之间的感知关系是为众人所知的，例如法国和法国料理的良好声誉。原产国可以理解为一个国家的公民、产品、文化和国家符号的精神象征（Askegaard 和 Ger，1998）。因此，我们可以得出这样的结论：食物一直都有市场价值，一直都是买家寻找价值的渠道，因为消费食品的目的就是在用餐的时候使用其价值。人们在想到食品的时候，几乎一定会想到其原产地或该食物与地方、人和其他形态的相关描述。这就在食物和地方之间建立了联系，形成了一种体验的基础，而这正是体验经济的当代发展的一部分（Pine

和 Gilmore，1999），也形成了可视景观的一种新运用。

8.3　政治化的食物品牌

现在，强调产地的食物已经成为一种政治工具，被用来促进衰退地区的经济和农村发展（OECD，1995；Kneafsey，2000；Tregear，2003；Nordic Council，2005），以及被用来创造在食物和旅游之间相交叉的新业务和人们对特殊地方的体验（Long，2004；Trubek，2008）。自 20 世纪 70 年代初以来，欧盟（EU）就一直致力于促进其成员国的各地区的发展，从而避免因为经济上的不平等而导致欧洲国家之间的兵戎相见。欧盟发展出了一系列以区域为基础的金融援助计划，而对于拥有许多种区域的欧盟国家来说，其价值就在于它们可以申请不同类型的区域援助。

自 20 世纪 90 年代以来，一些区域性的美食文化作为一个概念被运用到了政治项目中（Delanty，1998；Ilbery 和 Kneafsey，2000），体现了欧盟对美食文化的政治—经济作用的重视。欧盟还以保护法的形式来关注食品原产地，还有许多旨在促进农村发展的项目，如手工食品项目（Tregear，1998）。手工食品作为可见的乡村美学，又进一步受到了非政府食品组织的扶持，如“慢食运动”（Miele 和 Murdoch，2002）。

欧盟的区域计划有许多类型，包括农业支持及致力于创造经济增长的创新创业项目。一个重要的目标群就是那些为了建立之前并不存在的新区域或去除那些在 19 世纪末 20 世纪初国家统一过程中的国家认同感建设项目中已经失去区域形象的地区。在 1998 年，通过对 3 个省的合并，一个全新的重要区域——西约塔兰省（Västra Götaland）在瑞典被建立。作为信息倡议的一部分，当时出版了一本关于新地区的美食文化的烹饪书，书名为《总督官邸烹饪书》（*The Governor's Residence Cookery Book*）（1999），而该倡议是为了这个新的大省的居民发起的。这一受到政治鼓励的美食文化倡议也被用于对该地区的品牌化，借此为该地区吸引投资者的投资并促进旅游业和其他相关产业的发展。食物和旅游业之间的关系被广泛熟知，具体的案例有许多，不仅有普罗旺斯、托斯卡纳，还有加州和南非（Hall 等，2003；Wolf，2006）。

在 21 世纪的第一个十年间，有一个代表性的例子就是一项名为“群岛的味道”（A Taste of the Archipelago）的食物品牌化项目——一项旨在促进瑞典和芬兰之间的群岛的经济发展的欧盟区域计划。这一被命名为“群岛”的地区是新生的，这一名称是欧盟为了配合旨在促进欧盟内部跨境发展的欧盟区域间合作项目（EU Interreg program）而起的（Heldt-Cassel，2003）。这个品牌化进程具有双重作用，因为它创造并宣传了一个地区的识别，同时它也鼓励小规模企业在使用项目标志进行食品或旅游服务营销时，充分利用品牌化表达。然而，并非所有关于群岛的表达方式都是有用的。例如，那些在其他区域已经投入使用的表达，或者那些代表污名化群体、社会边缘人士的矛盾食物文化表达，或是那些现在生活在品牌化区域的移民的美食文化表达。一个品牌的形象应该是简单而积极的，而非矛盾和负面的。

区域形象策略一个更重要的作用在于它可以被视作社会发展的一部分，不同的地方、区域或城市在国际市场中相互竞争，而它们的目的在于创造既是经济发展实体又是认同和文化基础的地域（Heldt-Cassel，2003）。这些项目所利用的想法正是每个地区都有自己的特色，你可以通过食物的视觉效应和通过嘴巴和鼻子所感知到的信号来更好地体验这个地方。感官刺激是一个重要因素，它不仅为一个地区吸引投资并鼓励游客前来旅游，而且还可以让当地居民为他们所生活的地方感到骄傲。这种类型的品牌化食物项目利用了对真实性的后现代主义式追求，但同时融合了现代风格。在品牌化的过程中，传统和现代的厨师开发新口味和新菜式的努力，对于项目的政治和经济目标的实现十分有益。

从2006年起，北欧理事会就开始实行一个名为“北欧新食物”（New Nordic Food）的食品项目，希望借此改善北欧国家人民对于北欧食品和北欧美食文化的态度，从而使他们为北欧的起源和自己的身份感到自豪。对北欧食物的政治性支持同时也是一种促进人口稀少地区和经济落后地区的经济发展的手段。这个项目在未来的几年里会持续进行。除此之外，国家级的食品项目也已经启动。在2008年，瑞典政府启动了一个名为“瑞典——美食国度”（Sweden —Land of Food）的项目，旨在改善游客体验并刺激饮食旅游，从而促进瑞典乡村地区的经济发展并使其食品出口在未来的十年里翻一番。在这个项目中，有趣的食品和饮食体验是打造瑞典国家品牌的一个工具。其农业部部长说，他期望瑞典能够成为人们眼中拥有欧洲最佳美食的地方，并表示“我们应该成为一个比法国更知名的美食国度”（Svenska Livsmedel，2009）。

负责食品项目管理的人员应该去监测特定的食品形象是如何被感知的，并确保该食品项目符合政治领导人的考虑和想法，即该区域相较于欧洲其他地区来说应该如何被感知。用美食来打造地区品牌也是那些通过利用正确的美食形象来进行品牌化的政客需要思考的问题。

8.4 品牌地区的商业用途

许多食品公司都可以从一个品牌化的地区表达中受益，尤其是这两种类型的公司——将自己定位为与特定区域有紧密联系的饭店和通过利用与特定区域相关的价值来进行营销的食品生产商。这两类企业都综合了地域、美食文化和历史背景因素，但与市场信息的结合又可能导致它们在历史上的不准确。其实，人们有选择地把各种强调地区唯一和独特的特性元素综合起来，其他与之矛盾和多元化的表达会私下交流或者根本不会被提及。然而，这对企业和它们的顾客来说，往往并不重要。但是，当人们用美食文化来打造产品和地区的品牌时，如果没有真实模板，那么不真实的幻想就会出现（Tellström 等，2006）。对它们来说，唯一重要的考量因素是要让人们相信这种商业化的地区形象在消费时是值得信赖的。

一个品牌化的美食文化可以看作是食物产品或服务形象生产的脚本，它和与文学、电影和其他艺术形式的脚本相关的作品有着相似之处。因此，为了激发人们对地区认同的情绪和感情而重振传统地域性美食文化时，把品牌化的美食文化理解为杜撰小说和手稿作品体现得尤为明显，这一点已经被许多学者研究过了（例如，Salomonsson，1984）。在对“创造的传统”（invented tradition）这一概念进行诠释的过程中，食品研究者加入了“发明”（invention）、“创新”（innovation）和“再传统化”（retraditionalized）等概念，用以描述为了创造消费和购买情绪而将传统美食文化商业化的过程，而这一过程强调了后现代社会中文化表达的经济价值（Urry，1990；Boissevain，1992）。

农村地区的饭店以地方美食文化来推销自己，以此作为他们工作使用的两大策略之一，以吸引不同的目标群体（Tellström 等，2005）。第一个群体由度假游客和那些以特定饭店作为旅行目的地的旅行者构成，他们往往会寻找符合他们对于该地区的想法的美食体验。他们经常会在夏季的某一小段时间出行。这个群体之前就通过广告、电视、旅行书籍和菜谱里的市场营销或品牌信息了解了这个地区，他们关心在这里能够找到什么食物或是“这个地方的味道”，并且现在希望体验他们所了解到的美食文化。他们非常乐于品尝他们认为与这个地区相关联的特色食物，虽然这种感知很可能包括了来自一个比该地区范围更广的区域的食物。

一个地区的大小会因为对其做出界定的人和已经存在的界定而发生变化。一家在瑞典北部、坐落于一个传统北部农牧区的餐厅有许多常客，他们认为这个餐厅位于瑞典靠近北极且布满高山的地区，因此便以为驯鹿是当地的肉，但历史上却并非如此。然而，这家餐厅并不会因为这个地理和历史的误解去与其顾客争论，相反地，他们会在菜单上提供各种各样的驯鹿菜肴，并卖掉了许多道菜（Tellström 等，2005）。在一家饭店的菜单上，唯一可售的地方美食文化应该以顾客对于该地区的理解为基础，而非正确的历史事实。而对于顾客来说，只要感觉“正宗”，他们并不介意食物脱离了它的真实环境。

而那些住在北部饭店周围的当地居民则会寻找另一种真实性，并为了庆祝家庭团聚或吃一些平时的地区饮食文化中所没有的菜肴而来到这家饭店。这样就创造出了一种对于奇特餐厅菜肴的需求，而那些当地能够找到的菜肴已经是他们日常饮食中的一部分了。居民去餐厅吃饭就是希望能吃到和家里常吃的食物所不一样的菜肴。不管怎样，这些当地的顾客群体是非常重要的，因为他们为饭店带来了淡季效益。一家依靠地区性品牌在一年的某一段时间里盈利的农村饭店必须准备另一份菜单，用在那些为品牌化的地区信息而来的游客们离开之后，而当地居民又表达出了他们不同的需求的时候。而本文所提到的饭店通过向饭店的两类顾客提供当地特色的白鱼来解决他们不同的需求问题：游客们购买当地居民在家会吃的熏白鱼和烤白鱼，而当地居民则会在饭店购买配法式白葡萄酒的剔骨鱼片——一种他们在家吃不到的奇特菜式。

城市的旅游局人员在进行信息的市场营销时，必须考虑到他们至少拥有两种不同的目标群体：本国旅游者和国际旅游者。根据旅游指南的语言是瑞典语还是英语，斯德哥尔摩会对自己实行两种不同的营销方式。同时，它还会提供两种不同的食物介绍，这取决于它的目标群体是国际友人（菜单上会突出熏鲱鱼和炒鸡蛋）还是本国人（菜单上会突出寿司）。

食品生产者可以通过不同的方式来利用消费者对与地区形象有关的食物的兴趣，可以通过在该地理区域内生产一种食品，也可以通过使用一种能够激发消费者的地区情感的表达。例如，商家会通过强调一种老式的配制方式或其他可以创造一种真实感的生产情境来实现对消费者的食物兴趣的利用。现实中有很多这样的例子。在瑞典，一家啤酒厂通过宣传一个在马里斯塔德的老式生产工厂，将一个名为“马里斯塔德啤酒”（Mariestad’s beer）的啤酒品牌发展成为了整个地区的名片。然而，早在 20 世纪 70 年代初，这家历史悠久的啤酒厂就已经被关闭了，而其配方则卖给了如今售卖这种啤酒的啤酒厂。这种啤酒是在两个距离马里斯塔德 200 多英里的工厂中生产出来的。这类剧本的设定能够创造出一种真实感，而这正是当代消费观中人们所渴望的一种表达。Bell 和 Valentine（1997）得出结论，和缺乏联想的产品相比，能够被传播的具有认知含义的产品，如具有当地联想的产品，对消费者来说有着更高的价值。

这些案例都强调了一个事实，与一个地方、地区或城市相关的品牌化就是一种杜撰的作品，一些特定的元素被隐化，而一些元素则被强调，尤其是那些企业家们认为与消费者相关的元素。

8.5 政治化和商业性品牌的文化用途

在美食文化中，各种价值按照不同的顺序被添加和移除，改变了我们对一个食品的感知及我们能够使用它的环境。根据 Metzger（2005）的观点，食物从日常食品和菜肴到文化标志和一个时代及特定时空的真实代表的转变，是一个分步骤进行的选择过程，那些有着模糊表达的食物就是无用的。在这个选择过程后剩下的食品成为了一种思想或价值观的代表，而不仅是一个地区或地方的美食文化的代表。

美食文化本身也有其价值，它是一种发展旅游目的地的方法，是一种地区发展或地区营销的工具，还是一种城市思想观念和价值观的表达工具。例如，把去农贸市场或去一家乡村饭店作为一种周末的消遣活动。这几种用途之间的相似之处在于，食物的作用超出了其营养价值。这些用途还体现了食物可以承载价值，可以成为商业目标的支持，可以符合当代消费者的真实性理念，也可以实现区域发展或认同目的等政治目标。

当食物被用来宣传区域和地区的时候，美食文化中的多元化价值很少被体现。相反地，往往是一些典型食物被重点突出，社会主导人群的食物偏好被强调，而一些当代的工业食品则成为被弃之物。根据品牌化逻辑，那些用作市场沟通的食品和菜肴被看作是文化标志、地理代表和其他语境中的表达，它们不能在其他地方被找到，以此来保持其独有的吸引力。

8.6　总结

当我们选择购买和食用食物时，原产地和真实性是重要的考量因素。这提醒着我们要确保食物要适合我们的文化，符合我们的理念和身份表达，而且我们要带着自己喜欢和尊敬的价值观来选择食物。然而在政治或商业品牌化视角中，并非所有食品或食物理念都是有用的。独特性是创造真实性的基本要素。在这个过程中，与其他地区、产品或情况的相似之处都可能是模糊因素，而那些不支持目标的价值应该被主动地从品牌信息中剔除。因此，通过食物来对一个区域进行品牌化，应该被理解成为一种与借助其他艺术形式所相同的品牌化方式，如书籍、电影或戏剧；它还是一个创造故事的问题，这个故事与我们认为我们是谁、我们来自哪里以及更重要的是我们想成为谁有关。

第9章

全新绿地中的城市品牌化

贾里德·布莱特曼（Jared Braiterman）

9.1 前言

现在正是城市大胆采取行动并快速增加绿地的最佳时机。面对20世纪的城市基础设施的老化和许多新城市的出现，人们越来越认识到，植物和新的公共空间是全球城市的生命力的核心。工业时代的城市设计将自然驱逐到了城市边缘或把自然严格限制在公园中。最近，地方政府和私人机构的城市领导人正在创建互相连接的绿地，为了人类和环境福利而改变城市结构。绿色的基础设施和城市生活的新形式为人们带来了各种实际的益处，包括干净的空气和水，同时也提高了人们的生活质量，因为新的公共空间让居民有了更多与彼此和自然接触的机会。

在流动的企业和劳动力越来越多的全球经济中，有着丰富绿地的城市具有竞争优势。成熟或新兴的城市都会支持那些低成本而高回报的计划，因为它们能够促进就业增长，降低基础设施维护成本，并吸引有创造力的居民和国内外游客。

两个亚洲城市的案例表明了城市环境作为经济增长的主要驱动力的强化作用以及潜在的失败成本。在过去的十年里，香港特别行政区的空气污染达到了令人不安的高水平，由此产生了跨国公司离开或拒绝入驻的危机，而行政长官和其他商界领袖对此发出了警告。除了工作和高素质人才流失的威胁外，空气污染导致了住院人数的增加和每年约212亿港币的经济损失（Pesek，2006）。相反，首尔市长吴世勋（Oh Se-hoon）提出了一系列绿色城市的倡议，从电动巴士到为一条已经被人行道和高速公路遮盖了的中央河流“采光”（Choe，2010）。这些举措提高了城市房地产的价值，促进了韩国清洁技术公司的发展，提高了就业增长率，并且吸引人们和企业重新考虑把首尔作为亚洲区域业务总部的所在地。

一直以来，富裕的城市工作者会选择住在树木繁茂的郊区，从而将城市工作机会的福利与接触大自然的乐趣结合起来。在现在这个石油峰值（peak oil）和气候变化的时代，我们看到城市中心正在吸引那些高技能的工作者，他们希望住在工作、购物、教育和文化活动都极为便利的地方。这些有价值的城市居民再也不满足于从前在城市生活与自然、工作与居住区域、商业与食品生产，以及私人与公共资源上的划分。

自然正在回归到城市当中，包括花草树木、野生动物、干净的水和农业。可持续发展的后工业时代可以同时支持人口增长和高品质的生活，而城市正是这种愿景的核心。生物多样性（Braiterman 和 Takahashi，2010）和城市森林能够在混凝土和人群中茁壮成长，而不是一定要选择一种或几种。纵观世界各地的城市，随着人们对可利用的城市空间是什么及如何实现的问题的理解不断加深，密集的城市群正在发展新技术和新愿景来创造必不可少的绿地。把我们的城市变得更加宜居、对自然更友好，直接影响着空气和水的质量、碳排放、食品安全、公共健康、社会关系、犯罪减少量、野生动物栖息地、能源独立、历史遗迹保存、旅游业以及就业机会的创造（如图9－1所示）。

本章概述了一些成熟或新兴的城市通过更好地利用已有的物质和人力资源来进行绿地城市品牌化的方法。这些举措将创意景观与交通运输、发电、娱乐设施及供水系统相结合。与工业时代的政策截然不同，为了能源效率、人类健康和环境改善，城市已经开始促进宜居街道的建设和食品生产的发展。通过把普通居民融入到改变世界最重要城市的日常生活中，绿地不仅可以是低成本的，而且还会产生巨大影响（Hestor，2006）。

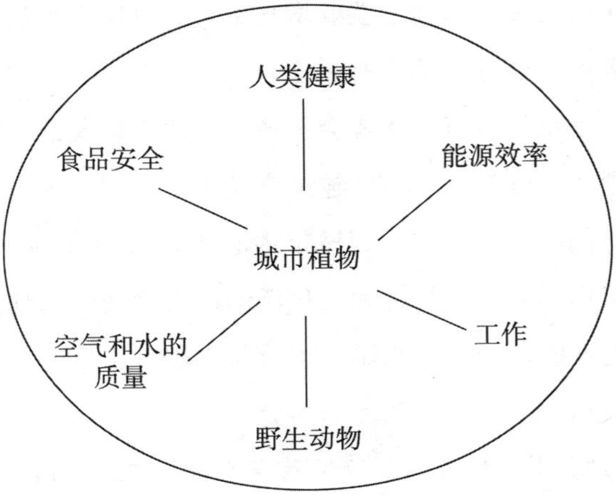

图 9—1　城市植物的好处

9.2　背景

目前，已经有超过一半的世界人口居住在城市中，而这一比例在未来的几十年中还会持续增长。创造能够造福人类和环境的城市意味着要更新欧洲、美国和日本的老牌城市的设施，并为非洲和亚洲的新兴城市设计新的城市发展模型。根据联合国人口基金的报告（2007），亚洲和非洲的城市人口将在 2000 年至 2030 年间翻一番。在 2030 年全球 50 亿城市居住人口中，有 81％的人将会居住在发展中国家。

推动可持续发展的城市的另一个背景是气候变化和石油峰值的结合。汽车城依然会把 20 世纪的车型出口到发展中国家，然而考虑到全球城市的人口骤增、化石燃料的有限数量以及地球变暖的危险，人们的这些资源选择则是不可持续的。目前中国已经成为世界上最大的汽车消费国，并且正在迅速扩展其城市内和城市间的高速公路网络。由于中国的汽车企业是部分或全部国有的，地方政府对于住宅区和交通的扩建会得到额外激励。在许多发展中国家，私人汽车依然标志着现代化，这种依赖汽车的城市空间增长模式在整个发展中世界不断上演。电动汽车等新兴技术回应了化石燃料的高成本问题，但仍未从根本上解决系统能源效率和土地利用规划的问题。

交通、娱乐设施和绿地等资源的共享为密集城市的高质量生活和低排放提供了可能性。绿色长廊和公园通过培育鱼、鸟等野生动物，将城市居住者与自然、周边地域相联系。在屋顶、空地和墙上的城市农场提供了贴近消费者的新鲜食物，创建了与邻居和同事共同生活和工作的社区，并且培养了孩子和成人的健康饮食习惯。

在公共及私人土地和建筑物中急剧增长的植物量将使城市的功能更强大、生活更舒适。人类活动和自然循环的融合会产生一种无与伦比的乐趣。历史上的城市生活和自然之间的二元对立已经对人类健康与环境产生了负面影响，而这并不是城市化的必然结果（Brown，2010）。

对于如何设计一个可持续的、令人享受的、健康的未来都市，我们现在所知道的比我们过去所做的要多得多。但是，那些已经建设成型（built-out）的城市应该怎么办呢？有些人可能会说那些拥挤的城市已经没有自然的空间了。像东京那样在 20 世纪迅速崛起的城市，只保留了很少的传统开放空间。许多其他城市都经历了类似的自然或人为灾害，并以建筑物和道路优先于规划及开放空间为原则进行了开发。

即使是这些已经建设成型的城市，也可以通过利用一直以来被忽略的公共城市空间来重新获得活力，如城市街道和墙壁，以及被掩埋在高架网络和坚硬地面下的河流与航道（如图 9－2 所示）。未充分利用的城市空间的识别和转变，需要人们的觉悟、实验和想象力。成熟城市的改造过程也为新兴城

图 9—2　一条被高架遮盖了的东京河流，减少了自然环境和土地利用的价值

市的设计提供了新思路。

9.3　街道的作用

从世界上最新的城市到最古老的城市，街道已经成为环境健康和城市宜居性的一个重要指标。高达 25％的城市空间被用来铺设人行道，包括街道和停车场。每个城市都有比公园或花园更多的街道空间，直到最近，这一公共空间仍被认为不适用于任何除了车辆交通以外的其他用途。

对于那些已经完全建设成型的城市来说，街道依然是未被充分利用的巨大资源。为了使街道变得真正有用，我们需要完成两项转变：第一，减少市区车辆的行驶，并提高这一富余空间的利用价值，包括自行车、步行、公共交通、园艺和农场等；第二，创造人们可以彼此交流并接触自然的新公共空间。为了了解汽车集中的城市的经济成本，“城市 CEO”（CEOs for Cities）（2010）出版了一份它们称之为“纽约的绿色效益”（New York's “green dividend”）的分析报告。纽约人每年能够节省 190 亿美元，因为他们私家轿车的低比例和公共交通、步行和自行车的高比例。除了减少了 2 300 万吨的碳排放量以外，纽约人在交通上所节省下来的费用直接增加了他们在其他产品和服务上面的购买力。即使纽约的房价更高，但是如果将住房和交通成本结合起来看，市区居民的生活成本仍然低于郊区居民。

绿地和已铺设的及建造好的空间之间的关系为人们提供了一种十分有趣的想象未来城市如何开展竞争的新方式。“城市 CEO”的报告总结道，如果纽约人的开车数量达到美国人的平均值的话，那么纽约就需要一块和曼哈顿一样大小的停车场来停放这些车子。考虑到任何城市的空间都是有限的，交通方式选择和街道使用方式的重新评估总是被推迟。

纽约和旧金山已经开展了“公园人行道”（pavement to park）项目，以小型公园来代替汽车交通，包括在百老汇和时代广场等。这个概念可以追溯到 1976 年哥伦比亚波哥大所开创的“自行车道”（ciclovía）计划，该计划中的主要街道在每周日和节假日都禁止汽车通行。在街道禁行期间，自行车、跑步者、滑板者、步行者、瑜伽练习者和其他休闲娱乐活动组成了一个全市范围内的开放性空间网络。据估计，200 万的波哥大居民（占波哥大总人口的 30%）使用 120 公里的无车街道（Hernandez，2008）。而创造这个巨大的公共空间网络的成本为零。

9.4 从屋顶花园到垂直花园

许多城市都已经认识到屋顶花园在净化空气、降低夏季温度、隔音，甚至是在地震期间保护建筑完整性等方面的潜力。纽约的建筑师 Vanessa Keith（2010）提出了一个非常有说服力的观点，城市拥有大量的可用来进行城市绿化、农耕以及能源创造的表面面积，这些面积远多于人们所认知的那样。Keith 所用的“可用表面面积”（usable surface area）一词不仅包括屋顶，还包括城市中的垂直墙体。墙体上有无法想象的大量未被利用的资源。它可以被用来种植植物，或收集太阳能、风能和水能。Keith 做了一个有趣的计算。如果一个典型的六层建筑物占地 2 100 平方英尺，那么独立建筑物垂直表面就有着 12 000 平方英尺的面积，连排建筑物则有 3 600 平方英尺的垂直表面面积。考虑到大部分建筑物墙体的低利用率，其潜能远远超过已有的公园和城市绿地。建筑物提供了所占土地 2～6 倍的可用表面面积（Keith，2010)，包括屋顶和墙面。图 9－3 展示了一个东京垂直花园的例子。

东京 23 区之一的杉并区推出了由攀缘藤本、塑料花盆和网组成的夏季“绿色窗帘”（green curtains)。杉并区把它们八层楼高的政府办公楼作为一个示范项目，建造了世界上最大的“绿色窗帘”——将近 30 米高并横向铺满了政府大楼的南面墙体。植物包括了装饰植物和牵牛花、黄瓜、丝瓜、苦瓜等攀缘藤本植物。现在，东京各区的许多城市居民都在用一两层楼高的“绿色窗帘”来覆盖他们的阳台，来降低夏季温度以及空调成本，同时净化空气，甚至为那些没有种植土地的人们提供了花园。

图 9—3　东京垂直花园，水平空间的缺乏并不妨碍一个益于个人和社会的茂密花园

政府在城市绿化新创意的公共示范中扮演着关键角色。通过目睹壮观的办公楼、参加一个市政研讨会，或在媒体中获得有关“绿色窗帘”的信息，市民们了解到如何去创建既需要最小空间又能创造社会效益的垂直城市花园，其中社会效益包括能源效率和空气质量的改善等。

9.5　恢复河流和城市海湾

工业时代的城市经常将污水和工业污染直接投向它们的海湾和河流。在很多案例中，城市政府会填埋一些能够促使人类定居于此或将原始城镇与资源及区域性贸易相连接的重要水域。现在，有许多技术被用来恢复河流和海湾的健康，并将它们重新融入城市生活。高架高速公路和道路正在从大型河流和小型河湾的上方被移除（Kajikawa 等，2005）。废弃的港口地区正在被建设成为新的开放空间设施。街道绿化工程和屋顶集水系统也正在降低污水处理和提高水质的负担。

健康的河流和海湾为野生动物提供了栖息地，也为城市居民和游客提供了休闲场所。公园取代了道路，行人取代了车辆，那些曾经一度被边缘化的以及被污染的土地得到了更多的使用以及更高的经济价值。修复的河流把城市及其地区连接在了一起，也将经济增长与历史及遗产连接在了一起。重新恢复生机的城市水道能够再次为人们和野生动物提供食物。河流对于城市生物多样性有着至关重要的作用，是城市环境健康的一个重要指标。在东京神田川的一小部分区域中，2001 年东京都市政府的调查报告记录到了 260 种植物、42 种河床生物、9 种鱼类、291 种昆虫、30 种鸟类、2 种爬行动物和 3 种哺乳动物（Puntigam 等，2010）。

韩国首尔重建了一条叫做清溪川的中央河流，它曾经被掩埋在人行道和高速公路之下。地震对靠近港口的高速公路造成的损害促使美国旧金山打开了城市海湾，建造了新的公园、办公室以及文化空间。巴黎现在正在考虑一个重新将塞纳河与城市连接的大胆计划，以公园和居民代替一条河边的高速公路（Kazis，2010）。东京的城市规划者也提出为了遗产、旅游业、休闲娱乐以及更高的土地价值，要重新恢复历史悠久的河流和运河（Mishima 等，2010）。纽约的布鲁克林大桥公园正处于建设阶段，这个占地 85 英亩的海滨公园将成为布鲁克林继 135 年前建造的希望公园（Prospect Park）之后最重要的新的城市公园。它会拥有水上通道、渔人码头、运河以及修复的湿地等特色。

9.6　如何使绿地成为城市的竞争优势

绿地将城市的发展与自然栖息地的扩张联系在了一起。即使是在最密集的城市里，也有充足的空间来应对植物和公共空间的急速增长。仅仅在 10 年前，这些如果不是被认为是不可想象的也会被看作是不可能实现的想法，现如今正在世界各地的城市中成为现实。利用绿地来进行的城市品牌化要依靠社区的支持和参与，以此来建设充满活力的新的公共场所。

9.6.1　设定宏伟目标

随着各种类型的绿地在世界各地的城市中的迅猛发展，创建城市的绿色品牌需要大胆的行动。地方政府需要采取新方法来处理交通、基础设施、公共健康以及生态规划，从而协调来自城市有关部门内部与公民社会、社区团体的各方支持。改善空气质量、降低基础建设开支、减少浪费和建设可及的绿色空间，这些都是绿色城市的目标。绿地指标包括树冠覆盖面翻一番，用食物废弃物施肥，在每一个小区中种植果树，移除道路和增加野生物种等。城市地标以其标志性吸引了人们的特别关注，因此在市政大楼、学校、街道和办公室的能源使用方式和与周边环境及地区的连接方式上，还有很多的改善机会。

当这些绿色城市目标与当地的社区和激情相符时，它们就都是可实现的。在世界各地的城市中，个人、非营利组织以及企业都纷纷推出了城市农场和园艺项目。对居民来说，有形的目标和过程激励了他们的参与，增加了实验机会，更传播了成功的理念。

9.6.2　将公园带出大门之外

对公园好处的体验不应该仅仅局限于公园大门里面。开放空间以及接触大自然不应该是一个特定的目的地，而应该是一个持续性的体验，是人们行动、工作和家庭生活的一部分。通过移除道路，城市土地重新获得活力，从减少老化污水处理设备的压力到为每个街区提供新的绿地等方面得到了诸多效益。从默默无闻的居民到蜚声国际的园丁 Patrick Blanc，在市中心建造垂直花园的例子数不胜数。移除路面和道路可以成倍增加树和植物在提供阴影、美景、清洁空气以及对雨水的天然过滤等方面的潜力。

一个最引人注目的对于新城市森林的愿景是来自于日本漫画家宫崎骏 1991 年的书籍《龙猫生活的地方》（*Totoro no sumu ie*）。这本绘图书的灵感来自于他的电影和东京西部的街区。由于漫画人物龙猫生活在日本乡村的一棵树里，所以宫崎骏的城市愿景是在建筑物之间重构一个全新空间，创造一个充满自然、神秘与魔法的城市森林。减少一半的道路可以使树木、灌木和苔藓能够传播和生长。宫崎骏的新城市可以造福已有居民，并依赖于社区的参与来创建城市和自然之间的新平衡。

旧金山于 2009 年开始了一个为期六个月的试验，在全市范围内开展安装“路面公园”（pavement to park）的项目。被浪费的街区空间以低成本很快转变为新的公共广场和公园。园林绿化、座椅和桌子代替了原有的街道，创造出了行人友好的并且吸引人的地方。这些项目使用轻质材料进行建设，因此在试验后可以被移除或是被更改。伴随着公众的认可和参与，成功的路面公园（parklet）可以被进行修改和扩张。这一模式也取决于社区和企业代表。

旧金山地方政府的项目植根于一个社区艺术和种植运动。“公园日”

(Park (ing) Day) 始于 2005 年，是由一个叫 REBAR 的团体在网络和街上发起的每年一天的节事活动。这个团体以及之后听到这个想法并被邀请的人们把道路上的停车位转变为小型公园，从而为整个城市增添了一些意想不到的绿地。视频和故事将这一理念迅速传播到了世界上的各个城市，并改变了商业走廊、居民区、零售区以及办公区。在几年之内，为植物和居民改造街区空间的理念成为了由地方政府推进并出资的市政政策。

9.6.3 建造零浪费的政府大楼和街道

城市和地方政府往往是各自领域最大的单一业主和管理者。沿着城市街道的地方政府办公楼和建筑物可以成为环境创新和试验的基地。城市政府可以和大学、非营利组织及企业进行合作，推广最新的能源发电技术。未被充分利用的空间可以发展为可食用的校园①、雨水收集地、蜜蜂养殖场、康复花园以及蝴蝶和鸟类的栖息地。

政府大楼无异于那些比较旧的私人建筑物，它们都不是为了将使用价值最大化和资源保护而建造的。邀请非政府的技术支持和积极参与将会产生使它们变为现实的新想法和激情。反过来，政府设施可以教育那些在城市地标、社区街道和政府办公楼体验了绿地项目的居民。相关案例包括芝加哥市政厅的绿色屋顶、杉并区、东京的巨型绿色窗帘，还有加州伯克利的 Alice Waters 发起的可食用校园运动。

① 译者注："可食用校园"由 Alice Waters 于 1996 年在加州伯克利分校的马丁路德金中学发起，即在校园里建立起一个一英亩大小的菜园和一个烹饪课堂。食用校园是一个模型的公众教育计划，旨在为学生提供亲身实践体验包括种植、收割和烹饪的食物循环活动的机会，使他们从中获得相关知识和理念，为建立一个倡导人性和可持续发展的未来做好准备。

9.6.4　支持居民与非政府实体

在绿地理念中的创新越来越多地来自于私人部门，还包括那些在之前的城市设计中未被视为利益相关者的人们，例如厨师、农夫、企业家及艺术家。在以前，大型规划决定了城市的走向和发展。作为在预算限制内完成更多事情的一种方法，地方政府正越来越多地转向私人部门和那些有才能的居民，向他们寻求物质及创意资源。如此，大量的方法以及广泛的实施使创造能够成长并传播的绿地方案变得更具可能性。

城市的整体目标需要尽可能广泛的支持，而这是使那些宏伟改变成为可能的基础。街区园丁、业余或专业的自然科学家以及植物企业都对城市农业、树木种植与维护、城市野生动物的监测和促进有着丰富的知识与经验。对绿地的兴趣可以跨越年龄与背景，包括老年人、上学的孩子、观鸟者以及厨师等。地方政府可以识别并宣传那些让城市回归自然的多元化市民，从而打造其城市品牌。

在纽约，有一个业余的自然科学爱好者组织在天黑后的中央公园里追踪野生动物的生活，他们观察动物的筑巢、睡觉，以及鹰、猫头鹰，甚至是狼的迁移模式（Winn，2008）。在东京，有一家建筑公司正在考虑将日本侏儒啄木鸟的数量作为城市健康的一项指标（Kumagai 和 Yamada，2008）。在旧金山，一家公共事业公司和一所大学合力对市中心办公塔楼上的一个猎鹰巢进行了网络直播。游击园丁[①]正在一些暂时可用的或是被忽略的公共及私

---

① 译者注：“游击园丁”起源于上世纪70年代的英国伦敦和美国纽约，他们把用泥土包裹的花种扔到空地和路边，希望让城市处处盛开鲜花。用他们的话说：“其目的在于为了寻开心，为了反抗，为了美观以及为了在‘得来速杀死的人比飞车杀死的人还多’的社区中给人们提供除了快餐外的其他选择。”

人土地上进行种植。在东京银座，一家城市农业企业建造了一个暂时性的大米农田，吸引了商铺店员、办公室员工、建筑工人、邻里居民和路人等常客。

地方政府的支持包括区划改变、税收优惠政策、街道试验基地和寻找并传播最佳绿地的公众创意大赛等。随着新媒体的兴起，人们也有了更多的机会去向其他社区学习，从而更快地加以适应、改变，并在世界范围内进行传播。

9.7 总结

独特的绿地和当地的资源与文化紧密相联。随着人们对日常生活体验与生活质量的期望越来越高，城市通过绿地来打造品牌的机会也越来越多。重新开垦那些被废弃的和未被充分利用的资源能够创建新的绿地，从而将人类与自然以及人类彼此之间联系起来。重塑城市空间的想法仍层出不穷，而且没有“放之四海皆准”的单一模式。一个在伦敦的稻田和一个在东京的稻田就意味着不同的东西。环境挑战是全球性的：从影响了全世界蜜蜂的蜂群崩溃综合征，到石油峰值与气候变化。然而，这些问题的解决需要国际共识的整合，例如城市农耕，然后才能在地方产生那些应对特定地区、气候与文化的新方法。

最好的解决方案应当充分利用当地的人力和物质资源。城市可以利用它们的遗产和独特资源在已建成的环境和自然之间创建一个的新平衡。20 世纪城市规划的失误，从城市和自然的反弹中便可见一斑。尽管遭遇了许多无法抵抗的自然灾害和战时破坏，像东京这样的城市仍旧凭借其延续了几个世纪的土地利用模式恢复了生机（Jinnai，1995）。而当我们将混凝土、大桥和摩天大楼视为永久性建筑的时候，我们最近却又感受到了自然改变已建成环境的惊人速度，甚至都不需要人类不断地付出努力来控制它。

越来越多的植物量及新的公共空间的建设使城市变得更加宜居，并吸引着企业、居民及游客。我们正在进入一个新时代——城市生活重新与自然世界连接在一起。伴随着公民社会的充分参与，通过绿地来进行城市品牌化有着无限可能。通过把城市重新塑造为自然栖息地，城市可以在人类健康、生活质量、就业机会和环境创新等方面获得竞争力。

第10章

线上城市品牌化

马格达莱纳·弗洛莱克（Magdalena Florek）

10.1　前言

在品牌化领域文献中的许多讨论都关注了互联网是否会改变品牌化和品牌管理的组织方式的问题（如：Sterne，1999；Ind 和 Riondino，2001；Lindstrom，2001；de Chernatony 和 Christodoulides，2004）。从营销学的角度来看，互联网为企业的广告、销售、直接配送提供了新渠道，并为客户反馈提供了支持渠道。在当今的数字时代，许多组织已经认识到了整合线下和线上的市场沟通渠道的必要性。

互联网及其工具的发展也改变了城市传播和建立它们的地方品牌的方式。然而，正如 Rowley（2004：138）所说："网络环境是以信息为基础导向的服务环境。品牌体验的概念强调品牌至少不是根据某个组织说什么而建立的，而是根据它做了什么，并且更进一步地根据使用者如何体验到它做了什么来建立的。"这对于地区品牌化来说是一个特别的挑战，因为物质存在是体验一个地方的必要条件，而线上传播的地区品牌许诺会远远超过地区本身的实际情况。由于互联网用户和潜在城市观众数目的同步增长，这一挑战变得更为艰巨。

不仅互联网用户的数量在不断增长，而且人们在网上花费的时间也在逐年增长（Harrisinteractive. com，2009）。因此，互联网使得世界品牌拥有了前所未有的可能性。我们可以看出线上品牌化的两个主要走向：第一，对品牌价值、品牌识别及品牌个性的推广与传播；第二，与品牌有关的线上社区的建立。有些人认为，网上的大量信息使得人们不再依赖于品牌的简单介绍。他们会收集关于产品和服务的详细信息，并做出自己的判断（Rowley，

2004)。因此，品牌经理需要运用一些新的工具来建立和传播他们的品牌。此外，他们必须关注被称为Web2.0技术的虚拟环境的动态变化，因为它正不断地被革新。Web2.0技术总是与那些实现了交互式信息分享、互操作、以用户为中心的设计及互联网合作等应用相关联。Web2.0技术的应用案例包括了网络社区、托管服务、网络应用、社交网站、视频分享网站、维基和博客等。换句话来说，Web2.0技术提供了一种邀请用户直接且积极参与进来的服务。

总之，我们正在见证一种沟通的新模式。现今，在城市想为自己发言的时候，并不一定要完全指望记者。现在，每个人都已经成为了信息的接受者和发布者。不仅如此，发布信息的成本已经降到了最低，而且发布工具已经变得触手可及。因此，每个人都可以创建一个能够并行的信息流通。“产消者”(prosumers)的出现就是这一现象的体现，它是指在消费者和专业人士之间的一部分用户，他们作为城市对话中的积极参与者，已经改变了传播策略及其相关工具。产消者寻求更多的信息，出现在虚拟的现实中并交换意见、文件及个人信息，参与讨论，观看并发布视频。Gerhardt (2008) 表明，因为产消者的复杂生活方式结合了庞大的工作量和活跃的家庭生活，他们非常渴望Web2.0技术产品和服务，并且乐于使用Web2.0技术，例如社交网络(Facebook，MySpace)、博客、视频点播(VoD)、播客、视频播客、虚拟现实(Second Life，There.com)、移动通讯以及其他基于互联网的技术和服务，因为它们可以使人们随时随地与他人保持联系。

Web2.0技术应用最重要的特点之一就是有着非常丰富的用户生成内容。通过用户生成内容，每个人都可能潜在地影响一个城市被感知和被评估的方式。每个人都可以非常方便地了解并分享信息，不论这些内容是否被城市的官方机构所管理。其结果是，Web2.0技术提供的机会既可能成为城市附加价值的来源，也可能成为负面曝光的来源。根据 Web2.0 技术的趋势和强大影响力，城市管理者们必须利用 Web2.0 技术提供的优势。城市应该成为这个环境下的积极参与者，并且要认识到互联网环境在塑造城市感知中的独立且不可控制的作用。正如 Miguéns 等人（2008：2）所说的，虚拟环境“对游客选择的指引有显著影响，也对理解人们的偏好、需求和反应有着极大价值，而这些能够（或应该）为许多管理决策提供思路”。

在已有的众多线上工具中，最受欢迎并且已经被许多城市用来传播它们的品牌特征的工具包括网站、博客空间、社交网络、虚拟现实以及电子邮件。这些工具以及它们在城市品牌化中的潜在用途会在下文中进行讨论。

10.2 网站：城市品牌识别的传播者

网站是最主要的、最受欢迎的，以及在地方品牌化中当今最为必要的工具。一个网站能够帮助提高地方的知名度和熟悉度，并最终塑造该地方的形象。因此，网站的基本作用是通过传递相关信息来传播城市品牌识别。这种传播可能采用了被动传递信息的方式，例如一般信息、图片库、宣传册、市议会的项目和计划，以及定制信息、咨询、反馈、节事日历、互动地图、虚拟观光，及住宿预订等交互式传播（Florek 等，2006）。作为一种相对被动的媒介，网站可以向所有潜在接受者传递无限量信息（Sharp，2001），而这仅由信息传送者自己来控制（White 和 Raman，1999）。另一方面，得益于技术进步，传递更加复杂、更具吸引力的信息类型成为可能。因此，不同于传统的大众媒体，网站内容可以针对不同受众来进行定制，通过自定义设置来创建出一个受欢迎的地方形象。此外，通过网站上的交互性功能来鼓励访问者进行关于城市的对话，城市可以从它们的受众那里学到更多的东西，就像公司和其消费者之间进行的对话一样（Hurme，2001）。

一般通过网站，城市可以展示品牌识别系统或品牌设计（标志、口号、盾徽、旗帜和代表颜色等）、城市所提供的东西（针对目标市场的套餐、景点名单、节事日历、图片库、地图、文件夹、影片）、城市行为（新闻、项目、规划、政策、报告、规则、地方政府详情和与姐妹城市的关系），从而发展其城市品牌，还可以通过网上论坛、反馈、信件和评论等方式与城市的目标受众进行互动。所有信息都应该被整合起来去构建一个独特的城市形象。为了提高网站本身和其描绘的城市的辨识度，城市应该使用整体性方法、鲜明的特点和特别的工具。正如Palmer（2002）所总结的，拥有一个电子化的存在是远远不够的，必须开发一种使这种存在与潜在客户更接近的策略。

10.3 通过博客空间打造城市品牌

博客是网站的一种，一般由个人进行维护，他们会定期地发表言论、对事件的描述，或者图片、视频等其他内容。很多博客会就某个特定话题发表评论或是消息，而有些则作为私人日志。一篇典型的博文会把文字、图片、其他博客、网页和与话题相关的媒体的链接结合在一起。博客空间是由所有的博客和它们的交互联系共同组成的。平均每24小时的博客发布量在90万篇左右，而77%的互联网活跃用户会阅读博客（Futurebuzz.com，2009）。博客空间的迅猛发展形成了一种认识：博客是最为可靠和客观的信息来源之一。因此，博主正在成为有着强大影响力的新的意见领袖。这种影响力可能包括塑造城市印象的能力。

博客的发布者和读者包括了城市居民、以前的及潜在的游客、学生和投资者。对于城市，人们会发布和阅读关于旅游景点、不同类型的节事活动、城市生活质量、社会话题、政治、艺术与文化、学术研究、运动等方面的内容。例如，BlogTO（http：//www. blogto. com/about/）就是一个关于多伦多的网站，并且由多伦多的居民——“一群痴迷的艺术家、音乐家、摄影师、政客、广告和媒体人、舞蹈家、科技爱好者、美食爱好者、有抱负的电影导演、时尚人士以及爱护动物的人士”来写文章。这个博客网站展示了城市生活的精华，因此对城市居民和游客都十分有用。另一个有趣的案例是 www. newyorkology. com，“名人堂潜水酒吧、布鲁克林比萨饼之旅和双层巧克力色美甲都是自由撰稿人 Amy Langfield 的博客内容。生活方式被分类成饮品、食品、商店、景点和旅游”（Forbes. com，2009）。这些信息可以覆盖的范围很广，世界上每个有网络连接的人都能够阅读到这些博客。

旅行博客是最受欢迎的博客类型之一。旅行博客一般以日记的形式呈现，包括一些旅行者的经历描述。对于其他旅行者和参观者来说，旅行博客是一种宝贵的信息来源。城市营销者们需要密切注意这些博客，尤其是那些有着明显旅游焦点的博客，因为它们可能会影响人们对城市品牌的有形或无形内容的认知。此外，这些博主自己也可能是非常重要的目标群体。

因此，与博主建立关系并与之合作是十分必要的，从而去鼓励那些重要而又积极的意见领袖去发布一些城市的正面信息。换句话说，把他们变成城市的支持者。此外，从博客中，尤其是从那些城市居民所写的博客中，很可能会获得未来宣传活动的灵感。城市和旅游组织已经开始逐渐地注意到了博客空间的这种越来越大的影响力，并且已经开始组织与博主们的特别会议与访谈。例如，加勒比旅游组织就会定期举办这样的会议。在 2006 年 2 月，这个组织第一次邀请了一些写旅游和旅行文章的纽约知名博主来参加会议。美国是加勒比旅游业的主要目标市场。这次会议是由加勒比旅游组织和国际在线传播者协会（International Association of Online Communicators）共同组织的，会议的主题是“什么是加勒比的新热点”（What's New and Hot in the Caribbean）。该会议的主要目的是鼓励美国博主们选择一些帮助推广加勒比岛屿旅游的话题，并通过向博主们提供可以写作的新闻与信息与之建立合作关系。博主们也被邀请与加勒比旅游机构的代表们一同讨论加勒比旅游业的未来发展。

同样地，在2008年7月，负责费城城市和地区推广的大费城旅游营销公司（GPTMC）举办了一场名为“博客费城社会媒体非传统会议”（Blog Philadelphia Social Media Unconference）的会议。该会议邀请了美国的几百名博主参加。GPTMC向与会者们展示了如何通过特定的城市网络服务使用Web2.0传播工具，例如与城市及地区相关的视频、播客和文章。另外，该会议的目的是与博主社交圈建立一个紧密的联系，从而鼓励他们发布和阅读关于费城的内容，并且也教授他们如何使用社会媒体的可用工具。

随着博客空间的发展，记者们对待博客的态度也发生了变化。在过去，记者们认为博客是一种不可靠的信息来源。然而最近，记者们也开始稳定地使用社会媒体工具。阅读博客和简易信息摘要（RSS feeds）的记者人数每年都在递增。Brodeur在北美的记者和编辑之间进行的随机抽样调查发现，现在博客对于记者的写作思路、角度和洞察力有着非常显著的影响。超过75%的记者认为博客对他们的写作思路是有用的；70%的记者会定期查阅博客列表；21%的记者每天会花费1小时以上的时间来阅读博客。同时，越来越多的记者也成为了博客空间中的活跃分子——28%的记者有他们自己的博客（O'Keefe，2008）。

除了密切注意那些最具影响力的能够引导舆论的博主们的活动外，城市管理者也要考虑建立他们自己的博客，包括城市机关和领导的博客。举例来说，迈阿密市长的博客（http：//mayormannydiaz. blogspot. com/）上提供了他的办公室正在处理的问题的每日总结。对于内部市场来说，这样的工具能够建立起城市管理者们与城市居民之间的关系，并且帮助获得当地居民对地方活动的支持，包括对城市品牌倡议的支持。

博客空间的另一个现象是微博。微博是一种简短的文字评论，往往发布在一个社交网络上。发布微博和推特（通过目前该领域最受欢迎的微博应用程序 Twitter 发布）就是上传微博的行为。这是一种允许用户发布简短的文字更新或是图片、音频剪辑等小媒体并公开它们的形式，这些内容既可以被任何人阅读，也可以被用户选定的特定群体观看。微博和传统博客在内容上的区别在于微博通常比较简短。在提供微博功能的约 100 个网站中，建立于 2006 年 7 月的推特是最受欢迎的。推特预测道，在 2011 年年底它将会拥有 3.5 亿用户（Thetourismcompany. com，2009）。微博作为一种线上品牌化工具有一定的基础和潜力，所以许多旅游企业和目的地已经开始使用微博也就不足为奇了，并且还有更多的企业和目的地正在积极地考虑使用微博。

尽管目前几乎没有研究去探讨微博作为目的地品牌化工具的有效性，但是有一种衡量微博有效性的方法就是看目的地微博的粉丝数量。例如，英国旅游局（VisitBritain）有 5 369 名粉丝；苏格兰旅游局（VisitScotland）有 1 378名粉丝；而威尔士旅游局（VisitWales）则有 1 402 名粉丝。另外，粉丝增长率、与访问者互动的数量以及通过推文链接访问目的地网页的点击率也非常重要（Thetourismcompany. com，2009）。

10.4　社交网络与交互式城市品牌化

社交网络是有着共同兴趣和活动的人们所组成的在线社区。它们为用户提供与不同人进行各种各样的互动的可能性，包括从简单的聊天到多方视频会议以及从普通的电子邮件交流到博客和讨论组中的参与。在线社交网络还包括分类的人际关系（例如，以前的同学），这就意味着人们可以和朋友保持联系。它还包括某种类型的事物或活动的推荐系统（Miguens 等，2008）。从品牌化的角度来看，由于消费者之间的互动和友好的线上社区的建立，营销者可以追踪消费者对品牌的认知和感觉。正如 McWilliam（2000：45）所指出的，“在传统品牌关系中，信息在供应商和消费者之间流动。而基于品牌的在线社区则证明了在消费者之间进行的对话的潜在益处”。

最常用的在线社交网络是 Facebook、MySpace、Orkut 和 LinkedIn 等系统。社交网站用户的数量刺激了公司——最近还有城市——去关注它们的网上形象，并通过社会媒体来创建和设计出有创造力的、激励人心的和有效的品牌化活动。地方营销人员意识到了这样一种媒介提供的可能性，包括在他们的品牌化活动中使用 Facebook 等社交网站。例如，在密歇根的官方旅游网站（http：//www. michigan. org/Default. aspx）上，我们可以找到 Facebook 的链接。对旅游目的地来说，另一种重要的社交网络就是 TripAdvisor 和 WAYN。TripAdivisor 是一个以旅游者依靠其他旅游者的评论来规划其旅游的想法为基础的网站，至少可以在他们做决定时起到一定的帮助作用。TripAdvisor 网站上有 500 万注册会员所发布的一千万篇旅游评论和意见，并且每个月有 2 500 万访问者。它创立于 2000 年，目前覆盖了

212 000家酒店，超过30 000多个旅游目的地，以及世界各地74 000个旅游景点。而WAYN. com（“Where are you now”的首字母缩略词）是一个关于旅游和生活方式的社交网站，其目标是将全世界的旅游者联合起来。WAYN现在覆盖了251个国家，其会员从2005年3月的45 000人增长到了如今的1 500万余人。

因此，旅游社交网络已经越来越成为城市品牌创建过程中的重要议题。例如，约翰内斯堡旅游公司决定在2008年与WAYN合作开展一项活动，旨在改变人们对城市的感知并创建人们对于约翰内斯堡是一个主要的国际游客目的地的认可。其品牌标语是“约堡——一个世界级的非洲城市”。通过在WAYN上建立形象，约翰内斯堡旅游公司成功地与来自193个国家的1 400万受众以一种有趣的、动态的方式进行了互动。其主要部分包括会员调查、节日有奖竞赛、关于世界小姐的新闻馈送、横幅广告、新闻通讯以及内部沟通等。活动前后的调查结果显示，经过7个多星期的活动，人们对于约翰内斯堡的城市感知有了非常明显的积极变化，并且约翰内斯堡成为了一个最受欢迎的目的地的选择（Travolution. co. uk，2009）。

随着社交网络的选择越来越多，城市管理者需要把那些与城市品牌形象建设相符合的有效渠道整合起来，并分析它们的网络目标市场。城市管理者还需要在对话、邮件、聊天和论坛中保持持续的前摄的参与。运营一个品牌社区需要为其用户提供一种参与感，甚至是所有权。在品牌建设过程中，社区需要具有一种自下向上的视角，借此消费者可以创造内容，并在一定意义上对品牌负责（McWilliam，2000）。

10.5　三维虚拟环境中的地方品牌化

建立于2003年的“第二人生”是最著名的并被广泛使用的三维虚拟环境。第二人生是免费的，允许任何能够连接因特网的人能够轻松进入第二人生的环境。它有自己的内部市场，并以林肯币作为其货币。第二人生拥有超过2 000万的独特游戏形象，40 000人可以同时在线。第二人生中有许多社区，这些社区让人们和与自己兴趣、信仰或民族相似的其他人进行互动和沟通。

已经有许多地方在第二人生的虚拟现实中落户，希望借此影响用户对其目的地的感知。由目的地或旅游局在虚拟世界中发起的最早的营销活动之一就是由爱尔兰旅游局于2007年10月在第二人生中所开展的。根据爱尔兰旅游局（Tourismireland.com）的资料，在2007年，60%的第二人生用户来自于爱尔兰最大的四个旅游者市场：英国、美国、德国和法国。其中半数用户在30岁以上，而这正是爱尔兰旅游者的主要人口特征。作为营销活动的一部分，爱尔兰旅游局赞助了一系列的节事活动，包括在第二人生中的复制城市都柏林中举办的2008年圣帕特里克节。爱尔兰旅游局中央营销总监在2007年发表声明：“在过去的3年里，组织在电子营销上的支出已经翻了一番，达到了所有营销活动开支的14%，去年的投资达到了650万欧元。爱尔兰旅游局计划2008年在网络上花费接近其所有营销预算的四分之一的费用。”（Tourismireland.com，2007）各个城市和国家都应该更多地利用三维虚拟环境的品牌建设潜力，如第二人生及其他。

10.6　电邮：城市策略的组成部分

伴随着 Web2.0 技术的普及，人们不该忽视最受欢迎的最直接的在线沟通形式——电子邮件。由于其可以直接瞄准目标市场，对于城市品牌化来说，电子邮件仍是一种有价值的沟通形式与工具。例如，摩纳哥会议局于 2007 年年底开展了一项电子邮件营销策略，其主要目的是向国会、研讨会、展览会及贸易展览会的组织者提供技术性和经济设施方面的建议。在一个月之内，摩纳哥会议局设计并向 6 000 多人寄出了第一封邮件，其发送对象包括会议与激励机构和企业。邮件主题每个月都会变化，内容包括当月地点、当月活动、即将开展的活动、最新消息、“你知道吗?”部分和纪念赛。每月发送的邮件代表了与关键决策者们之间的互相信任的经常性的沟通渠道的发展（dottourism. com，2010）。

10.7　总结

Web2.0 环境预计将继续发展。因此，城市管理者们应当密切关注其发展动态，并将其纳入城市品牌化的工具箱中。特别地，网络社区已经被证明其对消费者行为及决策和人们对城市的感知方式有着显著影响。所以，城市管理者需要了解在线互动技术的作用，并且将这些技术作为他们的城市品牌化策略的一个重要组成部分。考虑到 Web2.0 平台的多样性、创建新、博客的简易性以及用户对这些技术的快速适应性，如何选择最可行的互联网媒体来传播城市品牌形象成为了城市管理者的一个巨大挑战。但是城市管理者需要接受这个挑战，从而获得城市品牌建设协作方法中的益处，该方法使城市官员和公共成员在城市形象塑造过程中互相合作。与此同时，城市也需要做好准备迎接下一波互联网潮流——Web3.0——以及它对城市品牌化的影响。

第二部分

案例篇

第11章

城市品牌化实践导论

基思·丹尼（Keith Dinnie）

11.1 前言

本书的第二部分将会描述、分析并评论全球18座城市的品牌化实践，以城市的地理、经济以及文化多样性作为案例的选取标准。想要全面理解城市品牌，就不能将目光局限于某一个国家或洲，而必须对各类城市进行调研。在第二部分中所列举的城市大小规模不一，小至像伍伦贡这样只有20万人口的城市，大至如首尔、重庆和东京这样的特大都市。而这些城市的地理分布则遍及欧洲、亚洲、非洲、大洋洲以及南、北美洲。尽管它们各不相同，但在其城市品牌化活动中，仍可窥见某些共通之处：处理品牌化过程中面临的挑战；城市特征与形象的呈现；实物证据的重要性；事件的主办；多方合作；创造力、创新精神及胆识；重塑城市品牌。下面的几个章节将会讨论这些话题。

11.2 处理城市品牌化过程中面临的挑战

打造城市品牌面临着种种挑战。正如Anthony Ebow Spio在阿克拉（第12章）的案例中所描述的，有两个关键障碍需要克服，即有些设施超负荷运转且供不应求，以及金融资源十分有限。阿克拉以及全球其他城市人口的迅速增长给道路交通、水电供应以及住房供应带来了巨大压力。如果一座城市想要成功打造出一个适宜居住、游览和投资的有吸引力的品牌，就必须解决好这些基本问题。有限的金融资源也会制约一个强有力的城市品牌的发展。很多城市的地方财政空空如也，而打造城市品牌的需求也很少被提上议事日程。然而，有些城市提供足够的财政预算以实施城市品牌化策略，并因此获得了丰厚的回报。在首尔的案例中（第 26 章），You Kyung Kim 和 Peter Eung-Pyo Kim 强调了 2008 年首尔营销预算的增长颇具历史意义，同时也特别指出了首尔市政府为复苏经济而大力推进旅游业之举。

城市品牌面临的另一种挑战则来自于政策制定者对于品牌以及品牌化活动所持有的怀疑态度。Gyorgy Szondi 描述了面对人们对于品牌化这一概念的强烈抵制，布达佩斯如何步步推进品牌化活动（第 16 章）。Szondi 指出，为了打消人们对品牌的质疑，有一点必须强调，即品牌化这一概念并非简单的促销或营销活动，而是一个充满智慧的、跨学科的过程。

11.3 城市特征与形象的呈现

在阿克拉的案例中讨论了一个更深层次的问题，即城市品牌需要将城市特征与形象清晰地展示于世人面前，这一点也体现在里斯本（第 22 章）、蒙得维的亚（第 23 章）以及巴黎（第 25 章）的案例中。一个城市的精髓是什么？这种精髓如何才能被感知？在品牌发展的初始阶段如果没有一个相对清晰的界定，那么将来就很有可能难以确立一个明确的城市品牌，而只有一系列如碎片般不连贯的副品牌（sub-brands），每一个副品牌都传递着各自不同的信息。更糟糕的是根本没有进行城市品牌化的意识，于是城市声誉便完全依赖于这个不友善又冷漠的世界的慈悲之心。在里斯本的案例中，João Ricardo Freire 研究了有关城市特征与形象的问题。结果显示，对于政策制定者而言，界定品牌对象的范围至关重要。若品牌化对象只限于城市本身，其策略品牌化决策与把对象定为整个城市区（一个拥有更多利益相关者与更多特性的更广阔的区域）的决策会大不相同。

在蒙得维的亚的案例中，Pablo Hartmann 描述了当地及国家的政策制定者是如何努力缩小城市特征与形象之间的差异的。对于蒙得维的亚的优势的分析揭示了其诸多积极因素，例如高品质的文化、休闲、娱乐活动、作为首都的地位以及良好的治安。然而，人们并没有广泛地认识到其优势。而蒙得维的亚则致力于一项处理其负面形象的行动计划，尤其是它的旅游业。Jean—Noël Kapferer 在巴黎的案例中对于国家形象和城市形象之间的关系的讨论，为城市特征与形象问题提供了另一种视角。Kapferer 指出，不考虑国家品牌的形象和影响力，城市品牌有它自己的能量。这就引出了一个有关品牌建构的有趣问题。是应该打造一个不参考国家品牌而完全独立的城市品牌，还是应该打造一个定位为包罗万象的国家品牌伞下的城市品牌？一些城市将自己定位为独立品牌，它们的品牌口号与其国家无甚关联，例如“海牙，国际和平正义之城”（The Hague，International City of Peace and Justice）。其他一些城市则采用了不同的策略，它们通过将国家名和城市名都纳入其口号中，有意识地去利用国家品牌的价值，例如“爱丁堡：苏格兰鼓舞人心的首都”（Edinburgh：Scotland's Inspiring Capital）或是“格拉斯哥：苏格兰风格”（Glasgow：Scotland with Style）。

11.4　实物证据的重要性

城市品牌必须扎根于现实，而不是虚假营销者的夸大兜售。如果城市做出夸大其词的宣传，那么只要目标受众意识到他们被误导后，城市就会取得适得其反的效果。因此，城市必须保证有实物证据来支撑他们所宣称的优势。在印度城市艾哈迈达巴德（第 13 章）的案例中，Satish K. Nair 通过详细地描述城市近期取得的具体进展，有效地说明了这一点。这些重要的进展包括了快速公交系统（bus rapid transit system，BRTS）和萨巴尔马蒂滨河项目（Sabarmati riverfront project）的实施。这两个项目不仅改善了艾哈迈达巴德市民的生活质量，而且还树立了以证据为基础的对环境负责并致力于真正改善基础设施的良好城市形象。

Juan Carlos Belloso 在对巴塞罗那的城市品牌化（第 15 章）进行的研究中，也强调了在城市品牌中实物证据的重要性。Belloso 展示了巴塞罗那的城市品牌在很大程度上根植于一场深刻的城市变革，并指出城市品牌不是可以在短期内形成的，而是需要多年的持续努力和承诺。巴塞罗那市政府最近几年开展了一些重要的行动，包括新交通设施的创建、更多大学的创立以及公共健康和教育体系的现代化改造。在 Ghazali Musa 和 T. C. Melewar 对吉隆坡城市品牌化（第 21 章）的分析中，他们也强调了城市品牌的建设必须立足于基础设施及服务的持续改善的坚实平台之上。

11.5　事件的主办

活动的举办被很多城市视为城市品牌塑造过程中的一项重要因素。在悉尼的城市品牌化（第 27 章）案例中，Geoff Parmenter 描述了这座城市除了申办 2018 年或 2022 年的国际足联世界杯外，是如何开发出它自己的具有悉尼特色的年度事件和节日创新方案的。这些事件的举办被策略性地嵌入到城市品牌策略中。举办像奥运会这样的大型活动在城市中是备受追捧的，它们会为了主办权而进行激烈的竞争。Maria Fola 探讨了雅典的城市品牌化（第14 章）和它举办 2004 年奥运会之间的联系。然而，Fola 对于举办像奥运会一样规模的大型活动带来的好处的持久性仍持保留意见，并建议政策制定者需要确保品牌化努力在活动结束后仍能良好地持续下去，以此来维持城市品牌策略的后效性。

在城市品牌化中，以事件为中心的方法的重要作用在 Gyorgy Szondi 对布达佩斯品牌化（第 16 章）进行的讨论中亦有提及。Szondi 指出，举办大型事件可以作为城市品牌化活动的起点，而有些活动的举办只能吸引有限的观众，其他事件有助于整个城市的团结。春节和秋节、布达佩斯展览会和八月的西盖特节（Sziget Festival）是构成布达佩斯品牌化策略要素的几个事件。

11.6　多方合作

虽然听上去通俗易懂，但“多方合作”在城市发展的语境中却是个日趋完善的概念。第二部分中几乎所有的案例都体现了多方合作的元素，其形式是众多公共和私人部门组织为了创造出强有力的城市品牌而采取的合作机制。Kenneth Wardrop 在爱丁堡（第 18 章）的案例中，详细描述了城市品牌化的合作方法。Wardrop 阐述了爱丁堡目的地营销联盟（DEMA）的发展进程，并展现了它是如何建立在与关键利益相关者的持续的合作机制原则的基础上的。DEMA 董事会的组成反映了这种利益相关者方法。最初的 10 个董事会成员来自于以下 10 个不同组织：爱丁堡市议会，爱丁堡企业协会，爱丁堡商会，爱丁堡会展局有限公司，爱丁堡、洛锡安及苏格兰博德思银幕实业有限公司办公室，爱丁堡旅游行动小组，基本爱丁堡，爱丁堡艺术节有限公司，爱丁堡科学金三角和爱丁堡大学。

在 Hulleman 和 Govers 所写的海牙（第 19 章）案例中也有类似的合作方法。海牙的城市品牌是一个网络关系品牌。作者解析了荷兰外交部与海牙政策制定者的相互作用。荷兰外交部和海牙城市政府之间的关系是十分亲近的，因为海牙将自己明确定位为“国际和平公正之城”，而且有大量的国际组织入驻海牙。

11.7 创造力、创新精神和胆识

在巴塞罗那的章节中，Belloso 把创造力、创新精神和胆识作为城市品牌化的公共要素，其他城市也认可了这三个要素为一个强有力的城市品牌发展作出贡献的潜力。例如，刘小康和梁耀云在重庆（第 17 章）的案例中强调了平面设计在城市品牌化中的作用。他们认为，研究什么样的标志及图案可以瞬间辨识是很重要的，熟悉城市的历史及文化以保证最终的视觉识别系统扎根于城市文化也是很重要的，重庆案例中的城市文化至少可以追溯到 3 000年前。

在 Grace Loo、Saumya Sindhwani、蔡静和卢玮瑜撰写的香港特别行政区（第 20 章）的案例中，他们也谈及政策制定者应鼓励创新。作者介绍了在 21 世纪初期，香港特区政府是如何开始支持设计、广告、音乐、电影、数字娱乐、表演艺术、广播、古董和艺术品交易等创意产业的发展。在东京城市品牌（第 28 章）的案例中，Roland Kelts 提出了在城市品牌化语境中的另一种创意表现形式。他专注于研究东京艺术家村上隆在世界艺术舞台上确立东京地位的重要作用，这位艺术家巧妙地将他的艺术才能与商业头脑结合在了一起。

11.8　重塑城市品牌

城市开始品牌化的动力一般来源于一种感觉，即人们对城市的现有感知已经过时，需要及时更新以反映城市的现状。重塑城市品牌经常被视为必要、紧急之举。也许最能体现一个城市通过设置清晰目标来改变其负面感知的例子就是由 Peggy R. Bendal 描述的纽约（第 24 章）案例。Bendal 阐述道，在 20 世纪 70 年代初期及中期，纽约的许多利益相关者意识到了必须要采取一些措施来挽救这座城市的衰退，而这就缔造出了“我爱纽约”这一传奇式品牌。

品牌化策略主要是由重塑城市品牌的渴望所驱动的另一个案例是澳大利亚的伍伦贡。在伍伦贡（第 29 章）的案例中，Greg Kerr，Gary Noble 和 John Glynn 提到在 20 世纪 90 年代，伍伦贡因其高犯罪率、重工业、污染和洪水，时常成为媒体负面故事的话题。一些著名喜剧演员经常在全国性的电视表演中嘲讽伍伦贡，这使伍伦贡的城市形象进一步受损。Kerr，Noble 和 Glynn 对伍伦贡的城市品牌所涉及的多方利益相关者提出了一系列的逐字意见，就是为了能够生动再现这座城市在 20 世纪 90 年代发现自己以及一步步采取措施来重塑城市品牌的情景。

11.9　总结

第二部分的 18 个案例列举了全世界各个城市在城市品牌化策略中所采用的方法种类。对一些城市而言，最大的挑战是重塑城市品牌并改变那些还停留在过去的与现实不符的负面感知。在这种情况下，需要缩小在无形中会破坏城市特征和形象的新旧差距。对其他城市而言，它们的城市品牌化的焦点可能是其他目标，例如如何保证举办大型活动的利益能够被充分实现。不管那些设定的具体目标，成功的城市品牌化策略的特点在于融入多元利益相关者的合作机制，这些利益相关者为了共同的需要而团结在一起，而这个需要就是展现一个可清晰辨别并取得共识的城市品牌定位。从阿克拉到艾哈迈达巴德，从吉隆坡到伍伦贡，从巴黎到东京，在第二部分中的案例提供了诸多当代城市品牌化实践的视角。

第12章

阿克拉的城市品牌化

安东尼・艾波・斯皮奥（Anthony Ebow Spio）

12.1 前言

在 1877 年，英国殖民统治者将黄金海岸的首都从海岸角迁移到了阿克拉，从此以后，阿克拉便成为了加纳的行政中心。在 1961 年 6 月 29 日，阿克拉被加纳第一任总统 Kwame Nkrumah 先生正式宣布成为一个城市。自前殖民时代起，阿克拉就一直都是非洲地区发展最为迅猛的城市之一，是非洲地区的经济中心。这样的发展主要得益于建造于 17 世纪的作为奴隶贸易中心的三座欧洲城堡：第一座是克勒弗吉尔堡，由荷兰人建造于 1650 年，后改称乌舍尔堡；第二座是克里斯琴博堡，由丹麦人建造于 1661 年；紧接着的第三座——詹姆士堡，则由英国人建造于 1673 年。众多城堡选址于阿克拉，是由于其岩石海岸线和天然海港的优越区位条件。到了 19 世纪 50 年代，英国人从其他欧洲国家手中攫取了所有在阿克拉的利益，并明确把黄金海岸（今加纳）作为一个地理实体。在 1877 年，英国殖民总督府搬入了克里斯琴博堡。

12.2 阿克拉的日益发展和现代化努力

在 19 世纪晚期到 20 世纪初期，阿克拉由于其发达的经济贸易活动和政治解放运动，而成为了一座十分具有活力的繁华城市。阿克拉既是加纳多元文化的熔炉，也是非洲民族解放运动的摇篮。加纳其他地区乃至其他国家的人们定居在这里，为自由而努力的同时从事与欧洲人的贸易活动。

在1957年加纳宣布独立之后，阿克拉的人口成倍增长，从1960年的338 396人次迅速增长至2000年的1 658 937人次。据估计，阿克拉人口将于2009年达到4 158 728人次。作为加纳的政治中心，阿克拉凭借其迅速发展的第二产业、医疗系统、金融市场以及教育系统，成为国内最有发展潜力的城市。总之，阿克拉吸引着全加纳的人，迁移也就成为以超过35%的贡献率影响当地人口增长的重要因素（Accra Metropolitan Assembly，2007）。近些年阿克拉人口的迅猛增长，直接导致对如医疗保健、素质教育、饮用水供水系统和保障性住房等基础设施和服务的迫切需求。

加纳政府近些年为推进现代化进程采取了一系列举措，以此来谋求阿克拉的新发展和旅游业的大提升。例如，在2004年政府把旅游局更名为“旅游业与城市现代化发展署”（现已恢复原名“旅游局”），此次更名的目的在于在促进社会经济增长的同时推动环境友好发展，特别是促进社区福利的增长。该部门致力于把加纳建设成为富有竞争力的和高质量的目的地，并支持西非地区的发展，以此来提高游客人数和旅游业收益的增长。政府在不断加大城市基础设施投资的同时，开始了重建古代旅游景点的工程，如乌舍尔堡、詹姆士堡等殖民堡垒以及其他阿克拉古建筑的保护修复。交通网络的不断完善、历史遗址的保护重建、加纳独立的金禧庆典的举办、民主灯塔和善治典型形象的深入人心、稳定运行的宏观经济，这些都使得阿克拉成为在西非地区的商业和会议选址时最有吸引力的目的地，同时也成为人们的“掘金之地”。

在尼日利亚，像UBA、Zenith、Guaranteed Trust和Intercontinental这样的主要银行都已经在阿克拉建立了子公司，而巴克莱银行也成立了离岸银行来为投资者创造一个更安全的投资环境。国外对加纳的直接投资从2003年的1.4亿美元增长至2007年的1.6亿美元，加纳银行业的净收入也从 2003 年的 2.14 亿美元增长至 2005 年的 5.23 亿美元。银行业已经成为有专业技能的年轻人找工作的主要领域，对阿克拉来说尤是如此。房地产开发商抓住这样的发展机遇，在规划好的城镇郊区大量建造并销售豪宅。而这些房产的目标群体则是那些追求舒适、崇尚奢华，以及想要在一个相对安全的环境中享受一流设施的国内外的富人群体。这些高级的住宅和设施都位于阿克拉久负盛名的地区，甚至可以与纽约、洛杉矶和伦敦这样的大城市中的住宅与设施相媲美，例如 Trasaco 谷和 Villagio 区。

阿克拉举足轻重的影响力和加纳石油大发现开拓出的广阔前景吸引投资者于 2007 年在阿克拉建立了第一家西方风格的大型购物中心。阿克拉购物中心不仅通过与知名的南非零售商的合作来提升本土品牌的知名度，比如 Game 和 Shoprite，还通过特许经营的方式与国际著名的公司合作来促进自身发展，比如耐克、李维斯、苹果和斯沃琪。购物中心拥有国内设施配备最为先进的电影院，同时还放映好莱坞巨制和优秀国产片。购物中心的消费者目标群体大部分是其他地区的居民、游客和逐渐壮大的中产阶级以及加纳的富人群体。

阿克拉取得的另一项成就是对历史遗迹所进行的复原和转变工程，例如把殖民堡垒开发成为博物馆和旅游景点。古阿克拉的建筑和房屋经过修复以后，成功吸引了以美国人为主的大批游客。到目前为止，巴西总统卢拉是在到访阿克拉的游客之中最尊贵的客人。

12.3　国际会议的目的地

阿克拉的特殊地理区位使它成为了一个非常重要的会议目的地。乘坐飞机从阿克拉到达像伦敦、巴黎、约翰内斯堡、开罗这样的国际主要城市只需要 6 个小时，而且，阿克拉还拥有到纽约和华盛顿的直飞航班，也仅需 10～11个小时。阿克拉正日益成为国际会议和活动的首选城市。许多高规格的国际会议和活动都在阿克拉举办，例如仅在 2008 年这一年，第十二届联合国贸易和发展会议（UNCTAD）、关于援助有效性的第三次高级论坛和 2008 年非洲国家杯就先后在阿克拉开展。这个城市也接待了世界各国的许多名人政要，如美国总统乔治・沃克・布什（George W. Bush）和贝拉克・奥巴马（Barack Obama）、联合国秘书长潘基文（Ban Ki—Moon）、国际足联主席塞普・布拉特（Sepp Blatter）和世界银行总裁罗伯特・佐利克（Robert Zoellick）等。加纳政府的外交努力主要表现在把这些国际性会议和名人政要带到阿克拉来，加纳民主的整治成果、阿克拉城市的独特区位和不断改善的基础设施则是这种吸引力的主要因素。例如，2009 年 7 月奥巴马总统访问加纳，其原因可以用总统在加纳国会上的演讲来概括："我来到这里，到加纳，为的只是一个简单的理由：塑造 21 世纪的力量不仅仅在于罗马、莫斯科或者华盛顿所发生的一切，还在于阿克拉今天所发生的一切……而且，你们的民主力量可以帮助世界各地的人们保障人权。"（Obama，2009）

12.4　阿克拉城市品牌化的挑战

显然，加纳政府和阿克拉城市议会在这些年所做的现代化努力已经带来了一些成果。但不可置否的是，仍然存在一些阻碍阿克拉获得像纽约、伦敦和悉尼这样的城市品牌地位的因素。这些因素包括阿克拉清晰品牌识别的缺乏、设施的使用过度和明显不足、财政金融资源的局限以及来自中央政府的干涉。

12.4.1 清晰品牌识别和形象的缺乏

识别（identity）不仅是产品领域的核心概念，也是一个想要表达自己独特性的地方的核心概念。对于商业产品和服务来说，识别是通过徽标、口号、包装和产品设计来体现的。而对于城市来说，识别则是通过基础设施、建筑物、工业设备等物质基础以及艺术、人物、政治和地方商品等精神纽带来表达的。形成自己的独特识别，是品牌赢得声誉和在消费者心目中创立良好形象的重要途径。Anholt（2007）认为，这种形象包括一系列的联想、回忆、期望以及其他与产品、服务和公司相关的情感。一个地方的形象，对于城市居民、商业和游客对地方的认识有着至关重要的影响（Kotler 等，1993；Kavaratzis，2004）。举个例子来说，近些年来迪拜在购物中心、酒店和金融服务中心等基础设施上的大规模投资，加上久负盛名的体育赛事的举办都是为了树立一个现代化大都市的形象。2009 年 12 月，有着环境友好特点的世界最高建筑物——迪拜塔在迪拜举行落成启用仪式，这有助于其专为商业和休闲而打造的现代化创新型城市形象的强化。

相反地，阿克拉似乎并没有很明确的一个识别和定位，尽管这里是历史地标的大本营，近几年来在城市结构与现代化方面也有了显著的发展。而城市的管理者也并没有寻求对城市识别的明晰定位，更不用说向在乎这座城市的人清楚地展示、介绍它。换句话说，阿克拉现在的工作可以定性为没有品牌的现代化。

12.4.2　财政金融资源的局限

阿克拉原本在完善基础设施方面取得了一些进步，然而，人口的急骤增加意味着基础设施的发展无法满足人口需求。城市的道路交通体系大部分依然是差劲和不足的。在电力和自来水供应方面，阿克拉也面临着巨大的压力。住房短缺和垃圾处理依然是这个城市面临的巨大挑战。即使城市管理部门已经制定了全面的计划来应对这些挑战，它们的首要问题依然是没有充足的资金支撑。城市的治理权利依赖于中央政府对大部分项目的资助，因为城市内部产生的收入对于城市建设来说只能是杯水车薪。

12.4.3　政府干预

阿克拉城市议会在城市发展项目上对中央政府的资金依赖，导致它极易受到来自中央的干预。有一些中央政府巧妙地干预市长行政的例子，即使市长是在为减轻城市部分发展压力而努力。像寮屋搬迁和主要街道的商贩驱逐这样的行为，在政府看来是政治上的不明智之举。这样的琐事会使政治看上去没有那么清明，政治家会因此而皱起眉头，而最坏的情况是市长会被要求终止这样的行政命令，尤其是在选举期间这种事情要避免出现。

12.5　全新的阿克拉，让加纳更美好

2009 年 1 月 7 日，在赢得竞争十分激烈的选举之后，国家民主大会党带着对全国人民许下的诺言上台组阁，而这个诺言被称为“更好的加纳”。与此同时，阿克拉新任命的市长连同他的政府工作人员制定了 2010—2013

年的城市发展规划书，该规划书以《全新的阿克拉，让加纳更美好》为题（Accra Metropolitan Assembly，2009）。新规划书的重点在于把阿克拉建设成为一个干净、安全和美丽的城市，保证人民和企业可以在一个可持续发展的环境中茁壮成长。具体又细分为以下七个目标：

- 缓解阿克拉的拥挤。
- 卫生管理和垃圾处理。
- 改善阿克拉的引流系统。
- 教育和医疗服务提供系统的现代化。
- 提高收入并加强资金流动性。
- 改善道路交通。
- 提供其他社会设施，如电力、水、安全设施，等等。

在2010年1月15日，纽约哥伦比亚大学地球研究所的Jeffrey Sachs博士宣布阿克拉成为千年之城，萨克斯博士不仅是地球研究所的所长，而且是联合国千年发展目标（MDGs）的项目工程师。阿克拉与地球研究所共同签署了一份谅解备忘录，这使阿克拉可以获得来自研究所的丰富专业知识（Bentil，2010）。MDGs的最高目标是要促进并加速发展中国家人民的福祉。无论是总体目标，还是具体措施，阿克拉的最新发展计划都与MDGs十分契合。阿克拉与地球研究所的合作在为城市的发展提供了专家指导的同时，也吸引了来自私人和组织募捐的资金来改造城市。这将成为一个可靠的城市品牌化项目的良好基础。

在被宣布为千年之城，并与地球研究所建立合作之后，阿克拉公开宣布了其为实现MDGs所做的准备工作。这座城市正处于改善基础设施和实现MDGs的进程中，这将为阿克拉创建一个独特的城市识别身份。这个新发现的身份，再加上加纳善治和民主的良好声誉，将有利于阿克拉塑造一个更加积极和独特的形象。

Grabow（1998）提出，对于各个不同阶段的成功城市营销来说，交际沟通能力都是至关重要的基本需求。阿克拉市以及加纳国，都认识到了发展对交际能力的迫切需要。加纳共和国总统在 2009 年 9 月特别成立了加纳品牌办事处并任命了品牌营销专家，以此来协调国家良好形象的发展。加纳品牌办事处有两个最为关键的职责：一是确保办事处内部举措与其他副品牌的协调统一；二是发展与合作机构、内部组织和名人的建设性关系网络，这些关系能够直接影响加纳品牌的成功与否。阿克拉的管理者应该与加纳品牌办事处的专业人士保持紧密联系，以确保城市的现代化举措与有吸引力的城市品牌之间相协调，并与加纳品牌的国家目标相吻合。

12.6 总结

阿克拉这些年的努力可以被总结为没有品牌的现代化。然而，与奴隶城堡和非洲民族解放运动相关的丰富历史内涵，深入人心的作为善治和民主典型的加纳国家形象，不断改善的城市基础设施，这些因素都为阿克拉独特城市品牌形象的打造奠定了基础，也说明阿克拉还有很广阔的发展空间。阿克拉在追求发展新视野和实现 MDGs 的同时，应该考虑着手发起一场正式的品牌化运动。

随着城市品牌化项目的实施，阿克拉和它的人民将会得到许多发展机遇：在国际活动的竞标中优势更突出、竞争更有效；投资环境得到改善，旅游业实现跨越式发展；摆脱与非洲城市相联系的负面声誉，树立良好城市形象，提高国际地位；等等。阿克拉品牌化项目能否实现的关键在于基础设施的大规模投资，清晰的城市识别和形象的发展，对发展目标的执著追求，对市场营销专业知识的掌握和运用以及政府的大力支持等。一旦这些问题都被解决了，阿克拉实现“全新的阿克拉，让加纳更美好”的目标将不再遥远。

第13章

艾哈迈达巴德的城市品牌化

萨蒂什·K·奈尔（Satish K. Nair）

13.1 前言

艾哈迈达巴德是西印度古吉拉特邦的第一大城市。古吉拉特邦自古以来就以其创业精神闻名于世，为印度经济发展作出了卓越贡献。古吉拉特邦正逐步带领印度塑造全球超级大国的辉煌，也为自己贴上了“印度经济增长的引擎”的标签（Shah 和 Shukla，2009）。在 1970 年以前，艾哈迈达巴德一直都是古吉拉特邦的邦会。这样的特殊地位不仅得益于艾哈迈达巴德发达的工业和繁华的商业，而且还因为它那具有极高历史文化价值的迷人旧城区。Mehta 和 Jamindar（1988）从史前时代对艾哈迈达巴德的历史进行追溯，发现从 15 世纪开始直到现在，艾哈迈达巴德几乎一直都处于邦会的核心位置。Vastu—Shilpa 基金会（2002）记载了这座城市几个世纪来的发展历程。在近千年的漫长历史中，艾哈迈达巴德先后有过许多不同的名字，如艾沙帕里（Ashapalli）、艾沙瓦（Ashaval）、卡纳瓦蒂（Karnavati）、拉杰诺戈尔（Rajnagar）、艾哈迈达巴德（Ahmedabad/Ahmadabad）和阿迈达瓦德（Amdavad）等，这些名字的背后，是自力更生精神和商业文化的城市精髓。

圣雄甘地选择艾哈迈达巴德来建立他的萨巴尔马蒂阿什拉姆道场（Sabarmati Ashram），并通过和平手段来宣扬他发起的“非暴力抵抗及不合作主义”运动。他为了摆脱英国殖民统治并实现民族独立而奋斗了一生。这样的历史使艾哈迈达巴德在政治上拥有了自己独特的地位，而在前殖民时期这里就已经是艺术、工艺、建筑、商业等文化繁荣发展的地区，这也就奠定了这座城市现代文明与传统文明齐头并进的基础（Ahmedabad Mirror,

2010)。艾哈迈达巴德纺织业十分发达，在 19 世纪下半叶和 20 世纪早期建造的众多纺织厂为它赢得了“东方曼彻斯特”的美誉，如今这些纺织厂已经成为当地的著名景观。一代又一代的实业家在这里兴建了许多科学、教育和文化机构来促进当地发展，这些国际或民族的机构由大量的实业家族于 20 世纪率先领导建立。

13.2　艾哈迈达巴德的成长

从史前时代的小村落，到 15 世纪坐落在萨巴尔马蒂河河岸上的抵御苏丹穆斯林入侵的小堡垒，这座城市的规模从 17 世纪到 20 世纪早期一直稳步扩张。在 1947 年摆脱了英国殖民统治并走向独立后，尤其是在 1960 年古吉拉特成为了一个相对独立的邦以后，艾哈迈达巴德由于其特殊的政治和商业意义而得到迅速发展。这座城市由艾哈迈达巴德市公司（AMC）统一管理，需要指出的是，城市边界地区是由艾哈迈达巴德市发展管理局（AUDA）来治理，还有一些与城市相邻的特定区域则处于乡镇行政区（地方治理机构）的管理之下。

这样的体制安排在独立之后一直持续了几十年时间。然而，在近些年来，随着城市的范围不断扩大，越来越多的原本处于 AUDA 或是边界地区乡镇行政区管理下的地区被划归到了 AMC 的管理范围中。

13.3 古吉拉特邦主要的品牌化运动

13.3.1 活力古吉拉特：全球投资者峰会

古吉拉特邦政府发起了一场以“活力古吉拉特峰会”为主体的品牌化运动，旨在把古吉拉特打造成为工业发展的首选目的地。峰会想要争取的是来自国外的直接投资、那些快速成长的印度公司和对生意感兴趣的英美及其他国家地区的外籍人士。对于古吉拉特邦和它的邦会——艾哈迈达巴德来说，峰会的举办都是绝对明智的活动项目。

创立于2003年的“活力古吉拉特：全球投资者峰会”每两年举办一届。迄今举办过的四届峰会见证了古吉拉特邦的惊人发展。古吉拉特邦政府为此专门开发了一个网站（www.vibrantgujarat.com）来宣传推广峰会。峰会举办的重要意义在于在即使宏观经济不容乐观的背景下，也要建立起投资者和其他利益相关者对于古吉拉特邦的信心。第一届峰会举行的背景正是连续两年的灾难事件：2001年对邦内人民的生命和财产安全造成极大破坏的大地震；2002年发生在邦内的暴力事件并最终导致印度多党制民主的社区动乱。

继成功举办了在2003—2009年之间的四届峰会之后，这个每两年举办一届的盛会的规模不断扩大，而且也成功吸引了各种规模的投资。有一件值得一提的非常有趣的事是，2009年的峰会，自告奋勇来举办这场面向邦外人士的活动的当地居民十分积极踊跃，充分展现了古吉拉特邦的热情与活力。

13.3.2 活力古吉拉特2011：一场为古吉拉特邦重新定位和重塑形象的运动

2011年1月，在第五届全球投资者峰会上，古吉拉特邦聚焦在全球商务中心的品牌打造上，而不仅仅是关注其作为投资目的地的形象。与前几届峰会不同的是，2011年峰会用“活力古吉拉特2011：全球商务中心”取代了原先的标语“全球投资者峰会”。首席部长办公室（CMO）宣称，2011年是把峰会提升到更高层次的最佳时机，大会目标也不再局限于谅解备忘录（MoUs）的签署上。在2009年1月举办的峰会期间，有近45个国家参与，最终成功签署了价值240亿的近7 000份谅解备忘录。2011年峰会致力于通过更多国家的参与扩大其全球影响力，成为像世界经济论坛（WEF）或是环球企都@新加坡那样的大型国际经济交流盛事。随着谅解备忘录变为其中的一小部分，峰会把更多的注意力放在了首席执行官们讨论的全球议题上和与至少100个国际顶级机构组织建立联盟关系的目标实现上，以相互交流合作来拓宽峰会的国际视野（Mehta，2010）。

13.3.3 向全世界营销活力古吉拉特邦

就向世界“营销”和推广本邦以及建立“活力古吉拉特”品牌来说，邦政府一直都不遗余力，其重视程度可以从近几年的发展中看出一二。总部位于华盛顿的国际公关公司安可顾问已经与古吉拉特邦建立合作关系，在世界范围内促成对古吉拉特邦的投资（The Times of India，2009）。在接下来的两年，安可顾问将为古吉拉特邦出谋划策，把“活力古吉拉特邦”发展成“超级品牌”，通过重新定位来向全球的决策制定者和思想领袖推荐古吉拉特邦。这家国际公关公司一直都负责古吉拉特邦的形象营销，并积极为投资者和决策制定者建立一个合作平台，而这个平台则有利于在新兴产业和地区的合作伙伴关系的建立。

“活力古吉拉特 2011”这场重新定位运动在长期内都会使古吉拉特获益。在古吉拉特邦努力使“活力古吉拉特”跻身像世界经济论坛一样的国际性顶级经济论坛盛事的同时，艾哈迈达巴德市则努力在 2020 年以前成为古吉拉特邦的第一大都市。在过去的几年里，艾哈迈达巴德市和古吉拉特邦都从已经在逐步落实的地方品牌推广计划中获得了发展。

13.4 艾哈迈达巴德市近些年的重大发展

一般来说，经过广泛宣传的重大事件对地方形象起着积极且重要的塑造作用，对城市来说尤是如此。印度最大的商业集团——塔塔集团，决定把它的小型轿车车厂从西孟加拉邦搬迁至古吉拉特邦的东部，就是这样一件大事。塔塔集团期待已久的“纳米”（Nano）品牌（该品牌名称源于其 10 万卢比的价位）原计划在西孟加拉邦建厂发展。然而，由于不稳定的政治环境和建厂征地的暴力抗议，以及周边缺乏配套的基础设施，塔塔集团只得放弃该项目并寻找更合适的厂址。古吉拉特邦在与印度其他几个工业发达的邦的激烈竞争中脱颖而出（Shah，2008）。而这两个邦（西孟加拉邦和古吉拉特邦）的当地人的不同做法则引人思考。在艾哈迈达巴德市郊区，当地人公开支持古吉拉特邦政府的决定，并协助塔塔集团进行小型轿车项目（Parmar，2008）。

极大地促进了艾哈迈达巴德市发展的进一步举措包括快速公交系统的建成使用，萨巴尔马蒂滨河项目和古吉拉特邦国际金融 TEC 城项目（GIFT）的实施。为此，邦政府还专门开发了用来推荐这三个项目的网站，网址分别是

www.ahmedabadbrts.com、www.giftgujarat.in 和 www.sabarmatiriverfront.com。在推出的短短数月里，BRTS 就已经赢得了许多国际奖项（*The Times of India*，2010a）。尽管艾哈迈达巴德是印度的牛仔布纺织中心，但我们可以看出，GIFT 和其他项目的实施都是为了使艾哈迈达巴德超越目前是国家商业中心的孟买，并跻身全球性的金融中心（*The Times of India*，2010b）。

对于艾哈迈达巴德市来说，一个极其重要的城市特性是它那跨越了几个世纪的建筑景观。这些不同时代的建筑，见证了印度自适与同化文化（Indian phenomenon of adaptive assimilation）在这座城市中的共存发展（Vastu-Shilpa Foundation，2002）。从众多的步井、庙宇、宫殿、清真寺、陵墓和那些国家或国际级别具有建筑标识功能的机构中，可以看出艾哈迈达巴德市根深蒂固的传统价值观念和与时俱进的愿景的一个完美融合。在这方面，“艾哈迈达巴德市遗产街”的建立是近期最显著的发展，这条街展示了旧城区的独特建筑风貌，是国内和国际游客不容错过的基本旅游套餐目的地。这条街除了历史古迹和寺庙建筑以外，还包括艾哈迈达巴德市的“pols”区（城市内的封闭住宅区，居住在这里的是有特殊职业、宗教信仰的家庭或是其他特殊团体）的主要景点（Jain，1988）。这个旅游套餐的最大特色在于当地居民的积极参与，他们会向游客展示他们独具特色的家园。如果没有居民的帮助，艾哈迈达巴德市公司专门负责这里旅游的机构将很难提供这样一个旅游套餐。老城区拥挤的室内设计使得相关旅游机构设计并实施这样一个“体验性”的旅游套餐成为了一项巨大挑战。在城市的其他地方，“pols”区的特色建筑的复制品会以民俗中心或民俗博物馆的方式来展现，但是却无法为游客提供真实的文化性体验。遗产街的当地居民积极保护周围环境，并带着自豪展示历史建筑，不仅为艾哈迈达巴德市遗产街的经济收益作出了重要贡献，而且还成功地建设了当地的品牌形象。

13.5 艾哈迈达巴德的城市特性和其发展步伐所产生的杠杆效应

艾哈迈达巴德自力更生的创业精神代代传承，取得了十分有趣的效果。艾哈迈达巴德具有迅速从灾难中恢复的能力，不管是自然或人为的原因，所有市民在灾难中都展现出了乐观热情和甘于奉献的精神。他们在由企业家组成的“军队”的带领下，在各地组成特别行动队来开展保卫“所有权”的救灾工作，而不是等待当局或者其他机构来救助或是仅仅协助这类机构开展工作。市民在开展自救的过程中无畏无惧，迅速走出了灾难的阴影。

艾哈迈达巴德的大约550万人口，在今天看来无疑是未来城市发展的一种巨大资源，而城市的人口在2020年很可能超过1 000万。像“甘地——艾哈迈达巴德地铁轨道”和BRTS这样的工程有望成为这个国家具有里程碑意义的项目（Prashanth，2009）。政府当局在过去的5年间，用200亿卢比的巨额投资来促进城市发展，还有额外的1 000亿卢比用于全邦市区重建任务的策略规划（http：//jnnurm. nic. in/）。艾哈迈达巴德正发展成为“印度创业中心”，一位资深企业家撰文写道：“如果说过去的十年属于班加罗尔和海得拉巴，下一个十年（2010—2020）则是属于艾哈迈达巴德的黄金发展时代。”（Khera，2009）

13.6 总结

历史年代的无尽辉煌，独立前的显赫地位，独立后对国家工业增长作出的巨大贡献，以展现莫卧儿建筑演变的印度——撒拉逊复兴风格为代表的文化融合，这些因素都使得艾哈迈达巴德能更好地迎接未来的挑战。凭借其城市独特性和历史意义，以及市民在城市建设中的积极参与，艾哈迈达巴德重塑昔日辉煌指日可待。它会重拾"东方曼彻斯特"的标签吗？一个重要的问题是：在近些年发展的基础之上，通过加大投资来试图恢复过去的辉煌的努力是否值得？

在未来的十年里，艾哈迈达巴德将会成为国际大都市，而不仅仅是另一个大城市。随着艾哈迈达巴德附近诸多港口的发展，再加上大量特别投资区和经济特区（SEZs）的建立，工程货物、珠宝首饰、纺织服装生意面临新的发展机遇，而这座城市的发展也将实现质的飞跃。艾哈迈达巴德还积极利用"活力古吉拉特"这个国家级品牌的声誉和影响来发展壮大自己。此外，它还通过庆祝自己的特色节日来展现自己的活力，而古吉拉特邦政府则是举办各种主题性的国际节事，如萨巴尔马蒂河河岸的"国际风筝节"、展现古吉拉特文化的"九夜"舞蹈节和刚刚提升为国际性节日的"Navratri"节。在即将到来的十年里，艾哈迈达巴德会成为大型基建发展的中心，而快节奏的变化所带来的活力也将在这里被深切地感受和体会。这也就延伸出了新的思考：艾哈迈达巴德是否应该摆脱过去，而把自己定位成现代化大都市和印度金融中心？

第14章

雅典的城市品牌化与2004年奥运会

玛丽亚·芙拉（Maria Fola）

14.1　前言

为了维护声誉与争取投资，世界领先城市之间的竞争永无休止，而申奥成功在很大程度上被看作是这种竞争中的压倒性胜利。近年来，奥运会已经成为一个国际性的大事件，并成为了主办城市和国家向全世界讲述自己的全新故事的平台。本章考察了雅典和2004年奥运会的案例，分析了希腊首都为了把握奥运会带来的机遇而做出的努力。它不仅要改善自己的基础设施，而且要向全球观众塑造自己的全新形象。

14.2　申办2004年奥运会

1997年9月5日，在瑞士洛桑，国际奥林匹克委员会（IOC）前主席萨马兰奇先生宣布："获得举办第28届奥运会的荣誉和责任的城市是……雅典!"，这简短却又意义重大的话语使2004年雅典奥运会申办委员会的希腊代表团热情鼓掌。与此同时，成千上万的希腊人在扎皮翁宫不约而同地激动鼓掌。希腊人在位于首都中心位置的标志性建筑中，开办着庆祝奥运会重返家园的大聚会。希腊人等待这一天的来临，已经太久了！1986年希腊举办第一届现代奥运会，标志着奥运会的复兴，在2004年"回归故里"之前，奥运会在全世界历经了漫漫旅程。使奥运会"回家"变得更特别更引人注目的一个原因在于，希腊在1996年奥运会申办的竞争中失利，而1996年正值奥运会的百年华诞，IOC最终决定把主办权授予美国佐治亚州亚特兰大。

然而，希腊的民族自豪感和奥林匹克遗产使得人民对于赢得奥运会举办权有着强大的动力和热情。希腊是世界上最小的国家之一，在这样一个国家举办这样一场举世盛事无疑是一项巨大的挑战。希腊组织者非常感激这样一个对希腊和对雅典来说都十分重要的机会，2004 年奥运会为全球大约 39 亿观众展示了一个全新的形象，并为他们讲述了有关雅典丰富的历史文化和当代取得的成就的故事。

因此，作为 2004 年奥运会的举办城市，雅典的策略是在 21 世纪伊始，向全世界展示城市的现代化应该涵盖的特色和属性，这也许是人类史上的第一次尝试。我们必须承认，在奥运会之前，并没有对雅典进行全面城市营销的成熟形式，当然，除了希腊国家旅游组织（GNTO）开展的活动以外，但是 GNTO 的目的是提升希腊整体的旅游目的地形象，而不是特别地针对雅典而言。

14.3　传统与现代的平衡

对于雅典来说，想要在传统与现代之间寻找一个平衡点并非易事。雅典展示其现代化成就的途径似乎也早已注定——国际传媒报道奥运会筹备进展。当然传媒也会有关于奥运会筹办的负面报道，例如有效组织和敬业精神的缺乏以及把所有事情拖拉到最后一秒等，这些都是典型的大众对于希腊的印象和看法。在 2003 年 9 月（此时奥运会的筹备工作正有条不紊地开展），雅典奥组委（ATHOC）进行了一项定性的国际调查，调查对象是六个国家的意见领袖，调查结果显示希腊人在很大程度上被认为是自视甚高，他们总是依仗自己的创造力和临场应变能力去解决问题。然而，在一个经济和政治生活并行发展的现代化国家，这样的做法通常被看作是需要改进的。受访者认为希腊人似乎缺乏认真计划、可靠性和组织能力等品质，而这些品质被看作是现代国家取得成功的关键（Fola，2007）。

这种外界的固有看法也正是主办方想要尽力克服的。为此，主办方为自己设计了期望值很高的项目，这些为奥运会而筹备的项目的实施在事后看来是十分严格的。这不仅为雅典带来了新的城市形象，而且还在自然环境和内心感受这两方面创建了新的地标和城市记忆。与此同时，主办方把雅典奥林匹克遗产的古典因素运用进来，不仅使这届奥运会有了雅典自己的特色，而且还在视觉和概念传达方面起到了强调奥运会回家的效果。

14.3.1　会徽

在奥运会会徽的选择过程中，由橄榄枝缠绕而成的花环成为会徽的主体。这是对希腊奥运会遗产的直接借鉴，在古代奥运会中，橄榄枝花环或是“kotinos”代表冠军的荣耀。而且，橄榄树也是古代雅典城邦的圣树和标志，象征着古典奥林匹克的和平理想。2004 年的花环会徽是一个半开放的圆形，意味着向全人类发出融入到奥林匹克盛会的热情邀请，而且这邀请是通过手以一种自由、现代和不受限制的态度发出的，折射出了深深的人文情怀。

14.3.2　口号

在 2001—2002 年期间，雅典奥组委发起了第一场国际媒体宣传活动，“没有地方比得上家”（There is no place like home）的口号被选中。这个口号明显参考了主办城市的奥林匹克遗产，但是让国际观众感觉到了某种程度上的傲慢和不招人喜欢，于是马上被“浸浴在真正的奥林匹克精神中”（In the true spirit of the Games）的新口号代替，新口号彰显了希腊在奥林匹克史上的突出地位。在运动会期间，口号被公开向群众征集，最后被表达为两个简单朴实的词："欢迎回家"（Welcome home）。与此同时，GNTO 在为希腊专门发起的宣传活动中也选出了"在希腊享受你的神话式生活"（Live your myth in Greece）作为口号，这场活动突出展示了雅典中心的新地标，例如奥林匹克体育场的卡拉特拉瓦屋顶。

14.3.3　吉祥物

2004 年奥运会的吉祥物是一对兄妹——雅典娜和费沃斯，他们的外形设计也与古希腊直接相关。一个公元前 7 世纪的钟形红陶玩具是吉祥物设计的灵感来源。他们的名字也是取自希腊古典神话中的两个神：其中雅典娜是智慧女神和雅典城的守护神，费沃斯则是光明和音乐之神，通常也被称为是阿波罗太阳神。雅典娜和费沃斯迅速成为希腊日常生活的一部分，而这对吉祥物在奥运会期间也给人们留下了十分深刻的印象。

14.3.4　传统标志性建筑和现代建筑

在五年多的时间里，雅典及其周边地区看上去就像一个大型施工现场。为了树立城市新形象，也为了配合奥运会的举办，新的雅典国际机场于 2001 年开始运行。阿提卡大区拥有 16 000 千米的道路交通体系，在奥运会筹办期间，2 800 千米的道路被新建或改善升级。阿提卡 Odos 也许是最重要的奥运遗产项目，70 千米的现代化高速公路形成了环绕阿提卡盆地和连接城市新机场的环城公路。此外，新建成的地铁 2 号、3 号线与经过翻修的现有轻轨系统，以及市郊铁路，一起给了雅典城一个当代欧洲首都的外观和感觉。

最著名的城市新地标之一是经过翻修的雅典奥林匹克体育场，体育场的新玻璃及钢结构的房顶是由西班牙著名建筑师 Santiago Calatrava 设计的。新的屋顶是为了建成雅典奥林匹克综合体育场而对原体育场进行大规模翻新工程的一部分，并在奥运会开始前不久才刚刚完成，这在媒体上引发了持续几个月的广泛争议。

在马拉松跑道与雅典大理市体育场（Marble Stadium，也被称为“Kalimarmaro”）的案例中，新与旧得到了完美的融合与平衡。在 2004 年的奥运会中，马拉松跑道的设计遵照了公元前 490 年 Pheidipides 为宣布马拉松战役结果而奔跑的原始路线，跑道的终点则位于 1896 年首届现代奥运会遗址——雅典大理石体育场。

14.3.5　开幕式

在备受赞誉的开幕式典礼上，思想前卫的编舞 Dimitris Papaioannou 用十分巧妙的方法成功地把奥林匹克城市遗产与当代概念融合在了一起，二者相得益彰。开幕式是在 28 秒的倒计时中拉开帷幕的（寓意在于纪念第 28 届奥运会回到故乡“雅典”），随即体育场内响起了由两名打击乐手击出经过放大后的心跳声，其中一位乐手位于主体育场，而另一位则在古代奥运会会场奥林匹亚。艺术表演的第一幕是“寓言”（Allegory），介绍了象征人类解放的基克拉迪（Cycladic）文明和古希腊艺术。在这一幕的最后，当展示人类所取得的伟大成就的时候，一个男人在旋转的立方体上不断地保持着自己的平衡，而与此同时，在破碎的雕塑上呈现着不同种族和年龄的男人、女人和孩子的人文关怀以及影像。这象征着人类开始产生逻辑思维，开始追求知识，并最终对世界有了一定的认识和感知。下一幕叫做“生命之章”（Clepsythra），在体育场里游行的来自于希腊神话、艺术和流行文化中的人物吸引了全场观众的目光。最后出现了一个怀孕妇女的形象，暗示着人类和历史对于未来的美好憧憬。在开幕式的尾声部分，伴随着鼓的节拍，所有的游行队伍走向会场中央。

14.4　奥运会对雅典城市形象的影响

2004 年雅典奥运会的 17 天吸引了全世界媒体的关注，这是一件非常成功的国际盛事。运动员、观众和所有参与者都经历了一场独特的体育赛事，而这场赛事的主办方试图向全世界展示一个全新的形象。然而，事件本身并不会对一个城市的品牌产生自发的影响，而雅典意识到这一点时为时已晚。这只是一个宣传机会，并不是一场品牌化活动本身，正如 Anholt（2007：110）所说："对于一个在筹备国际盛事的国家来说，在全球媒体的聚光灯下，最重要的是要明确知道关于自己它想要说什么以及要证明什么。"

在奥运会之后，雅典再也没有任何进一步的策略性"故事"可向世人诉说，陷入了缺乏具体的媒介议程的困境，城市品牌化的策略目标的实现成为了挑战。在奥运会期间及之前所做的品牌化努力应该延续到赛事之后，这已经成为了大家的共识。为此，政府要充分体现其核心价值和城市特性的独特之处，并展示城市的现代属性。在这方面，张和赵（2009）也在北京的案例中着重强调过，在促进城市某些方面的发展上，大型国际事件提供了一个很好的机遇，但如果没有一个长期发展策略和规划的话，那么大型事件的影响也是极其有限的。这种长期的发展策略应该考虑城市当前的社会经济环境和自身的城市特性及核心价值观，还有最重要的一点是，这样的大型事件必须受到当地人民的接纳。

14.5 总结

在雅典的案例中，我们可以看到，在2004年奥运会结束后的大约6年里，奥运会在塑造城市新形象方面的影响是十分有限的。此外，希腊关注的依然是通过传统的海洋沙滩信息的传播以及一些来自公众或私人的小建议来吸引游客。这些建议无非是着眼于展示国家现代化成就，促进不同形式的旅游发展，向全世界人民传递一致的策略化信息，并告诉别人我们是谁，我们擅长什么，以及这个城市和国家提供了怎样的探索机会。

第15章

巴塞罗那的城市品牌化：一个成功的故事

胡安·卡洛斯·贝洛索（Juan Carlos Belloso）

15.1 前言

巴塞罗那市区人口约为160万（整个大都市圈合计约320万人口），就人口而言，它是西班牙的第二大城市，也是加泰罗尼亚自治区的首府。虽然巴塞罗那并非国家首都，但它凭借良好的国际形象成为了世界上最让人心仪的城市之一。一项著名的调查研究（Saffron Brand Consultants，2008）表明，巴塞罗那是世界上享誉最高、形象最佳的世界性城市之一，与柏林和阿姆斯特丹一起成为仅次于巴黎和伦敦、排名第三的欧洲城市品牌，并超过了许多欧洲国家的首都城市的排名，如雅典、马德里和罗马。这项研究还认为，世界主义、创意创新、文化积淀和生活品质等因素是城市良好形象的基础。

另一项由房地产顾问（Cushman and Wakefield，2009）进行的研究，基于500家欧洲公司的高层管理人员的意见和看法，在做生意最喜欢的欧洲城市的排名中，把巴塞罗那排为第四位，仅次于伦敦、巴黎和法兰克福。根据安永会计师事务所（2008）所做的一项研究，巴塞罗那正逐渐成长为欧洲——地中海地区的龙头城市，其次是罗马。国际大会及会议协会（2008）宣布在2008年举办的会议数量排名中，巴塞罗那处于欧洲第三位，仅次于巴黎和维也纳。最后，Anholt—GFK Roper 国家品牌指数（2009）显示，在一项最佳概况城市排名指数中，巴塞罗那在品牌形象方面排名第六，领先于旧金山、洛杉矶、维也纳和马德里等城市，前五名分别是巴黎、悉尼、伦敦、罗马和纽约。此外，巴塞罗那是全球范围内最热门的旅游城市之一，拥有每年超过650万的游客，它还被认为是生活质量最高的欧洲城市。

这些只是反映巴塞罗那品牌在国际上的力量和声誉的部分指标。那么，究竟什么是巴塞罗那取得如此品牌地位的关键因素呢？

15.2　巴塞罗那的城市品牌化：一个成功的故事

从巴塞罗那的案例中，我们可以看到一系列城市品牌化的理想元素，并从中提炼出有趣的经验和结论。巴塞罗那取得成功的关键在于：

1. 巴塞罗那的品牌化建立在一场深刻的城市转型基础之上
2. 市领导的远见和领导力
3. 公民社会的积极参与
4. 1992 年奥运会的关键作用
5. 极富个性的城市特性
6. 作为共同要素的创造力、创新精神和胆识

15.2.1　巴塞罗那的品牌化建立在一场深刻的城市转型基础之上

在激烈的全球化城市转型过程中，考察巴塞罗那品牌化的成功，首要关注的就是对城市品牌化的概念化应该有长远的眼光。城市品牌的建立并非一朝一夕的事情，相反，它需要长年累月的努力，需要稳定一致的行动和项目使城市品牌形成规模。

巴塞罗那第一个主要的转型项目始于 20 世纪 80 年代初期，直到 1992 举办奥运会时才完工。这个项目是巴塞罗那第一个城市策略发展计划的一部分，涵盖了许多对城市发展至关重要的领域：新基础设施如机场、港口、出入城市道路的建设；把城市向海洋开放；街区的恢复；再城市化的推动；更

多大学的建立；公共健康和教育体系的现代化；推动商业发展的规划；新的文化设施的改善；等等。

15.2.2　市领导的远见和领导力

40 多年的佛朗哥统治的持续压制，造成了巴塞罗那公共投入的极度缺乏和城市物理空间的明显退化。在结束了这场历史上最为灰暗的灾难后，巴塞罗那开启了一个满怀抱负和希望并不断前进的全新时代。1979 年，西班牙第一次举行民主选举，这标志着巴塞罗那的全球性城市再设计的开始。这场再设计以提高公民生活质量和提高国际知名度为主要目标，这不仅需要全新的视野和强有力的领导，还需要有效的资源配置作为基础。

时任市长的 Pascual Maragall 是一位极富远见的领导，再加上在整个过程中积极配合的民众，一起构成了巴塞罗那取得成功的基石。1992 年奥运会的举办取得了巨大成就，加速了巴塞罗那走向成功的进程，并提供了实现城市再设计所需要的资源。

15.2.3　公民社会的积极参与

公民社会在巴塞罗那的发展和转型中扮演了关键角色。巴塞罗那前进的动力是它的无尽创造力和创新精神，不断地寻求挑战和提升的机会，以此来推动和维持其转型过程，这在 1992 年的奥运会中体现得淋漓尽致。城市策略发展计划在城市转型项目的管理上，以正式文书的形式创建了鼓励城市的公众和社会机构参与合作的机制，体现了未来眼光和策略规划。这是公民社会在城市品牌树立中的重要性的又一体现。

巴塞罗那再设计的实施离不开市政活动的大力支持和及时有效的沟通交流，这些有助于公众对转型项目的理解，有助于协调各方主要利益相关者的利益，有助于树立公众信心和弘扬乐观精神，以此来获得他们对项目的最大参与和支持。

15.2.4　1992年奥运会的关键作用

1992年的巴塞罗那奥运会以其对这座城市国际化转型空前绝后的推动力，成为了一个至关重要的转折点。这样大的一个挑战所产生的资源和激发的巨大能量，在城市转型过程中充当了催化剂的角色。奥运会所提供的巨大的国际性展示平台，使巴塞罗那得以向世人展示经过重新设计的城市，展现民众在创新发展和有效管理这样一件复杂的国际大事中所体现出的热情与能力。巴塞罗那奥运会带来的巨大成功，可以从城市充分利用这个事件的能力中看出。这场盛会的目的在于：

1. 促进城市的转型
2. 把全体公民融入到这样一个集体城市项目中
3. 向世界展示经过重新设计的城市和城市的独特属性
4. 证明巴塞罗那人具有组织管理如此大规模事件的能力
5. 为了公民的未来福利而最大限度地利用完备的基础设施

奥运会有助于城市形象的重新塑造，并在国际舞台上展现了一个现代化的、创意无限的、殷勤好客的、气魄雄伟的、世界性的、积极主动的、有自己风格的巴塞罗那，一个生活质量极佳、公民自豪感极强的巴塞罗那。在西班牙实现民主的仅仅13年之后，在城市转型和国际化大城市再定位已经实现的情况下，巴塞罗那已经把自己定位成了世界城市的领导者之一。

15.2.5　极富个性的城市特性

巴塞罗那品牌化成功的另一个方面，就是体现了城市特色的一系列独特元素的有机结合。这些元素包括城市的历史、文化、语言、美食、方位、景观和气候。它拥有着地中海城市的独特“头衔”，是感受人类进取精神的最佳选择。不仅如此，当地居民的殷勤好客也是这座城市的独特之处及其高质量生活的原因之一。

15.2.6 作为共同要素的创造力、创新精神和胆识

创意、创新、前卫和胆识是城市转型成功的基础。城市的模式、前卫的建筑、设计的品位和奥运会的构想，都是在城市发展项目中需要规划好的方面。作为城市参与机制或者市政组织和管理机制的城市策略发展规划，只是其中的一些例子而已。

15.3 从1992年奥运会至今

巴塞罗那在城市的再设计和塑造方面取得了巨大的成功，而且这种成功被不断地延续下去。城市的再设计与奥运会所赢得的关注结合在一起，很快便结出了硕果。来自全世界的游客、学生和专业人士想要来这里游览、学习和工作。巴塞罗那成为了时尚的代名词。

在1992年之后，巴塞罗那继续对城市进行改造。1994年、1999年和2003年的发展计划的实施使巴塞罗那第一个城市策略发展计划取得了成功，而且，发展计划也对巴塞罗那都市区这一欧洲城市网络中最重要的都市区进行了重新设计与整合。“主题年”也在这里被创立——“高迪年”、“设计年”、“书籍与阅读年”、“毕加索年”、“科学之年”等。这些“主题年”为我们献上了了解这座城市具体领域文化内涵的思想盛宴。2004年举办的环球

文化论坛，是一个为经济注入新活力并完成城市改造的新平台。

在 2000 年，为建立新的城市秩序所进行的改造计划被通过。那些有过百年历史，一直以来是经济引擎的泰罗尼亚和其他主要工业区，通过改造那些陈旧的或是几乎没有工业用途的工厂，成为了新的经济增长点。名为“巴塞罗那 22@创意街区”（22@Barcelona）的项目，拟将 200 公顷的土地改造成一个创意园区，来为知识密集型活动提供现代化的发展空间。这个项目也是城市再生和城市发展的新模式，可以更好地回应知识型社会提出的挑战。它是近年来在巴塞罗那城市转型中最重要的项目，也是在欧洲前景最广阔的项目之一。

如今，巴塞罗那品牌已经成为国际上声誉卓著的城市品牌之一。此外，巴塞罗那还是生活品质最高的欧洲城市，是企业、国际会议和外商投资最为青睐的城市之一。每年都有越来越多的游客、学生和专业人士前来参观、考察、学习和工作。被这座城市的生活品质和各种机会所吸引的移民占比持续增长，而巴塞罗那依然热情地接待着来自其他城市或国家的期望能够更好地理解“巴塞罗那模式”的游客。

市政当局正试图保持并增加巴塞罗那品牌在国际舞台上的价值，并尽可能地抓住举办大型国际体育赛事的机会，例如戴维斯杯决赛、2009 年环法自行车赛、2010 年欧洲田径锦标赛等。巴塞罗那还举办了各种各样的顶级活动和会议，包括医疗公约、世界移动通信大会和声纳电子音乐节。

这座城市最大的体育俱乐部——巴塞罗那足球俱乐部近年来取得的成就，Woody Allen 的电影《午夜巴塞罗那》所赢得的关注，继续为城市品牌注入更多的活力。越来越多的具有国际影响力的本地企业也把巴塞罗那和它们的品牌名字联系在一起。全新的、更好的基础设施正处于建设之中，这也大大加强了与世界上其他主要城市的直接联系。“巴塞罗那 22@创意街区”

是这个城市知识密集和高附加值的活动聚集地，体现了经济转型的延续发展。巴塞罗那最近成为了地中海联盟秘书处的常设总部所在地。最后，其现任市长在介绍巴塞罗那候选人的同时，宣布了在比利牛斯山举办 2022 年冬季奥运会的意向。

然而，城市在过去的十年里发生了重大变化，这场变化以移民现象和工业（经济）转型为基本点，以全球层面的深刻变革为背景。因此，发展一个全新的增长点成为了必要。只有这样，这个城市才能更好地适应当前环境，使其更具有竞争力，强化其作为世界城市典范的地位。

在撰写这个案例的过程中，巴塞罗那正在筹备出台新的城市策略发展计划，其目标在于在 2020 年之前为巴塞罗那城市圈建立新的策略发展模式，并尝试新的创意以提高城市竞争力和巩固其国际地位。为了实现这个目标，一个具有视野的、强有力的、善于共享的领导就成为了迫切的需要。除此之外，城市主要的公共的和私人的利益相关者的积极参与，以及城市发展的雄心抱负、无尽创意、锐意创新和雄伟魄力也要继续保持和发扬。

15.4 总结

巴塞罗那凭借其在全球范围内树立的绝佳形象，成为了当今世界上享誉最高的城市之一。其城市品牌化成功的关键在于深刻且持续的城市转型，市领导的远见和领导力，公民社会的积极参与，奥运会的大力推动，城市自身的特性以及整个过程中所展现出的创造力、创新精神和胆识等共同要素。

第16章

布达佩斯的品牌化

捷尔吉·松迪（Gyorgy Szondi）

16.1　前言

布达佩斯，匈牙利的首都，两百万人的家园，这意味着五分之一的匈牙利人居住在首都。鉴于首都城市象征着整个国家，因而国家品牌和首都品牌之间也就存在着强烈的关联，首都城市的品牌也就成为城市品牌领域内的特殊议题。对于东欧国家来说尤是如此，这些国家把首都城市看得极为重要，基本上所有的游客、投资者、跨国公司以及创意人才都被招揽在首都城市。

考虑到布达佩斯在城市品牌方面的有限经验，这座城市在文学学术方面的品牌化投入不多的精力并不在意料之外。Puczko 等（2007）探讨布达佩斯的旅游目的地品牌，而 Kavaratzis（2009b）则调查布达佩斯在吸取了一些有价值的经验之后所做的营销努力。然而，在综合型城市品牌的树立过程中，市场营销的应用是必要不充分条件。正如营销学专家谢思和西索迪亚（Sheth 和 Sisodia，2005）所认为的那样，市场营销正面临消费者信任感缺失的困境，消费者逐渐倾向于远离任何营销信息。城市营销也被批评为操控性和投机性活动（Hospers，2009b）。在理论和实践方面，一个包罗万象的、政策驱动的、有跨学科基础的城市品牌至今尚未出现。

16.2　布达佩斯品牌化的挑战

布达佩斯的品牌化面临着诸多挑战。城市品牌的概念有着广泛的解释，市长、公务员、旅游组织和投资机构都有着自己的理解，因为在他们的主持下，这个概念有不同的一系列相关活动。这种“品牌世界观”（branding worldview）可能是一种城市与城市之间、国家与国家之间文化差异性的体现。在布达佩斯的政策制定者中，弥漫着对于品牌理论和地方品牌理论的怀疑，因为他们认为把布达佩斯品牌化是不切实际且不明智的行为。因此，在利益相关者中建立和培育城市品牌的文化是极其重要的。使品牌化概念成为一个知性且跨学科的过程，而非一个简单的市场促销或营销活动，已经变成了布达佩斯城市形象办事处长期将要面临的挑战。这个办事处自2006年以来就一直负责同步化的城市品牌的协调与管理。这个作为布达佩斯市智囊团组织的办事处，是由特定的城市身份顾问来领导，而这个顾问有着艺术史和建筑方面的文化背景，对于城市品牌有着非常深刻的理解。

布达佩斯的行政架构也是一个特别的难题，因为其阻碍了城市品牌化的连贯性和整体性。布达佩斯是两头地方政府管理体制，一头是由市长所领导的布达佩斯市政府，另一头是区议会。城市被划分为23个区，每个区都有由区长所领导的地方议会。市政府和区议会都有自己的沟通和公共关系部门，这些部门负责地区的提升和发展。很显然，如果没有这些区议会的充分参与和支持，任何一致的、策略性的城市品牌尝试都是注定要失败的。简化行政管理体制是2010年新当选的国家政府的目标之一，主要通过减少区的数量和弱化区议会的权力来实现。

另一个亟待克服的严峻挑战是城市品牌的政治问题，因为品牌化很容易成为区域政治或党派政治的牺牲品。而市政府的参与对于在城市品牌化活动中的协调和融资是至关重要的。对于正处于敬业精神被偏袒和盛行的腐败所取代的东欧国家来说，这并不稀奇。

16.3　品牌概念

布达佩斯的品牌化作为一个概念和过程，近来已经成为了“待议事项”，越来越多的论坛、会议和讨论开始重视这个话题。在过去的十年里，旅游组织、营销机构和各种类型的智囊团提出了一些城市品牌化的倡议和概念。然而在这些倡议中，绝大部分是站在部分利益相关者的立场上的促销活动（例如，只针对游客），而且许多倡议都是流于言辞，未曾被付诸实践。在20世纪90年代，大家关注的焦点在于视觉维度的层面。布达佩斯拥有很多不同的城市标志，其中许多是由旅游局开发的。过时的和正兴的布达佩斯标志和口号并存，这种现象在旅游部门尤为严重。布达佩斯人民并不缺乏想法和创意，这点具体表现在越来越多的城市标志和口号的征集赛中，然而，这却进一步促进了混乱的局面。城市形象办事处抗议这些品牌化举措，因为“布达佩斯”的品牌名称有版权限制，不能被任何人随意使用。语言是一个经常被忽略的因素，一个很有创意的匈牙利语标语经过英语翻译后，也许就会掩盖其最初的想法(“城市感觉”)，又或者很难找到与朗朗上口的英文口号对译的匈牙利语。

布达佩斯旅游办事处发起了一些主要依赖于广告的活动，来吸引更多的国内外游客。这些举措在目的地品牌的打造上可谓是成功了，但在城市品牌的打造上却尚显不足。在城市形象办事处的主持下，一个能使布达佩斯品牌化更加全面的项目于2009年开始启动。

第一步就是一本经过详细排版的城市指南的发行。这本指南概述了布达佩斯的官方标志的视觉元素以及其在市政府各机构中的使用规则。红色、黄色和蓝色是官方颜色，在布达佩斯的标志中有所体现。截止到2009年，在不同组织的视觉识别方面，布达佩斯没有采取任何的协调工作。市政府运行超过300个组织，范围包括文化组织（学校、图书馆、托儿所）、经济组织（投资、预算、商业）、社会组织（疗养院、医院、儿童保护机构）、城市形象组织（旅游机构、建筑、环保、文物、公益事业、公共交通）及行政部门。这五种组织构成了企业身份识别排版的基础，在城市品牌视觉识别组合中由五种不同的颜色来代表。

第二步是基于有机价值（organic values）和诱导价值（induced values）的品牌价值的识别。有机价值包括布达佩斯的全景图，它的水、生活方式和建筑文物。一些在多瑙河上的有机价值中心，以其整合功能被认为是布达佩斯品牌的核心要素。然而最近，创造力、知识生产和商务友好等诱导价值变得越来越重要。布达佩斯仍然是一个强大的经济和商业品牌。布达佩斯商业区（BBR）在促进和代表布达佩斯商业利益方面扮演着关键角色，其宗旨在于提高匈牙利首都作为快速发展的投资地的知名度，从而吸引更多的投资者。例如，创新的核心价值在布达佩斯的城市品牌中所起的作用可以通过BBR的宣传视频来加以了解（http：//www. youtube. com/watch? v＝e0wkokaybWA）。

在外国直接投资杂志的“未来2010/2011年欧洲城市和地区”评选中，布达佩斯在首都和东欧城市的榜单中获得第三名的佳绩，仅次于布加勒斯特和华沙。城市排名所依据的指标有经济潜力、成本效益、人力资源、生活质量、基础设施、商务友好和国外直接投资促进策略。2008年，欧盟确定将欧洲创新与技术研究院设在布达佩斯，这是对匈牙利教育、研究和创新方面的良好传统的公认。2009年，国际大会及会议协会把布达佩斯列为最有吸引力的国际会议目的地的第六名，远高于其他东欧城市。

16.4　社区城市品牌

建设社区并培育这些地理或虚拟社区之间的关系，是品牌化过程的新兴方向。“我爱布达佩斯”运动发起于 2004 年，旨在联合与团结热情坚定的公民，即那些愿意为这座城市奉献并致力于把布达佩斯建设成一个更加令人兴奋的、充满活力的、成功又可爱的地方的人们。这场运动是由市政府下的城市形象办事处先行发起，并实施了一些项目，例如使布达佩斯可以自由涂鸦，还有去除遍布街头巷尾的非法海报，尤其是在地方和全国选举之前。这场运动还解决了流浪者占领地铁乞讨等造成城市负面形象的问题。城市形象办事处组织了一些城市节日来“占领”和控制城市。另一场运动是“让我们发现布达佩斯”（Let's invent Budapest），这是一个交换想法和概念、讨论观点和意见的平台，由此可见这座城市和它的公民善于想象的程度。这些举措都是自下而上的，而非由精英阶层自上而下推动的，营销人员也没有在城市和公民中进行人工的、外部的品牌概念的发明和灌输。

公民和自下而上的举措对于品牌化来说是十分重要的，因为其有利于社区城市品牌的再概念化。在商业产品的基础上，Muniz 和 O'Guinn（2001）提出了“品牌社区”的想法，但是，这种想法也可以很好地被运用到地方品牌中。这种地方品牌化的方法为 Hankinson（2004）提出的城市品牌的概念化增加了一个新的维度。社会媒体是创造地理或虚拟社区的重要平台，例如布达佩斯在 Facebook 上的名 52 000 粉丝（是布拉格或华沙的两倍），以及“我爱布达佩斯”的 22 000 名粉丝。在人们看来，一个扎根于当地社区的城市品牌比一个官方的品牌更加可靠和值得信赖。

16.5 以事件为中心的方法

举办大型活动不仅对城市的再生来说十分重要，而且还在城市品牌化中扮演着重要角色。大型活动往往为品牌化活动揭开序幕，而且可以帮助城市品牌进行重新定位。如果一座城市已经拥有了足够强大的品牌（无论是文化、旅游，或是经济），它就可以吸引大型活动来此举办，反过来又可以进一步强化品牌的力量。布达佩斯长期以来每年都组织一些节日，这些节日吸引了大批的国内外游客，包括春节、秋节，布达佩斯展览会，以及八月举行的使世界各地的年轻人聚集于此的为期一周的西盖特节。布达佩斯早已经将自己定位为“节日之城”，力争成为欧洲领先的文化之都。

有些活动可能只吸引特定观众，而有些活动则能团结整个城市的公民。例如，举办奥运会可以使世界的目光聚焦在举办城市和举办国家。尽管匈牙利在夏季奥运会上曾经是最成功体育大国的第七名，人均奖牌数的第三名，但它也是十个领先的奥运冠军国家中唯一一个没有举办过夏季奥运会的国家。这也就是“2020年奥运会在布达佩斯”（2020 Olympics in Budapest）活动产生的原因（http：//www.budapestiolimpia.hu），这个活动始于2008年，有利于一个兼顾多方利益的综合型城市品牌的打造。

16.6 布达佩斯城市品牌的研究和测量

品牌审计（Brand audits）是十分有用的工具，不仅可以确定品牌的优势、弱势以及城市品牌在游客、外籍人士、当地居民和其他利益相关者之间的联系，还可以评估城市在当地、国家和国际三个层面的电子、纸质和社会媒体上的形象。一个城市的审计沟通（communication audit）可以揭示城市沟通的形式、风格、有效性及可靠性等方面的真实状况和观念上的差距，也可以了解到沟通渠道以及用来协调一系列利益相关者的策略。

在 2008 年，首都政治研究所进行了一项综合审计，得出的结论是布达佩斯品牌太过分裂，存在争议性和不一致性，没有任何领导权和所有权可言。这个结果强调了在首都和国家其他城市之间的对比和划分，因为布达佩斯在政治、经济和文化领域都过于集中。

在国际范围内，根据不同的指标和因素来为城市排名已经成为了一项在西方世界中有竞争力的、获利颇丰的业务，越来越多的组织提供城市品牌形象的测量服务，而这些测量结果有时会出现矛盾。不同的利益相关者群体如何看待一个特定城市，决定了城市品牌化政策和具体活动的投入额度。

根据 2009 年 Anholt—GfK Roper 城市品牌指数，布达佩斯排名第 38 位，在“区位”指标得分很高，在“存在”指标上表现不佳。“Saffron 欧洲城市品牌晴雨表”的调查是在英国公民中进行的，根据城市品牌在资产和吸引力方面的比较，对 72 个欧洲城市进行了排名。布达佩斯品牌利用率达到了 93%，这意味着布达佩斯品牌价值低于其资产预估值。本次调查所传达的信息是布达佩斯应该在品牌化方面加大投资力度。盖洛普咨询公司已经开发出了一个策略决策的工具——“城市的灵魂”，为城镇居民对于城市治理、社会经济、可持续发展和文化领域的满意度提供了一个全面的基准。它还可以审计一个城市的非物质资产，如情感能量、忠诚度和参与动力。这些都有助于形成一个城市充满活力的结构和灵魂，而这些结构和灵魂又是通过幸福感、承诺和激情来体现的。根据 2008 年的审计结果，布达佩斯在当地人眼中是一个脱离的（disengaged）首都城市。

尽管当地人对于布达佩斯略感悲观，但是这座城市在国际上却有着自己独特的一席之位。与城市品牌间接相关的是经济学人信息部的“宜居调查”，这个调查量化了在全球 140 个城市中对个人生活方式的挑战。每个城市都在 30 多个定性和定量的因素中进行考量，并最终得到一个分数。这些因素横跨五大类：稳定性、医疗保健、文化和环境、教育和基础设施。根据 2009 年的调查结果，布达佩斯在中欧国家里被评为最宜居的城市，而在这个地域里通常被认为是布达佩斯的主要竞争对手的布拉格紧随其后。而在东欧国家里，也只有这两个城市达到了“优质生活”的标准。

16.7　总结

中、东欧国家的城市品牌化的理论和实践落后于西欧，而西欧国家经常作为世界其他地区的基准。尽管已经有了一些城市品牌化的项目和概念，但是它们要么短命，要么从未被付诸实践。未来会告诉我们，布达佩斯城市形象办事处在实施和协调城市品牌项目的这条路上能走多远，特别是在 2010 年秋季地方选举过后办事处可能将不复存在。

只要布达佩斯的品牌化是由活动而非政策来拉动，而且没有一个协调组织来策略化地监督整个过程并使不同的利益相关者和利益集团融入进来，那么城市品牌的发展前途将依然难以捉摸。另外一个挑战就是在国家品牌和城市品牌之间创建一个协同机制（synergy）。如果只是“发现”并引导城市只关注经济利益，那么布达佩斯的品牌化将无法成功。社会和文化目标也必须纳入到考虑范围中，特别是在城市品牌社区的开发和维护中。

第17章

重庆的城市品牌化：平面设计的作用

刘小康，梁耀云

17.1 前言

平面设计师对城市品牌化的贡献已经从设计邮票和海报等一些相对独立的项目，逐步发展到了更高层次的城市品牌化的视觉沟通（visual communication）策略。在这一章中，我们将探索平面设计在城市品牌化中的作用，并且提供各种项目的相关介绍，其中的大多数项目也许刚开始看起来并不像是一个视觉沟通者所做的工作。平面设计师能够使用多种媒介来达到从视觉上传达城市品牌的目的，比如从几平方厘米的邮票到一个水瓶上的标签。

平面设计师通过一种视觉语言来传达信息、观点和理念。这一语言由图像、说明、图标、照片、排版和其他图形元素及移动图像组成。平面设计无处不在，但是，它们极少被我们注意到，除非做得很差劲。书籍封面、海报、小册子、产品标签、方向指示牌、商标、公司品牌的设计都属于平面设计（graphic design）。

在电子邮箱普及之前，信件都是通过邮局寄出的。邮票被视为一种小型的社论式广告，虽然只有几平方厘米的大小，却被送至世界各地的人们手中。而设计师的挑战则是如何在这样的小尺寸内传达主题。许多城市都没有自己的邮票，但是在亚洲，由于历史原因，中国澳门、新加坡和中国香港等前殖民地都有它们自己的邮票。中国澳门首次发行邮票是在1884年。在中国香港，邮票咨询委员会由杰出的当地居民、职业平面设计师、集邮专家和政府官员组成，他们与邮政署署长一起确定邮票主题，而在邮票发行之前其考虑时间长达18个月。对于每一个主题，邮局随后会委托一些设计师们来进行设计。而接下来，平面设计师的挑战则在于如何诠释主题并运用他们对于印刷技术的理解来实现邮票的设计。

在 1997 年中国香港主权回归祖国之后，设计一套新的权威性邮票就成为了当务之急，因为需要新的设计来取代一直沿用到当时的“英女皇头”邮票。靳埭强，一位著名的中国平面设计师和艺术家，想出了一套以世界著名的香港天际线①为主题的并针对不同面值的邮票采用渐进色的设计方案。他也借鉴了中国以描绘连续风景为特色的传统画卷。正因如此，在许多年后，创造一个被传递到世界各地的“小故事”连续体才成为可能，而这也让人们对于信件的始发地有了一个大致的印象。

平面设计师被委托创造一些企业标识，通常包括公司或者组织的标志的设计。相关研究表明，消费者们往往能够识别一个标志，即使只看到它的一小部分。

平面设计在城市品牌化中的运用不应仅局限于路标和地图，而是还可以延伸到产品包装。举个例子，2002 年，屈臣氏蒸馏水委托靳与刘设计顾问公司对它们的水瓶进行重新设计以庆祝该公司成立 100 年。在中国香港，蒸馏水比矿物质水和矿泉水更受消费者偏爱。屈臣氏蒸馏水品牌作为香港市场的领导者，常常为出席国际会议和重大活动的代表们提供饮用水，而这些都是向来访者展示城市魅力的重要场合。在新水瓶的发布会上，12 个不司标签的限量版系列被创造，发布会还邀请了 12 位著名的当地艺术家和平面设计师来展示他们的作品。这一限量版系列于 2003 年上市，并在当地和来访者中引起了轰动，许多水瓶被作为收藏品收集起来。作为 2009 年 12 月在中

① 译者注：天际线（又称城市轮廓、全景或天空线），是由城市中的高楼大厦与天空构成的整体结构，或者是由许多摩天大厦所构成的局部景观。天际线被作为城市整体结构的人为天际，扮演着每座城市给人的独特印象，世界上拥有最长的天际线的城市是有着“东方之珠”美誉的香港。

国香港举行的第 5 届东亚运动会的官方饮用水，这些水瓶的标签以 9 个参赛国家和地区的标志为特色，再一次成为了传播的媒介。

一个由 Milton Glaser 发起的公益（pro bono）项目说明了平面设计可以十分简单，却又能传递清晰且具有感染力的信息。在 20 世纪 70 年代后期，他使用以物体图像及相关标志来代表字面信息的字画谜，发起了一场促进纽约州旅游业发展的成功活动。“I♡NY”（我爱纽约）已经成为了一种象征，它与纽约市紧密相连。在那段时间里，纽约市的犯罪率很高，许多企业纷纷迁离。这一活动得到了公众的大力支持，进而广泛地被运用于旅游纪念品。在 2003 年，为了回应“9・11 事件”，Milton Glaser 修改了该标志，在心形标志上添加了一小块黑色标记。但是原版设计仍然十分流行，并且作为纽约主要的经济发展机构的帝国州发展署（ESD）于 2008 年再次发起了该运动。为了应对近年来激增的假冒伪劣产品，一套品牌指南被创造出来，该指南有助于品牌标志的连续使用。这一指南提供了 15 项“非标志用途”（Logo Usage Don’ts）的规定，从标志各要素的大小调整，到颜色的改变和心形图案的重绘。整本指南长达 50 页。

其他城市也委托平面设计师为它们的地方创建标志和品牌使用指南，而设计师们通常会选用熟悉的图像作为主要的灵感来源，例如，威尼斯和 Philippe Starck 曾一起合作推出了“飞狮”（winged lion）标志[①]；而在 2009 年罗马发起了一场设计新标志的比赛，设计作品需要包括一本宣传当地旅游和文化的品牌手册。然而，举行一场比赛或者雇佣一位远近闻名的设

① 译者注：美国纽约在多年前推出了“我爱纽约”的广告词来推销自己，从而获得了巨大的好处。威尼斯也希望能够效仿纽约，世界各地以“威尼斯”命名的公司在交纳一定数目的使用费后，便可名正言顺地使用这个标志。威尼斯的新标志，是一头长翅膀的孛艮第狮子的头像，背景是一个大金字“V”。这一标志由 Starck 构思，法国一间公司设计。

计师是否就能够自然地保证设计出的标志可以被社会欣然接受呢？一个设计师如何能够迎合城市品牌化中的诸多利益相关者呢？

为了回应这些挑战，一些平面设计师已经开始和他们的顾客一起确定其核心价值观，然后通过平面艺术的技术将这些价值观融入到设计作品中。

17.2　作为探索者的平面设计师

在美国，拥有 100 万以上人口的城市不足 10 个。根据《城市蓝皮书》（中国社会科学院，2009 年），中国有 118 个人口超过 100 万的特大城市，有 39 个居民超过 200 万的超大城市，如北京、上海、沈阳等。对于那些竞相吸引游客、投资和国家资源的市政府来说，城市品牌化已经成为了一个重要议题。但是对于中国这样一个大国来说，什么样的图标才可以是专属于一个地区或这个国家的呢？例如，龙的图腾一般在世界上用来代表“中国”，而并不被某一地区所拥有。那么，中国的某一个地区又是如何被感知和被代表呢？什么样的城市符号和图像可以被立即识别呢？

17.3　重庆：拥有 3 000 年历史和 3 000 万人口的城市

重庆，是中国中西部的一个重要城市，也是第二次中日战争的陪都。在 1997 年，它成为了一个直辖市。其他三个直辖市是北京、上海和天津。重庆位于两条紧邻长江三峡的战略性河流的汇流处，是重工业和农业的传统重地，被看作是打通中国西部经济命脉的重要枢纽。在 80 000 多平方千米的行政区域内，重庆拥有 3 000 万以上的在籍人口。

在过去的 50 年里，这个城市的许多负面的刻板印象阻碍了它的发展和它对人才、外商直接投资的吸引。中国本土和海外对重庆都有这些负面印象。仅举几例重庆的总体印象——污染（该地是一个重工业基地）、贫穷、脾气暴躁的居民。而交通、教育、艺术和经济方面的许多最新发展都被忽视了。作为当地政府的管理上层，应该采取行动去修复该城市的负面形象，并向世界展示重庆的新面貌。

重庆新的视觉识别系统被用来传达该市的新发展，并以有力的识别使重庆与其毗邻的四川省相区分，重庆在 1997 年以前属于四川省的一部分。该系统也将被用于提升投资者对于政府组织结构的信心，并传达政府部门的兴趣点以及专业性。与此同时，该系统也有必要宣传当地的旅游发展机会，鼓励全国人才的流入，吸引并留住优质居民和他们的家人，通过打造直辖市形象的重点和新兴趣点来促进社会凝聚力的提升。

当地政府主管该项目，重庆信息办公室使用了最流行的做法来快速方便地获得大量的思路，即组织一场有奖竞赛，并对赢家进行某种形式的宣传。从 2003 年 11 月到 2004 年 6 月，重庆市政府组织了“太极杯”比赛，以此来征集重庆市标语和视觉识别系统——“新重庆，新形象”。然而，入围的作品并没有达到政府所期望的专业水准，于是政府决定邀请专业设计咨询公司来参加投标。在一个全面透明的招标制度下，靳与刘设计顾问公司脱颖而出，靳埭强担任总设计师。

17.4 一座城市对你意味着什么？

设计城市标志是一项需要公共部门和私人部门广泛参与的活动。如果没有这样的参与方法，那么设计作品就会面临着不被公众所接受的风险。在设计程序开始之前，了解整座城市是如何看待自己以及它希望如何被外界感知是首要之事。当多方利益相关者加入之后，这项任务就会变得十分复杂。

在最初的头脑风暴环节，会成立由当地大学的艺术与设计专业的学生组成的研讨会。他们获得了相互交流并参与城市品牌设计的机会，与此同时，他们也通过头脑风暴环节中体现出的“核心价值”和基于对城市的理解所设计的海报来提供宝贵意见。

下一步就是把最初的大量思路转化到视觉形象中。然后邀请由当地的政府官员组成的评委小组对将近 50 幅作品进行投票并给出建议。在讨论中会涉及的政府部门的主要利益相关者如表 17－1 所示。

在最初的提议阶段，设计顾问主要参考旅游产品、区域地图和针对当地市场的政府出版物。一个重要的来源就是当地的天气预报，因为在预报天气状况时它会显示每个城市的标志性图片。天气预报是一个重要而内涵丰富的引导，从区域的角度为当地居民形象地描绘了每个城市。例如，成都（邻省四川的省会）以川剧、茶馆和熊猫而闻名。

成都政府官网上的标志是一只向上蜷缩着的熊猫。重庆则使用了更为图像化的结构来进行标识，标志主题是建立于 20 世纪 50 年代的有着传统的绿色琉璃屋顶的重庆人民大会堂，还有两河汇流处的城市风光。

表 17－1　**在设计讨论中的利益相关者**

利益相关者组织	角色
市长办公室	最终决策者
人民代表大会	保证党派利益
中国人民政治协商会议（党派代表）	保证党派利益
重庆信息办公室	项目的领导者和执行者
文化局	保证城市品牌的文化内涵
中国社会科学院	作为社会政策智囊团提供知识支持
城市委员会	代表当地利益
宣传部	为沟通策略提供建议
城市规划局	为规划议题提供建议
对外贸易局	吸纳外部意见
旅游局	为国内外旅游业发展提供建议
城市建设局	保证建设方案的可行性

17.5　回首过去寻找灵感

重庆的所在之地在历史上也占据着十分重要的地位，在商朝（公元前1600 年—公元前 1100 年）和周朝（公元前 1100 年—公元前 771 年）的文献资料中有巴族[①]部落定居于此的最早记录。在之后的三国时期（公元前 220 年—公元前 280 年），蜀国也位于该地。参观当地的博物馆和重要的历史遗址是寻找灵感的有效方法。在巴文化里，老虎具有重要的寓意，还有其

① 译者注：巴族是诞生在三峡地区的一个古老民族，其历史渊源可上溯到远古传说中的五帝时代。据古代文献记载，巴人的远祖是兴起于西北高原黄帝部落的一支，且与黄帝同为姬姓。巴作为一个部族，在夏朝统治时期尚无文献资料可考，但至商周时代已开始有所记载。

他源于早期书写风格的主题也被纳入到了备选方案中。多种多样的形象可以使设计作品的使用变得更为灵活。

17.6　最终的设计

许多地方用著名建筑遗址或者其他地标来代表城市，例如，巴黎的埃菲尔铁塔和悉尼的歌剧院。然而，一些其他的创意也应该被纳入考虑，例如使用抽象画或其他标志来代表城市精神。经过两年来对设计方案的不断改进和反馈意见的征求，10 次讨论会议和与政府高层官员、外籍人士及领事代表的多次面谈，最终 80 多个设计理念被提出。在媒体和在线民意调查中，8 万多名公众为他们最喜欢的设计进行了投票，最终产生的设计方案（如图 17—1 所示）反映了“双重庆祝”的主题，既有重庆的字面意思，又以两个人的组合形成了城市名字中的“庆”字。设计所选择的颜色象征着生机与活力，就像当地人民一样，与政府携手共创美好未来。

图 17—1　重庆设计

17.7　总结

平面设计应该成为每一个城市的总体品牌策略中必不可少的一个元素。对于城市品牌政策制定者来说，平面设计对人们的感知、情感和态度所产生的巨大影响力是他们创建一个强大而独特的品牌识别的重要资源。我们已经展示了重庆是如何利用平面设计的力量来创建一个焕发活力的城市品牌，而这一品牌吸引了城市品牌的国内外所有受众。一种公共部门和私人部门的参与方法，连同高质量的平面设计的战略性使用，共同为一个强有力的城市品牌的建立奠定了坚实的基础。

第18章

爱丁堡：鼓舞人心的苏格兰首府

肯尼思·沃德罗普（Kenneth Wardrop）

18.1　前言

爱丁堡是英国苏格兰的首府，也是国际游客进入苏格兰的国家门户。它是仅次于伦敦的英国第二大旅游城市，是世界上领先的艺术节之城。爱丁堡历史悠久的市中心是联合国科教文组织确定的世界遗产（UNESCO World Heritage Site)。它被联合国教科文组织授予第一个“世界文学城市”(当时已经创建了这一称号)的桂冠，并多次被评为英国最受欢迎的休闲目的地城市。在 2009 年国际大会及会议协会(ICCA)的排名中，它以每年 1 350 万的过夜游客人次、21 亿英镑的游客经济收入以及 25 000 名的旅游业就业人数的不俗表现跻身第 28 名。

考虑到该城市的规模（城市地区人口为 130 万）以及位于欧洲西北部边缘地带的地理位置，该目的地一直保持着成功的记录，并且超出了它的正常范围。但是，该座城市已经意识到了在全球市场的竞争中不能安于现状，并且相信较高的品牌意识和流行的旅游品牌可以促进地方营销的发展。爱丁堡的地方营销聚焦于吸引对内投资、引进人才，同时充分利用拥有旅游、投资、生活、工作和学习方面的交叉营销（cross－selling）信息的“鼓舞人心的爱丁堡”城市品牌（Edinburgh Inspiring Capital Brand)。

18.2　爱丁堡城市品牌的重新定位

爱丁堡的目的地营销案例研究显示，自 2005 年重新定位爱丁堡的城市品牌以来，当地就开始采用新的“鼓舞人心的爱丁堡”品牌，致力于将爱丁堡打造为适合旅游、投资、生活、工作和学习的城市。在 2009 年 4 月 1 日创建的新的城市营销机构（公私合作）——爱丁堡目的地营销联盟（DEMA）是城市营销的最新进展。这一机构成为了爱丁堡从被动营销走向主动营销的有效工具，被认为是创建了城市品牌的第三维度。

2002 年末，在一个跨机构的高级行政小组——爱丁堡合作组织的支持下，爱丁堡市议会首次发起了一项关于爱丁堡城市地区品牌的发展的调查研究，并为此成立了一个负责开发城市品牌策略的特别工作组——爱丁堡旅游行动组。苏格兰政府注入了一笔 80 万英镑的特殊经费为城市品牌在 2003—2005 年之间的发展战略提供保障。在 2004 年 2 月，品牌行动组负责监督项目经理的招募，并且在 2004 年 6 月行动组以委托国际品牌咨询 Interbrand 公司的形式获得了专业咨询公司的专家支持。在 2005 年 5 月，“鼓舞人心的爱丁堡”城市品牌被正式推出，获得了苏格兰政府提供的 100 万英镑的额外资助，以确保该品牌在 2006—2008 年期间的运行。

最初的目的地品牌项目的目标是开发出一个或者一组能够代表该城市地区的具有凝聚力的市场形象品牌。该品牌是一个用来开发和提升爱丁堡声誉——一个成功的、充满活力的世界级城市的工具，旨在提高爱丁堡作为人们生活、工作、旅游和经商的地方的吸引力，并促进经济和社会的繁荣。

更具体地来讲，该品牌强化了爱丁堡在以下几个方面的地位：

- 一个企业落户并发展业务的地方。
- 一个通过吸引人才来满足关键部门和组织的技术需求的地方，例如，金融服务、电子和生物技术、高等教育，研究机构等关键部门。
- 一个能够吸引世界级研究以及教育机构的地方和创新基地。
- 一个能使居民拥有高生活质量的地方。

■ 一个高质量的旅游目的地。

■ 一个拥有辉煌历史和建筑遗产的充满自信的现代化城市。

总体上，城市品牌为爱丁堡提供了一个共同的清晰愿景，而这保证了一个更加广泛的参与和一个通过更好地利用资源来促进城市发展的有效方法。城市品牌成为了爱丁堡地区经济论坛和爱丁堡旅游行动组（ETAG）营销策略和行动计划中的一个关键要素。“鼓舞人心的爱丁堡”城市品牌的精髓、个性和价值可以通过图 18－1 的品牌金字塔来清晰说明。

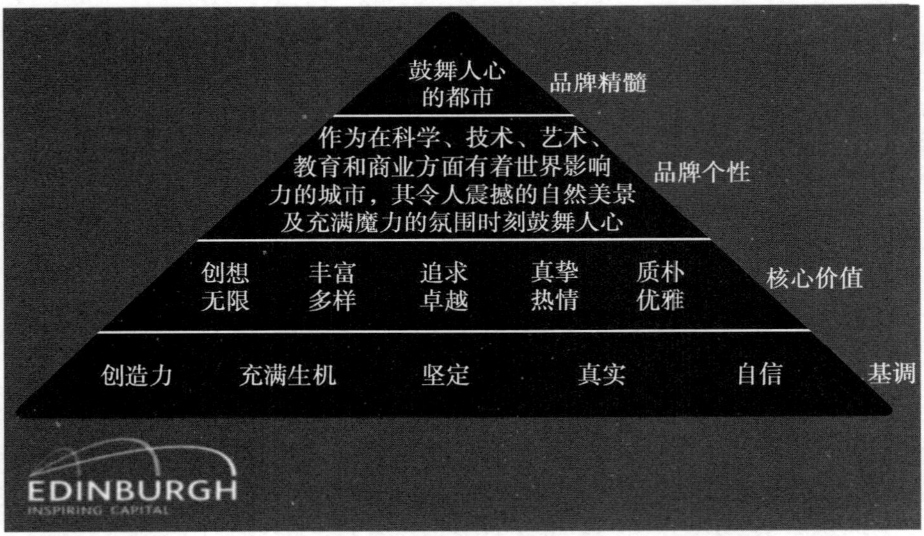

图 18－1　爱丁堡品牌金字塔

资料来源：FIGURE 18. 1－Edinburgh brand pyramid

爱丁堡品牌图标如图 18－2 所示。

爱丁堡的品牌经理及一个小团队与由商业团体及公共机构的高级代表组成的品牌指导小组一起合作。自 2005 年 5 月的品牌发布会以来，他们一直为城市品牌的发展而不断努力，通过鼓励城市机构多加利用该品牌，最终实

图 18－2　爱丁堡品牌图标

现了品牌的普遍化。

该品牌的一个关键要素是两个网站的创建：一个是致力于建立品牌使用者社区的企业沟通平台（www. edinburghbrand. com）；另一个是旨在打造一个面向消费者的单独的城市官方门户网站（www. edinburgh—inspiringcapital. com），该网站为消费者提供了全面并容易获得的信息，同时还引导消费者访问旅游、投资、居住、工作和学习等方面的相关链接网站。在 2009—2010 年，该网站的目标是每年吸引 35 万的不同访问者，并在 2010—2011 年翻一番。

18.3　与主要利益相关者的合作

在 2005 年，苏格兰旅游营销的组织架构发生了很大变化，随着当地的旅游局（包括爱丁堡和洛锡安旅游局）合并成为新的“VisitScotland 一体网络”（VisitScotland Integrated Network），一个新的合并的国家级旅游机构成立了。当时，做出此决策的是爱丁堡市议会，它和私人企业合作伙伴及“VisitScotland”合力创建了爱丁堡会展局有限公司（ECB），将其作为新的聚焦城市发展的商业旅游合作实体。ECB 创建的前提是商业旅游市场的竞争本质，爱丁堡可以通过一个以强大城市品牌为基础的会展市场组织来更好地服务顾客，而该组织则聚焦于投标、拍卖和会展售后服务支持，并与致力于提高苏格兰商业旅游目的地声誉的国家级旅游组织进行合作。

在 2005—2006 年间，当企业与城市组织共同致力于延伸“鼓舞人心的爱丁堡”城市品牌时，在企业之间出现了一种共识，即有必要提升城市竞争力。这个观点源于对竞争激烈的全球市场环境的认识，爱丁堡在对旅游者、对内投资和人才的吸引上面临着挑战。

在 2007 年 5 月，由商会、会展局和市议会等城市合作伙伴组成的小组召开了一次高级会议，该会议讨论了爱丁堡的竞争位置以及在城市营销道路上结构性问题的解决方案。这次会议的结果是达成了一项共识：不能再维持现状；城市必须提升竞争力；在城市营销的过程中存在重复和断裂；有必要发展一个拥有共同目标的营销方法并建设强大的领导力。随后一个任务小组被组建，负责对旅游、人才和贸易促销三个领域进行调查。

沟通小组负责向任务小组提建议，并于 2008 年 2 月形成了最终报告——“爱丁堡旅游目的地营销”。这份报告提出了以下建议：

- 建立一个以消费者为导向的方法来确定最好的组织或结构方案，因此需要为城市的目的地营销策略做好准备。
- 利用目的地的资源，通过在旅游、人才和贸易（或者是访问、投资、居住、工作和学习）之间的交叉营销来实现竞争性优势。
- 建立一个能带动广大群体参与到城市营销中并能促成共识的达成的领导阶层，从而形成一个共同的目标，解决品牌建设重复和断裂的相关问题。

在该报告的基础上，任务小组得出了结论：有必要形成一个新的结构或组织方法，采纳在沟通小组报告中关于加快创建一个新的城市营销联盟的建议。该联盟的五项目标如图 18－3 所示。

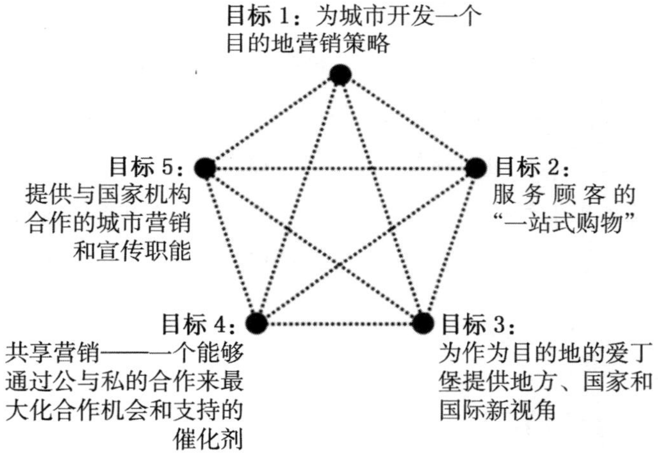

图 18－3　DEMA 的五项目标

资料来源：FIGURE 18.3－Five Objectives for Destination Edinburgh Marketing Alliance

在 2008 年初，苏格兰的国家政府组织开始了进一步的机构合并，尤其是“VisitScotland”和“EventScotland”的重组。苏格兰国际发展署（国家对内投资促进组织）和苏格兰企业协会（国家经济发展机构）加强了集权化，导致爱丁堡市议会成为了地方性组织，承担了任务小组的支持工作。

在参与这次策略评估的合作者之间存在着相当大的争论，他们对于什么样的传播模式或手段最适合新的城市营销机构持有不同意见。国家组织和地方性组织的观点有着明显的分歧。地方组织渴望建立一个强大的独立领导机构，而国家政府机构更倾向于一个形式化的联合体而不是一个全面发展的目的地营销组织。城市利益相关者认为爱丁堡作为苏格兰的“攻击性品牌”和一个首府城市，在众多的竞争城市中没有一个独立的专门的目的地营销机构是不寻常的。国家机构的担心则与潜在的重复建设以及资源利用的低效率有关。

在合作伙伴之间有关新组织的最终形式和职能的协商一直没有明确结果，直到 2009 年 4 月份新组织才被创立。然而，围绕着在旅游、投资、居住、工作和学习之间的交叉营销的好处，合作伙伴们却达成了共识。这种共识与该城市需要呈现出更加现代化的形象以及挖掘城市深厚的文化内涵的观点相结合，引起了正在进行苏格兰地方营销工作的苏格兰政府的共鸣。

18.4　爱丁堡目的地营销联盟

在 2008 年 5 月，爱丁堡成立了一个由城市的私人组织、公共组织和国家政府机构组成的新的项目理事会，负责在 2009 年 4 月 1 日平稳启动新成立的爱丁堡目的地营销联盟。在 2008 年 5 月，本案例的作者负责主持这个新的城市营销机构的创建。

对 DEMA 的管理安排导致了一个担保有限公司于 2009 年 7 月 15 日成立。DEMA 是一个商业导向的公私合作组织，它在城市目的地营销策略的指导下形成了强大的领导力和协调性，通过利用“鼓舞人心的爱丁堡”城市品牌，致力于将爱丁堡打造为世界级的旅游、投资、居住、工作和学习的目的地。该组织的董事会成员来自于 12 个不同的机构，其中有一名来自爱丁堡市议会的代表、一名公司总经理以及其他十位私人企业代表，这种组织模式带来了来自旅游业关键企业部门的技术和经验，还带来了人才和贸易。

对于参与的组织和个人来说，融入到DEMA的主要标准是遵守承诺、富有热情并能够积极参与到爱丁堡目的地的营销工作中。

DEMA提供：

- 对于爱丁堡的统一声音：领导，支持，以及与志趣相投的人和城市组织合作。
- 稳定且一致的促进交叉营销的信息。
- 城市优势的全球性宣传。
- 一个统一的目的地营销策略。
- 协调合作伙伴的活动，通过共同的市场活动来提高爱丁堡的价值，从而确保统一战线和资源利用最大化，并确定最适合特定目标受众的信息。
- 鼓舞人心的爱丁堡城市品牌的抵押物。
- 消费者知识：提供稳健的、集中的和实时的市场情报。
- 最大化地利用网络工具以建立消费者数据库以及和消费者之间的关系与沟通。
- 传递城市的媒体信息（“开始营业”，声誉和感知管理）。
- 营销：和企业及公共机构建立合作关系。

DEMA希望在这个城市中获得支持，它已经确立了四个想要结交的合作团体：

支持者；

参与者；

贡献者；

提倡者（或使者）。

这个组织也是一个以会员为基础的公司，久而久之，该公司的董事会和初始会员将会邀请其他合适的成员正式地参与到该公司的管理之中。最初的10位成员为：

- 爱丁堡市议会
- 爱丁堡企协
- 爱丁堡商会
- 爱丁堡会展局有限公司
- 爱丁堡洛锡安及苏格兰博德思银幕实业有限公司办公室
- 爱丁堡旅游发展行动组织
- 爱丁堡核心商务
- 爱丁堡节事联盟
- 爱丁堡科技三角区
- 爱丁堡大学

在2009年12月，“VisitScotland”和爱丁堡酒店协会当时正在考虑是否要加入DEMA成为成员组织。随着时间的推移，其他的组织也会陆续被邀请加入。在2010—2011年间的下一步计划包括对DEMA与ECB以及当地的电影业营销组织——爱丁堡电影聚焦（EFF）进行合并的提议。

DEMA目前将100万英镑的现金捐助和来自爱丁堡市议会的45万英镑的实物支持作为运营资本，用来支付8个工作人员的工资、办公用品费用以及其他的经常性开支。DEMA希望通过调整营销项目费用以及争取直接捐款和赞助的方式，能够达到从合作组织那里得到至少同样多的资金支持的目的。在2009年7月，董事会签署了公司的首个三年商业计划，时间范围为2009—2012年。

爱丁堡的第一个目的地营销策略于 2009 年 9 月出台。它确定了一套稳定而一致的交叉营销信息，这个信息涵盖了旅游、投资、居住、工作和生活方面。同时，它还确定了推动该城市新的“地方营销”日程的关键目标受众。DEMA 的一个职责就是保证产品—市场组合符合受众的认知、消费者情报、产品创新的市场定位，并把城市品牌所宣传的价值与游客的经历相匹配。

18.5 跟踪和管理爱丁堡品牌感知

作为正在进行的评估“鼓舞人心的爱丁堡”城市品牌所带来的影响及效益的一部分，我们引入了 Anholt 城市品牌评估指数。在这个指数中，爱丁堡目前在 50 个城市中排名第 22 位。爱丁堡的最新报告显示：“爱丁堡明显需要获得更多对于它的现代化资产和成就的认可。‘一切正常’似乎并不能使爱丁堡的国际形象得到任何显著的改善……如果爱丁堡想要在形象上与名单中排名更加靠前的世界级城市进行竞争，那么就需要在体育、文化、政治和经济等方面的城市活动的规模和意义上做出改变”（2007 年爱丁堡的 Anholt 城市品牌指数报告）。

那些在消费者感知方面表现平平的城市地区正处于现代化脉搏跳动的环境之中。爱丁堡的 Anholt 城市品牌指数也显示，如果该城市想要全面挖掘自身潜力，就需要在体育、文化、政治和经济等方面的城市活动的规模和意义上做出改变。因此，在 DEMA 的主要目标中，最重要的就是要改变消费者对于爱丁堡的感知（如图 18－4 所示），使之与 21 世纪的爱丁堡的现实相匹配，通过提高拥有文化遗产、辉煌历史、出色建筑和传统文化的城市品牌的知名度来建立优势，并把这些优势与国际的、当代的、创新的、具有活力的以及苏格兰首府城市的前沿文化的特征相结合。

DEMA：稳定，一致 & 当代信息

我们要把爱丁堡作为一个拥有独特的历史遗产的、美丽而又精致的城市来进行宣传

⇩

同时将上述声誉与爱丁堡作为一个充满活力的、现代的和创新的首府的形象进行平衡

图 18－4　爱丁堡品牌的管理视角

这一目的地营销策略也制定了一些需要城市宣传的战术信息，以保证消费者的感知可以被转向表达城市更加当代化的本质，并对目的地的声誉进行持续管理。这些战术信息如图 18－5 所示。

旅游 ● 世界最好的艺术节的国际最佳舞台 ● 精品城市—高级、独立、人性化 ● 你可以获得多种多样且不重复的体验 ● 真实的、可信的人和地方	**投资** ● 国际金融中心 ● 知识和研发 = 创新资本 ● “在好公司中”（拥有许多世界上最成功的公司） ● 具有创造力、竞争力和联系 ● 拥有技术熟练和有才能的劳动力
生活 & 工作 ● 在世界最宜居的城市享受动态的职业生涯 ● 拥有世界级遗产、文化和体育活动的活力之都 ● 精致的，国际性的 ● 全面覆盖绿地，易到达乡村地区 一个爱护、发展你的家庭的好地方	**学习** ● 世界顶尖的学术传统 ● 在多元知识经济下的毕业工作机会 ● 充满生机的、友好的学生生活 ● 精致的，易到达的 ● 文化多元性

图 18－5　爱丁堡品牌的战术信息

DEMA 声誉管理的作用在金融服务业部门遭受严重打击的经济衰退时期得到了检验。在当时，DEMA 仍然是城市的主要经济部门，雇佣了大约 6 万人。其声誉管理的作用主要是依靠媒体公关活动以及 Web 2.0 时代的社交媒体的运用才得以实现，例如，利用博客、Twitter 和 Facebook 进行积极宣传来平衡信息。

DEMA 通过密切关注全球城市排名的研究和报告以及竞争城市采用的活动和宣传模式，以此来衡量爱丁堡在声誉和感知管理方面所取得的成功。例如，爱丁堡会议局也是全球最佳城市联盟（www. bestcities. net）的成员之一，该联盟是世界领先的旅游目的地企业联盟。

在 2009—2010 年的第一年运营中，DEMA 的工作计划着重于：

- “品牌普及”——增加对“鼓舞人心的爱丁堡”城市品牌的支持和利用。
- “了解我们的顾客”——市场情报。
- 最大化地运用数字平台以建设消费者数据库，加强与顾客的关系及沟通。
- 公共关系宣传（“正式对外开放”——声誉和感知管理）。
- 领先的目的地营销宣传和交叉营销。
- 建立有效的合作、简化和协调机制。

爱丁堡节事联盟代表了爱丁堡的 12 个主要节事，而 DEMA 和爱丁堡节事联盟（Festivals Edinburgh）之间的合作机制则是实现交叉营销方式的最好例子。夏天的节事（包括边缘艺术节、国际艺术节、军操表演以及国际图书节）吸引了许多观众，他们也是城市人才吸引信息的主要目标受众。就英国而言，这些观众来自富裕的大都市中心区，其中不乏受过良好教育的年轻的专业人士。他们中的很多人都是第一次游览这个城市。研究显示，那些游览了爱丁堡的游客倾向于将爱丁堡视为一个居住、工作和学习的好地方，并表示会再次来访。因此，当节事观众在城镇逗留的时候，DEMA 可以通过向他们宣传爱丁堡在生活、工作和学习方面吸引人的计划来增加城市价值。随着爱丁堡商业旅游与其关键的商业部门和卓越的学术中心之间的联系不断加强，会议代表也成为了相关信息的主要目标受众。

DEMA 的作用现在已经被清晰地定义为了一个领导者，同时它也在与城市合作伙伴的联盟方法中扮演了协调者的角色。而现在需要考虑的就是为这个新机构更名，使之更加清晰地反映出它的领导者地位，目前的最优选择是爱丁堡营销（Marketing Edinburgh）。更名计划很可能会在 2011 年合并会议局和电影地方办公室时被实施。为了以一种联盟方法来促进目的地营销策略的发展，DEMA 现已步入与各个策略合作伙伴签署协议的阶段。

18.6　**总结**

爱丁堡地区营销方法的发展，正越来越多地发挥着苏格兰“攻击性品牌”的作用（通常比国家品牌本身有着更好的品牌流通度），苏格兰在过去的五年中朝着更加积极主动和高姿态的方向做出了显著性的转变。爱丁堡为地区营销的新兴趋势提供了一个很好的研究案例。在城市中强大的公私合作、日渐形成的合作视角以及处在竞争激烈的全球市场中绝不能安于现状的明确信息传达，直接导致了一个强大的新的城市营销领导机构——爱丁堡目的地营销联盟的发展。

这个组织充当着“鼓舞人心的爱丁堡”城市品牌管理者的角色，它在地方营销中通过利用访问、投资、居住、工作和生活（或旅游、人才和贸易）

领域的交叉营销的机会来打造自己的竞争优势。在城市新的目的地营销策略的基础上，DEMA 正在开发一系列新的现代化信息体系，从而彰显城市的优质文化享受、生活质量以及城市智力资本和知识经济的商业化创新。

DEMA 通过投入资源来了解消费者，着力于开发针对特定目标受众的新视角，例如针对“Y”一代（18～35 岁的社会媒体的一代），就要寻求利用数字平台和 Web2.0 时代的营销手段（社交媒体）来与他们和其他目标受众进行沟通。城市的首要目标是在一个日益变化的市场环境中，保持爱丁堡强大的市场定位和高度国际化的品牌价值、品牌知名度和积极形象，从而保证城市能够继续保持“鼓舞人心的苏格兰首府”品牌的全球性竞争定位。

第19章

海牙，国际和平正义之城——一个关系网络品牌

本特—阿恩·B·F·霍利曼（Bengt—Arne B. F. Hulleman[①]）
罗伯特·戈韦尔（Robert Govers）

① 本章是在一位理学硕士的部分研究工作的基础上进行撰写的。该理学硕士已经成功完成了伊拉斯谟大学/海牙酒店学院酒店管理专业的学业，其研究主题是“海牙在任何情况下都不能被视为是国际刑事法庭的代言人”。Robert Govers是本章中研究报告的导师。

19.1 前言

在 1993 年，Boutros Boutros Ghali 先生正担任联合国秘书长之时，曾经宣称“海牙是世界法律之都”。但是问题在于，与此同时，这个免费性的宣传和战略性的建议是否已经被建立起来。本章介绍了一项研究报告，该报告的目的在于弄清楚为了利用海牙的特有个性所需要采取的行动，从而建立一个国际性的地方品牌。具体来讲，该研究致力于将关系品牌网络中的公共外交、地方品牌化、服务接待以及网络化等概念结合在一起（Hankinson，2004）。

在 2005 年，海牙开始聚焦自己作为众多国际组织所在地的角色。引用 Boutros Boutros Ghali 先生的讲话，海牙做出了“国际和平正义之城”这一品牌的选择。不论对于海牙还是整个国家来说，众多国际性组织所在地的身份既带来了经济发展机遇也使其面临挑战。然而，这一品牌的确立也带来了责任，它要求该城市采取一些具体措施来保证“消费者满意度”或者为这些国际组织的人员及利益相关者提供与价值相符的体验，因为他们在品牌建立中起关键作用。海牙在主持国际人员解决和平和正义问题方面已有很长的历史，最早可以追溯到 1899 年第一次和平会议的召开。然而，如果没有国家政府的支持，海牙绝不可能成为一个国际组织所在地的重要中心。在 1998 年，荷兰政府意识到了在国家边境建立国际组织的重要性和优势，发起了一场吸引国际组织入驻荷兰的活动（荷兰外交部，2008）。国际组织的出现为荷兰带来的经济价值的增长是十分可观的。最近的一项研究（Gemeente Den Haag，2008）表明，国际组织为荷兰带来的经济效益总值接近 20 亿欧元，包括直接经济影响和外籍人士消费等间接影响。而国际组织在 Haaglanden 区（大海牙地区）的经济影响则达到了 16 亿欧元，约占该地区生产总值的 3.9%。

作为国际组织所在地，荷兰不断参与公共外交、地方品牌化、接待管理和网络化方面的建设，尤其是海牙。因此，海牙为研究上述问题提供了许多机会，也正是这样，在本章中我们把它作为研究案例。在荷兰，参与海牙品牌化的重要国际组织主要有两个：一个是荷兰外交部，其侧重点在于海牙的（公共）外交建设；另一个是海牙市，该市致力于将新出台的地方品牌化政策与接待服务的概念相结合，成为国际组织的优秀接待者。尽管还有许多的参与者，包括一些来自私人部门的组织，但本章聚焦于公共部门的行动。亟待解决的问题就是，一个由公共外交、地方品牌化以及接待服务的参与者构成的网络模型是否会强化“海牙，国际和平正义之城”的品牌。

19.2 概念化

一般来讲，公共外交更多地聚焦于国际关系，而地方品牌化则更加强调商业方面（Anholt，2006b）。通过对公共外交和地方品牌化进行比较，Melissen（2005）提出地方品牌化比公共外交需要付出更多更好的协调努力，而且地方品牌化与公共外交紧密相关，这也就解释了为什么近年来许多国家的外交部对地方品牌化的兴趣日益增长。地方品牌化尽最大努力将许多事情结合起来考虑，包括政策、人、运动、文化、产品、旅游、贸易、投资和人才招募（Anholt，2006b）。这也涵盖了一个地区的接待管理水平，而接待能力与消费体验中感受到的地区认同、产品供给及认知联系在一起，很可能成为在地方品牌化中最重要的一个方面（Govers and Go，2009）。Melissen（2005）提出，公共外交和地方品牌化相辅相成。两者都关注外国人对本国的形象感知，但地方形象在很大程度上取决于当地社区的认同感。这两者的实现都需要一个长期规划，而非一个应急式方法。

公共外交和地方品牌化主要关注人们对一个地方的感知。正是接待概念决定了由公共外交和地方品牌化共同创造出的形象是否合理。但是，如何把这些概念都融合在一起呢？在网络理论（network theory）的基础上，Hankinson（2004）发展出了关系网络品牌（relational network brands）的概念。在设计这个模型时，Hankinson 以他之前的研究成果为基础，认为与组织结构和管理控制相关的问题在设计一个目的地品牌之时需要被纳入考虑之中（Hankinson，2001）。在 Hankinson 的模型中，地方品牌是涵盖四类品牌关系的中心主题，由此形成了一个小网络。Hankinson 强调，这些关系是动态的，它们随着时间而得到强化和发展，利益相关者的合作也会随着品牌的发展和重塑而变化。他进一步提出，城市在塑造成功的品牌中所取得的成就，像曼彻斯特、悉尼和巴塞罗那，依赖于它们在利益相关者之间建立强大关系的能力，而这些利益相关者都会从成功的城市品牌中获益。该方法的重点在于将城市品牌视为一种关系或网络，其中不同的利益相关者在成功品牌的建立过程中扮演着不同的角色。另外一个很好的例子是达沃斯，每年在这里举办的世界经济论坛使得大多数的世界领导者都会来访问这个小镇，他们甚至会因为受邀在年度论坛上发表讲话而倍感荣幸。当地人期望实现的目标是要确保长期坚持以及合作意愿能够使得达沃斯家喻户晓（Berács，2005）。

为了研究关系网络模型的应用，我们采用了案例研究分析法，因为对于在一个特定的城市背景和两个主要组织里应用关系网络模型来说，这种对单一现象的全面分析是十分合理的。为了调查这些研究概念是如何应用于荷兰外交部和海牙市的，研究者对八个高级官员进行了深度访谈，他们在各自的组织中都参与到了地方品牌化、公共外交和国际接待等活动中。为了使调查更加全面，研究者还对这两个组织以外的也在处理相关问题的人员进行了补充访谈。为了方便数据的三角测量，研究人员还研究了其他资料和网站，包括荷兰外交部和海牙市的资料，以及其他组织的与案例研究相关的描述性资料。

19.3 海牙：一个关系网络品牌

公共外交的目的在于影响外国受众对于一个国家或城市的印象。因此，该概念非常适合于建立一个关系网络品牌，如“海牙，国际和平正义之城”品牌。成功地建立起一个积极的国际形象将会推动城市的发展，从而能确保当国际组织寻求落户地点时，会不假思索地选择海牙/荷兰为合适地点。这同样适用于在海牙举行的国际高级会议，例如 2009 年在海牙举行的有关阿富汗问题的国际会议。

地方品牌在确立核心品牌的时候，最好是建立在地方和竞争优势的特有个性上。它致力于将地区形象、特征和体验结合起来，是公共外交和地区接待概念之间的纽带。品牌形象会受到公共外交用途的影响。品牌识别在很大程度上取决于所选择的品牌的感召力和所有与品牌相关的利益相关者的归属感。当地方居民感觉到他们就是品牌的代言人，并且对该品牌有着强烈的自豪感时，那么地方品牌化就是成功的。地区的体验应该不断加强展现出来的形象和供需及主客之间的联系，在接待服务中以多元化形式相互作用。为了与周边城市和世界上的其他城市相竞争，海牙正在逐步地、稳健地把重点更多地放在地方品牌化上。地方品牌化的概念是关系网络品牌中的一个关键因素。

接待服务是为来访者提供满意体验的关键。接待服务需要符合甚至超过来访者通过公共外交和地方品牌所形成的期望。在海牙的案例中，只有当品牌使用者感受到他们所享受的接待服务满足他们的期待时，“海牙，国际和平正义之城”品牌才会被认可。接待服务更加关注需求方面的问题，尽力取悦顾客/来访者。为了实现由公共外交和地方品牌的参与者许下的承诺，接待服务者需要参与到关系网络品牌中；如果没有这些参与者，品牌就会因无法兑现承诺而贬值。而且，如果海牙因其对外籍人士的殷勤招待而闻名于世，这会促进城市的发展。而这也会是一个好指标，即“国际和平正义之城”的品牌体验维度是强大的。

将上述所有的利益相关者都结合在关系网络之中，会产生许多协同增效作用。世界上的其他城市已经从这样一个关系网络方法中获益。在海牙这一特定案例中进行的研究表明，关系网络方法在当地政府层面上仍然没有得到重视。然而政府已经认识到，一个更加协调的方法会使“海牙，国际和平正义之城”品牌中的所有参与者获益。在国家政府层面上，这样一种网络方法部分地应用于跨部门的指导委员会“荷兰东道主国指导委员会”(Stuurgroep Nederland Gastland)。尽管如此，这个网络仅仅由供给方的成员组成，而不包括需求方的成员。

成功的旅游目的地会在网络中建立一个中心组织，而这带来了相当大的优势。在海牙的案例中，“海牙的国际精神”（www. thisunites. nl/）就是这样的一个中心组织，它致力于将需求与供给相结合，并尽可能融入更多的参与方。然而，在国际惯例上，这样的组织通常由政府控制或赞助，但在海牙，它们在很大程度上都属于私人行为。因此，国家和地方政府在荷兰/海牙所扮演的角色可以改进，它们可以进一步关注其在“海牙，国际和平正义之城”品牌网络中的创造者和协调者的角色。协调者的角色比较适合政府，因为越来越多的人认为单个政府不再能够控制所有的通讯和交流渠道，这就使得政府这样的参与者加入了合作。网络和主动法已经成为建立地方品牌的基本要素。而且，关于如何沟通接待国际组织的概念，在外交部和海牙市之间似乎还缺乏协调。外交部更强调外国受众，而海牙市则以自己的市民为目标受众。为了能够给国内外的受众都带来强有力的信息，信息需要保持一致。

在海牙市内，关于协调城市特征和访客体验的一个长期发展愿景目前尚不明显。对地方竞争优势的寻找已经完成，但是对形象、特征以及体验的协调仍然没有完成。就利益相关者和信息的协调而言，目前还未采取任何措施。外交部和海牙市之间的联系可能会被强化，因为在荷兰的大多数国际组织都在海牙，这两个组织因此成为了在供给方中最重要的利益相关者。

19.4　海牙市品牌的一个三概念视角

基于以上所述的结果，我们可以得出这样的结论：不论是对于海牙还是其他正在进行地方品牌化的城市来说，三个研究概念——地方品牌化、公共外交和接待服务——十分适合被纳入网络。这些概念会有部分重叠，但是彼此之间的互补性极强。地方品牌化是综合概念；公共外交强化了地方品牌的形象和感知；接待服务则关注地方品牌的体验；网络结合并协调了所有的参与者。这种协调为协同增效作用提供了可能性，由此可以建立一个更加强大的品牌。

无可辩驳的是，海牙在和平和正义领域拥有悠久的历史。然而，海牙的当地居民和荷兰的普通大众对这些历史知之甚少。基于国际组织的存在，成为国际和平正义之城是海牙的一个强大的竞争优势。在地方品牌化中对这个竞争优势的关注，将会为海牙和它的居民带来经济和政治上的优势。许多的利益相关者融入到了该品牌和品牌化过程之中。但是仍然没有一个所有参与者都关注的真正能够普遍感受到的认同。因此，现在的品牌化在利益相关者之间仍然造成了许多利益冲突。

到目前为止，海牙对于公共外交、地方品牌化和接待服务管理问题更多地是采用一种反应式方法，对网络化概念仅给予了有限的关注。然而，采用一个更加全面的、长期的方法才会获得重要的优势。这就涉及到把之前提到的概念中的所有参与者都结合在一起，而海牙市政官员则在该网络中扮演领导者的角色。而且，考虑到国家层面的政府部门在吸引和接待国际组织过程中扮演的不同角色，海牙还需要与国家政府部门进行协调合作。

处理“海牙，国际和平正义之城”品牌化问题的中心组织，在网络体系中扮演着调解人的角色，而这是十分明智的做法。中心组织需要独立运作，并拥有强化品牌利益方面的决策权。这就保证了建立一个可持续品牌的长期承诺，也确保了可以克服将来的政治变化和当前执政者的不同政治议程等方面的难题。

19.5 总结

通过提出一个由公共外交、地方品牌化和接待服务参与者构成的网络模型是否可以通过吸引国际组织并从其积极形象中获益来强化海牙品牌的问题，本章研究了海牙是如何强化它最近推出的“国际和平正义之城”品牌的。为了回答这一问题，除了对政策文件和网站进行内容分析外，研究人员还对涉及到该品牌的主要的政府利益相关者进行了一些采访，包括荷兰外交部和海牙市自己。结果显示，这两个政府参与者都面临着一些挑战。海牙市应该采用一个更加全面的方法来塑造“国际和平正义之城”品牌，并以更加积极的姿态推进最近开发的不同网络。中心组织的成立可以解决因政治蓝图和议程的突变而带来的挑战，以确保所期望的长期方法可以通过长期和紧密的合作而得到保证。结论显示，公共外交、地方品牌化和接待服务的参与者可以轻易地被纳入一个网络中，因为它们有部分是相同的，但更为重要的是，它们还是相辅相成的，这就会产生协同增效效应，由此强化了“海牙，国际和平正义之城”品牌。

19.6 致谢

笔者想要感谢荷兰外交部和海牙市为我们提供研究所需的数据。尤其是要感谢外交部国际组织大使 Zaagman 先生和海牙国际办事处副处长 Dijkstra 先生的大力支持。

第20章

香港品牌

Grace Loo，Saumya Sindhwani

蔡静，卢玮瑜

20.1 前言

城市品牌是一个复杂的实体。它需要涵盖一个城市的不同方面，并以一个整体形象来面对多元的利益相关者。一般来说，一个城市品牌的不同方面可能难以被很好地协调，或者城市形象可能会过度利用其旅游形象。然而，香港品牌（brand Hong Kong）因其平衡良好的特征而成为了一个成功的城市品牌化案例。该品牌通过吸引对旅游业和文化产业的外国直接投资，捕捉到了城市的公民精神和核心能力。当总体城市品牌定位下的不同核心结合在一起的时候，它们是兼容并包且互相支持的。香港的品牌化策略是建立在香港拥有的东西之上的，并为确认品牌策略能够进一步发展的领域提供蓝图。成功的品牌化实践是中国香港在 2008 年全球城市指数（2008 global cities index）排行榜中位列全球第五的一个原因，仅次于纽约、伦敦、巴黎和日本（Foreign Policy，2009）。

20.2 香港品牌的管理

出于对 1997 年香港回归中国会影响香港作为贸易、金融和物流中心的城市地位的担心，香港政府于 1996 年开始探索城市的品牌化。在完成主权交接后，香港特区政府立刻开始采取措施，利用城市品牌化将香港与其竞争者区别开来。政府对于香港的愿景是成为可以与纽约和伦敦相媲美的世界级城市。在 2000 年，政府发布了一份关于未来 30 年的城市长期发展的报告

(策略发展委员会，2000)。在报告中政府提出的城市愿景是实现经济繁荣和高生活质量。

香港品牌的发起者是政府信息服务部，它和不同的机构合作以确保一个持续性的品牌信息的传播（环境咨询委员会，2008)。香港在成为《财富》全球论坛的举办者之前，发起了香港品牌计划。政府将香港定位为“亚洲国际都会”，一个“机遇，创造力和企业家精神汇集之地”。这种定位反映了香港战略性地要成为亚洲最具活力的物质和文化中心。它拥有一个有着惊人成就的人际网络，这就使得事情能够成功。香港品牌展现了这座城市所具有的无限潜力和卓越机会。香港拥有中西结合的特质，不仅拥有现代气息和商业文化，而且还具有深厚的文化和传统。香港也极富有创新力和想象力。把这些方面结合起来归纳在一个品牌下面就得到了它的核心价值：文明进步、自由开放、安定平稳、机遇多多和追求卓越。香港设计了“飞龙”标志来捕捉城市定位及其核心价值，以展现给世界。标志结合了英文字母“H”和“K”以及中国汉字“香港”。飞龙的图像有两层含义，既象征了现代和古典的结合，也蕴含了中西合璧。它还暗示香港大胆创新的激情，并以“无所不能”的精神把美好想象融入到生活实践中。

香港品牌沟通计划把大量的活动、公共事件、广告和营销统一在一起。其品牌价值和属性通过许多方式得到了强化，尤其是通过合作品牌化以及与本地及海外的特定事件及项目的联系。为了吸引大范围的不同受众，香港组织了涵盖文化、体育、时尚、金融等多领域的大量活动。香港品牌的关键维度将在下文继续讨论。

20.3 旅游

香港想要成为亚洲的最佳旅游目的地。然而，它在自然旅游资源方面并没有太大优势，尤其是与中国内地的其他城市相比。因此，它将发展重点放在娱乐与休闲业上。

旅游业在香港经济中扮演着重要角色，在2008年旅游业占其生产总值的3.4%（香港信息服务部，2009)。香港旅游局每年都会发起新的营销活动来展示香港丰富多彩的景点和活动，包括购物、餐饮和文化遗产，还会通过策划一些重大事件和推动文化节日来吸引旅游者。此外，它还利用香港作为中国门户的地理位置，通过参与和珠江三角洲旅游局的联合营销来推动多目的地的旅游发展。而且，香港特区政府投入大量资源来促进许多世界级旅游项目的发展。比较典型的例子有香港迪士尼乐园、香港湿地公园和昂坪360（见表20—1)。

表20—1 **香港旅游协会举办的活动**

时间	活动
2003	香港——乐在此，爱在此
2003—2004	眼见为实
2005—2006	香港迪士尼乐园，昂坪360和香港湿地公园
2006	精彩香港旅游年
2007	香港购物节，香港莎莎舞嘉年华
2008	奥运马术比赛
2009	东亚运动会，香港美酒佳肴年

表20—1所示的活动表明了香港品牌的多维特征，以及香港推动自身成为一个充满活力的城市品牌的努力。

政府还主动采取措施使旅游业的范围更加多样化。目前，香港已经成为亚洲举办会展的广受欢迎的地区，每年有300多个事件在此发生（香港信息服务部，2008）。香港已经与许多事件建立了紧密联系，例如《财富》全球论坛、福布斯全球行政总裁会议、世界报纸大会、香港国际七人制橄榄球赛、香港国际六人制板球锦标赛等。香港还是一个受欢迎的医疗旅游目的地，特别是对于中国内地来说，它可以提供低成本、高质量的服务。在2008年，香港特区政府开始探索向国外游客营销其传统中医学的能力。

20.4　文化和创造力

在21世纪初期，香港特区政府开始支持创意产业的发展，例如设计、广告、音乐、电影、数字娱乐、行为艺术、广播、古董和艺术品交易（香港总商会，2003）。香港为与设计相关的活动提供资金，还创立了香港设计中心。该中心组织了香港设计营商周（business of design week），设计营商周是亚洲一个重要的国际设计、品牌化和创新大会。此外，政府还建立了“创意香港”（create HK）这一致力于推动香港创意经济发展的机构。在2005年，文化和创意产业的发展成为了维持香港的世界城市地位项目的一部分。香港特区政府希望在城市已经拥有的东西之上，有意识地去建立其他能够使香港成为文化和创新基地的必要的东西。香港目前已经是世界第三大艺术品拍卖市场（Seno，2009）。尽管其电影业在20世纪80年代末期到90年代早期的全盛期后日渐衰落，但是香港在国际电影业依然保持着一席之地。特别的是，它的动画产业也在不断进步。从动画人物变成电影明星的麦兜，是一只并不聪明但却十分努力的粉红色小猪，它在本土和全世界华人中颇受欢迎，获得了巨大成功。

20.5　投资

无论是对于中国内地还是海外的投资者来说，香港都是一个投资的好地方。根据2010年经济自由度指数（Heritage Foundation，2010），香港已经16年蝉联最自由经济体。香港在2009年安永全球化指数（Ernst & Young，2009）中荣获第二。一个稳定的政府、良好的法制环境、透明化的信息、坚实的银行和金融体系、低税率以及极佳的地理位置，再加上技术纯熟和积极工作的劳动力，都是刺激外国投资者的因素。在吸引外国直接投资方面，香港贸易发展局和它在世界各地的办事处都在不断加强与现有的和潜在的投资者之间的商业联系。

20.6　人

香港人所具有的能力足以说明香港作为“亚洲的世界级城市”的精髓。他们具有较高的教育水平，拥有良好的语言技能，并且具备在国际舞台上经商的精湛技能。这些技能和“无所不能”的精神（Gilmore，2002）、脚踏实地的思维以及灵活办事的能力相结合。那些为香港品牌的价值作出贡献的个人包括李嘉诚（企业家）、成龙（电影明星）和吴宇森（电影导演）。他们有力地体现了香港品牌在世界舞台上的精髓。

20.7　产品和服务

虽然香港仍然以其优质的服装、钟表、玩具、电子产品和轻工业产品而著名，但其大部分的生产活动已经向北迁移到中国内地。现在，香港的经济更加注重服务，专注于信息技术、多媒体技术、通讯服务、贸易和交通等。香港转向了更加高端的服务，如投资银行、资产管理和金融。香港国际知名的公司品牌有汇丰银行和国泰航空等，它们是香港品牌的代言人。

20.8　总结

维护城市品牌是一个持续性的实践。为此，香港特区政府一直在不懈努力以确保香港品牌能够与时俱进。在 2006 年，香港成立了一个品牌工作小组，以确保该品牌在当地和海外的持久性。两年后，当地特区政府发起了一场活动，来研究社区关于香港的未来的共同愿景以及在 2020 年香港品牌应该代表些什么。在这场活动中，公众的反响表明，文化遗产和环境在公众的心目中变得日益重要（Wong，2008）。看香港品牌如何将民众所关切的问题融入到未来的城市形象中，将是一件值得期待的事情。

第21章

吉隆坡：寻找正确品牌

加扎利·穆萨（Ghazali Musa），T. C. Melewar

21.1 前言

城市品牌化是一个相对较新的概念，它被城市用来进行差异化建设、培养居民自豪感，并帮助游客和企业进行决策。本章从城市品牌化的定义入手，对吉隆坡体现城市品牌价值属性的各方面发展和开展的各项活动进行了分析。在这些价值的基础上，笔者为尚未确立其独特品牌的吉隆坡构建了一个尽可能清晰的城市品牌。本章的最后，笔者为吉隆坡设计了一个涵盖所有独特价值的品牌宣传标语和一个代表城市品牌的图标。

21.2 定义城市品牌化

将城市作为品牌进行概念化（Kavaratzis 和 Ashworth，2007）是建立在 Aaker（1996：68）对品牌的定义——“一种多维架构，由功能的、情感的、相关的和战略的要素构成，并在公众的心目中产生一系列独特的联想”之上的。城市品牌化的概念主要源自于企业品牌化的相关文献（如 Balmer 和 Greyser，2003），借此整个组织被品牌化，并解决了多元利益相关者的问题。在城市的语境中，利益相关者将城市品牌视为一个代表城市属性的单一价值实体，这些城市属性是由赋予其含义、动力和方向的愿景结合在一起的（Kavaratzis 和 Ashworth，2006）。城市的品牌化需要可信且真实的城市属性的识别和沟通，这些属性需要通过规划及设计干预、基础设施发展和组织架构来进行构建（Kavaratzis，2004），并通过宣传活动加以传播。

Trueman、Klemm和Giroud（2004）提出，城市的传播应该有一个特别的吸引力，并具备合理、可信和简单的特点。我们将在下面的部分详述吉隆坡在区域内的差异化建设中所创造的城市属性。

21.3　吉隆坡的地方品牌化努力

根据Ashworth（2009）的观点，地方品牌化就是发现或创造某些独特性想法，这些独特性可以实现地方差异化从而获得具有竞争力的品牌价值。Ashworth进而阐述道，这种独特性一般通过三种方式实现：名人联想（personality association）、旗舰建筑（flagship building）（有代表性的城市设计和地区）以及标志性事件（hallmark events）。名人联想指的是城市把自己和特定的个人（通常是艺术界名人）相联系，希望把名人的独特品质转移到地方上来。吉隆坡缺少这样的与艺术家的联系。然而，吉隆坡可以利用名人效应（celebrity branding）来进行宣传，尤其是利用那些拥有高国际知名度的公民，如杨紫琼（著名女演员）、周仰杰（著名女鞋设计师）和马哈迪·莫哈末（Dr Mahathir Mohamed，著名政治家）等。除此之外，还有两位优秀的体育名人，分别是目前世界排名第一的女壁球运动员妮科尔·戴维（Datuk Nicol Ann David）和男子羽毛球运动员李宗伟。另一个十分重要的名字是托尼·费尔南德斯拿督（Dato' Tony Fernandes），由他领导的亚航获得了世界最佳低成本航空公司的美誉（Hooi，2009）。所有的这些名字都可以用来宣传吉隆坡，这个活力四射、人才济济的城市。

旗舰建筑体现着城市建筑和城市设计的视觉品质，可以用来促进城市文化和经济的深入发展（Ashworth，2009）。它包括单独的旗舰建筑，也包括有特色的城市设计和地区。这样的实物发展是城市品牌的重要说明。吉隆坡最具代表性的旗舰建筑是吉隆坡石油双塔（Petronas Twin Towers），它代表了政府要提高马来西亚的世界地位的郑重声明（Sya，2005）。双塔不仅拥有直入云霄的高度，还有着雄伟的外观及独特的建筑设计。在全世界最佳城市标志排名中，该建筑跻身前20名（Boer，2009）。

马来西亚的标志性城市发展的另一个实物表现形式是吉隆坡南部的布城（Putrajaya）的城市规划。布城是投资了160亿美元建设而成的马来西亚新联邦行政首都。布城的城市设计十分独特，融合了伊斯兰风格和现代风格的建筑，路灯和桥梁的建造已经超出了它们的实用目的。布城还享有“花园城市”（City in a Garden）的美誉，60%的土地面积都被绿色植物、开放空间、公园和一个600公顷的人工湖所覆盖。布城位于多媒体超级走廊（MSC）[①]内，已经发展成了一个以多媒体技术促进政府、企业和居民之间的沟通的智能型城市。它还与邻居赛城（Cyberjaya）一起开发了“碳中立城市”计划（*New Straits Time*，2010），两座城市的所有建筑物都要进行绿色建筑指数认证（*New Straits Time*，2010）。这一发展赋予了吉隆坡现代化的创新城市的形象。

吉隆坡也不乏能够代表城市总体品牌的重要属性的特色地区，吉隆坡的孟沙（Bangsar）、武吉免登（Bukit Bintang）和唐人街（China Town）便是最好的例子。孟沙是吉隆坡富人的娱乐中心和住宅区，它的低层楼房、低密度、高绿化和高品质生活吸引了大量外籍人士在此居住，足以和新加坡的荷兰村相媲美。对国内外游客来说，武吉免登也许是最热门的目的地，它在

① 译者注：多媒体超级走廊（MSC）是马来西亚政府唯一一个促进国家科技的发展计划。多媒体超级走廊覆盖面积15公里宽，50公里长，坐落于南下30公里的吉隆坡市中心。两座智能型城市——赛城（Cyberjaya）和布城坐落于这个多媒体超级走廊的范围内。

距离中央商务区（CBD）和地标建筑双塔很近的地方，这里有许多五星级奢华酒店，还有很多时尚购物中心，例如巴比伦购物广场和升禧艺廊。第三个别具风情的区域是唐人街，该地区以夜市和廉价购物闻名遐迩。以上三个区域都为吉隆坡多元的、活力的和包容的城市形象增色不少。

就标志性事件而言，吉隆坡利用大型事件来挖掘城市品牌塑造的潜力，如举办 1998 年英联邦运动会（Musa，2000：146）。吉隆坡成为第一个举办该运动会的亚洲城市。70 个国家共派出 5 250 名运动员和官员来参加此届运动会。政府斥资 50 亿美元（210 亿林吉特）来完成与运动会相关的大型项目，如吉隆坡国际机场、道路、体育场和国际广播中心等设施的建设。在吉隆坡每年举办一次的世界一级方程式锦标赛极大地提高了城市的国际知名度。除了通过举办体育赛事来展示城市充满活力、积极向上的一面以外，吉隆坡还举办了 2009 年世界清真论坛（World Halal Forum）。通过开设伊斯兰银行和生产清真食品等经济活动，吉隆坡已经得到了清真认证。

21.4　通过基础设施和服务的发展及改善来建造知识城市

Edvinsson（2006）指出，知识城市（knowledge city）的设计旨在鼓励和培养智力资本的发展。创意阶层欣赏人才、技术和包容，往往被劳动力市场、多元化的文化场景和充满活力的生活设施所吸引。Edvinsson（2006：8）形容吉隆坡是最让人印象深刻且最有趣的知识城市之一。时任总理的 Mahathir Mohamed 先生于 1996 年发起了 MSC 活动，它与旨在使马来西亚于 2020 年达到发达国家水平的“愿景 2020”（Vision 2020）是一致的，MSC 意在吸引外国的知识型移民和投资。从吉隆坡国际机场到市中心占地

750平方公里的走廊，是为国外合作伙伴提供拥有可观的信息通信技术（ICT）基础设施的现代自由贸易区（www.msc.com.my）。在第一个十年间，MSC凭借其知识型移民的自由流动、很少的货币限制和免税地位，吸引了许多企业机构的加入。现在有1 000多家国际公司位于MSC内，总共创造了22 000个就业机会（Edvinsson，2006）。

布城附近还有一座充满活力的城市，就是建立于1999年的赛城。它的发展进一步强化了马来西亚知识经济国家的地位。赛城致力于把自己发展成为区域性和全球性的ICT中心（www.cyberjaya－msc.com/cyberjaya－town.asp）。当实现这一目标时，赛城的人口预计将达到210 000人。其中，商业发展将为赛城带来120 000名员工和30 000名学生。赛城汇聚了诸如壳牌、EDS、爱立信、宝马、汇丰银行和DHL等多家跨国公司，也是林国荣创意工艺学院、马来西亚多媒体大学，赛城大学医学院等国内顶尖学校和学术机构的所在地。许多民办高校如雨后春笋般出现在赛城，它们中的大部分都与海外著名学府进行了合作。吉隆坡的国际学生人数在2008年达到70 259人（Education Malaysia，2009），并有望在2010年达到100 000人（Robertson，2008）。吉隆坡知识城市的发展塑造了现代化的、创新型的和不断进步的城市形象。

这座城市的进展还体现在服务和基础设施的改善上，交通设施以及服务就是很好的例子。2009年，政府承诺在2009年到2014年间投资共35亿林吉特来改善交通拥挤情况（*The Star Online*，2008）。吉隆坡将对轻轨交通系统进行扩建，完成后将惠及260万居民。吉隆坡还计划为居民增加绿地，缓解交通拥堵，增加人行道（Kuala Lumpur City Hall，2008）。马来西亚的制造业产品对于其质量、设计和创新也有着出色的保证（Sya，2005）。

建设精明隧道（SMART tunnel）[①] 和单轨铁路所使用的技术就是吉隆坡在设计和质量方面创新的最佳佐证。

21.5　为了旅游业发展和内部受众的城市品牌化

作为一个城市，吉隆坡从国家整体的旅游业发展中受益良多。超过50%的来访马来西亚的国际游客都会游览吉隆坡。马来西亚用“亚洲真本色——马来西亚”（Malaysia Truly Asia）的标语来宣传自己，并在过去的十年中取得了巨大的成功（Sya，2005）。马来西亚以其多种族的人口为傲，马来人、华人、印度人和土著人和谐相处，践行他们的宗教信仰并庆祝他们的传统节日。在 2008 年，马来西亚吸引了 2 200 万游客，远远超过了有着强大旅游形象的邻国新加坡（1 000 万）和泰国(1 400 万)（Zanina,2010）。虽然吉隆坡被认为是世界上最便宜的城市（Finfacts，2008），然而它的景点、服务和基础设施却可以和发达国家的城市相媲美（Sya，2005）。因此，这座城市具有物有所值（Finfacts，2008）和世界旅游性价比最高（Sesser，2006）的鲜明城市形象。

在为马来西亚定位品牌的过程中，总理拿督斯里纳吉布（Dato Seri Najib Tun Razak）先生在一次讲话中指出，多样性是马来西亚定义国家识别的重要特征。吉隆坡是马来西亚多样性的主要代表，这可以很容易地适用于吉隆坡的品牌属性。

---

① 译者注：精明隧道是马来西亚吉隆坡一项巨型防洪计划工程。隧道全长达 9.7 公里，是东南亚最长的以及亚洲第二长的隧道。隧道主要用途是舒缓市区交通拥堵以及在发生闪电水灾时排水。

除了为吸引游客而进行的宣传外，政府还发起了全新的“一个马来西亚”（1 Malaysia）活动。这个活动旨在加强国内不同种族间的团结，并强调政府对这个问题的高度重视（*Daily Express*，*East Malaysia*，2009）。这表明了马来西亚和吉隆坡的包容性和多样性，也体现了在城市和国家的品牌化中尽可能地动员所有利益相关者的重要性。

21.6　吉隆坡的品牌是什么?

吉隆坡已经在创建品牌形象、属性和价值方面付出了许多努力，这些都可以传达给利益相关者。而接下来需要回答的问题则是，如何利用这些适用于任何一个城市的属性和价值来形成一个稳定且独特的单一品牌（Chalip和Costa，2005）。从前文对于吉隆坡属性的描述中可以知道，吉隆坡拥有积极向上、充满活力、现代化、创新型、不断进步、多元文化、兼容并包、物有所值的价值。这些属性均表明吉隆坡拥有十分适当的品牌价值。在不牺牲任何主要价值的前提下，将上述价值精简至以下五个：现代化、充满活力、不断进步、物有所值和兼容并包。

将这些价值融入到一个单一的品牌中是下一个要解决的问题。马来西亚当前正在进行一项被称为“马来西亚能行”（“Malaysia Boleh”或“Malaysia Can Do It”）的活动，主要是为了激励人民的进取精神（AllMalaysia，2010）。这种精神也可以延伸到其他利益相关者那里，如游客和企业。因此，我们从宣传信息一致性的角度出发，建议吉隆坡可以把“马来西亚能行”精神改编为“吉隆坡能行”。上述所有讨论过的品牌价值都可以轻易地就适用于这个品牌，并向所有居民、游客和企业进行宣传。

为了使人们更容易想起城市品牌，我们还需要一个图标。在 2008 年，吉隆坡市议会进行了磋商，以定量和定性的方式调查了所有主要的旅游业利益相关者（旅行社、酒店经理、导游、学者、国内外游客），并指出双塔应该作为吉隆坡的图标（DBKL，2008）。根据 Sya（2005）的研究，双塔是马来西亚的活力、进步和潜力的象征，它那引人注目的建筑结构增强了民族自信心，并重新确立了该国作为一个独立的、有抱负的和有远见的国家的身份、声誉和形象。政府应该认识到这一事实，并在邮票和其他官方物件上突出双塔的形象，而私人部门也应该在它们的设计、包装和宣传材料上使用双塔图标来象征马来西亚的进步和质量。

21.7 总结

综上所述，“吉隆坡能行”可以作为代表吉隆坡品牌的标语，它支持着马来西亚在国家层面上类似的品牌化努力，展现了城市的现代化、充满活力、不断进步、物有所值和兼容并包的价值。双塔无疑是吉隆坡最合适的图标，因为它展现了活力、进步和潜力元素。在拥有了合适的品牌和图标之后，伴随着公共和私人部门之间的紧密合作，吉隆坡应该开始着手其国际品牌沟通工作，从而确保这一品牌与该地区的其他城市品牌相比，可以成功地在居民、游客和商家的脑海中留下独特而鲜明的深刻印象。

第22章

里斯本的品牌化——界定城市品牌范围

若昂·里卡多·弗莱雷（João Ricardo Freire）

22.1 前言

可以说，地方品牌化现在已经是一个颇为成熟的概念。过去几年的时间见证了在这一领域里的新研究和出版物的大量流通。2002 年被看作是该领域最关键的一年，Nigel Morgan、Annette Pritchard 和 Roger Pride（2002）在这一年写了一本书——《目的地品牌化：创建目的地的特殊命题》（*Destination Branding：Creating the Unique Destination Proposition*）。这本书是地方品牌化领域的文章的第一本合集。同年，《品牌管理》发表了一期地方品牌化的独家专刊。在 2004 年，随着这一专刊取得成功和人们对这一领域的兴趣日益浓厚，出版公司创办了一份专注于地方品牌化研究的新期刊《地方品牌》（现已更名为《地方品牌和公共外交》）。四年后，Keith Dinnie（2008）出版了《国家品牌化——概念、问题与实践》，这是第一本国家品牌化领域的学术著作。从那时起，地方品牌化领域就已经有了相当多的新书出版物。

因此，地方品牌化议题已经被很好地建构起来，现已成为大多数城市、地区和国家的建设议程的一部分。实际上，很多地方现在对于品牌化议题都十分敏感，都在积极努力地把相关概念应用到当地，它们希望通过投资和开发策略来增强地方品牌的吸引力。尽管品牌化技术可以而且应该被应用到地方上来，但实际上，它们的应用有时会与产品和服务的品牌化技术的应用有所不同。事实上，地方的品牌化实践往往比产品和服务的品牌化实践更加复杂（Freire，2005）。举例来说，地方品牌化面临的挑战之一就是所有权问题。产品或服务的品牌通常都属于一个组织，该组织为了实现特定目标会采用具体方式来管理品牌。而且这些品牌化的产品、服务或概念受法律机制的保护，组织拥有该品牌的全部所有权。

与此相反，地方是由许多不同而且独立的组织构成的，这就意味着究竟是谁拥有品牌这个问题的模糊化。地方、区域和国家机构都有具体的规划目标，还有大量的私有组织追求它们自己的目标，而且不容忽视的是住在每个特定地方的人们都有按照其意愿行动的自由，这些无疑都增加了地方品牌化的复杂性（Freire，2009）。这与那些经理对其员工有直接控制权且只招募价值观与品牌相符的员工的组织是截然不同的。显然，地方必须面对有着不同目标、价值观、态度和信念的多元利益相关者。

对地方进行品牌管理的另一个问题涉及品牌的定义。一个产品或一种服务的相关品牌是清晰而明确的，而地方的相关品牌有时却是模糊而难以界定的。地方品牌涵盖哪些领域？品牌的地理范围又是什么？这些都是重要但有时会被忽视的问题。实际上，为了代表某个特定区域而产生的品牌，它在目标消费者眼中的意义可能比管理品牌的组织的预期意义更加广泛，地方品牌在消费者心中的形象和定义可能与最初计划的有所不同。从这个角度而言，地方的品牌化是极其复杂的，实现预定的地方品牌定位比实现产品或服务品牌的预期定位更加困难。

葡萄牙旅游局最近在重整葡萄牙旅游区时，在地方品牌的管理上感受到了这些困难。葡萄牙本土现被划分为 11 个旅游区：波尔图和葡萄牙北部、杜罗河、葡萄牙中部、埃什特雷拉山脉、莱里亚—法蒂玛、里斯本和塔霍河谷、葡萄牙西部、阿连特茹、滨海阿连特茹、阿尔克瓦和阿尔加维。这些区域是为了品牌管理而被进行划分的，每个区都有一个负责旅游区形象管理的专门组织。

在葡萄牙旅游局支持并认可创建这 11 个旅游区或地方品牌之前，许多私人机构负责管理数量更多、范围更小的地方品牌的形象。然而，这些小品牌的范围和地理面积缺乏一个理论依据，因此一些组织面临着资金不足和效率低下的窘境。出于这些原因，葡萄牙旅游局认为需要整合并且合并一些地区，而这一做法实际上创建了一些新的旅游区或地方品牌。这些新的地方品牌可以获得规模经济效应，而且也为葡萄牙的整个旅游体系提供了更合理的地理范围划分。划分目标是减少旅游区的数量，但对每个区域而言，它们则可以享有更丰富的资源，从而提高效率。

负责 11 个不同旅游区的 11 个组织有权处理几个营销变量（marketing variables)，这些变量可以被用来管理它们的区域，从而实现一系列既定目标。每个旅游区组织的目标是管理这些营销变量，从而影响选定的目标群体的行为。基础设施、景点、风光、生活质量和人是可供地方品牌经理使用的几个营销变量的例子。对于每个组织的经理来说，理解每个变量在他们的地区品牌形象的形成中所起的作用是十分重要的。只有了解了变量在品牌形象形成中的相关影响，这些经理才可以成功地运用这些变量。

在这一背景下，葡萄牙旅游局启动了一个研究项目，以识别和理解变量，而葡萄牙的游客正是凭借这些变量来感知 11 个旅游区的形象。这项研究具有重要意义，因为一些是使用新名字创建的全新旅游区，如里斯本和塔霍河谷区。其他地方品牌是已有的地区，因而消费者能轻易识别其品牌意义，如阿连特茹或阿尔加维。研究表明，新的地方品牌的整合和创建解决了一些效率问题。然而，整合也带来了一系列新的问题，因为对于市场来说，一些新创建的地方品牌没有明确的意义或重要性。

22.2　里斯本和塔霍河谷区的品牌

里斯本和塔霍河谷区的例子很好地揭示了对地方进行品牌管理的问题和困难。新品牌里斯本和塔霍河谷区面积辽阔，其中的里斯本市仅仅是新旅游区的一小部分。在葡萄牙旅游局进行研究的时候，当葡萄牙消费者被问及他们对里斯本和塔霍河谷区的印象的时候，大多数人表示对这个区域无话可说；对于消费者来说，里斯本和塔霍河谷区的品牌意义极小。

里斯本和塔霍河谷区品牌的问题在于其重心的明显缺乏。该品牌将国际性都市里斯本与包括了农村地区、自然公园和如圣塔伦（Santarém）般的风情小镇在内的塔霍河谷区域联合在一起。在同一个品牌名称下，把这么多由不同变量所界定的不同元素结合在一起，造成了品牌形象的复杂性和不协调性。实际上，大多数研究参与者甚至不能清楚地确定这一品牌的界限。由于里斯本和塔霍河谷区品牌的重心和内涵的缺乏，另一个问题也随之出现。当被请求或被强求去描述他们对于这一地区的印象时，被调查者的回答大体集中在具有里斯本城市地区特色的变量上。夜生活、餐厅、博物馆、艺术画廊和购物中心是他们用来定义这一品牌的一些相关变量。这些变量与里斯本城市地区紧密相关，但对与面积更为广阔的塔霍河谷农村地区来说却毫无意义。

因此，我们可以得出结论，用同一个品牌名称来代表里斯本市加上广阔多样的塔霍河谷区，可以被视为一个有风险的解决方案。里斯本压倒了旅游区的其余部分，因此这个品牌名称使里斯本城市地区获益，却会危及该地区的其余部分。塔霍河谷区容易被市场忽略。因此，用里斯本和塔霍河谷区的品牌名称来代表这个新的旅游区，也许不是最优方案。解决这个问题的可能方案也许是创建两个不同的品牌：里斯本品牌和塔霍河谷品牌，或者创建一个能代表塔霍河谷的新名字。

22.3 里斯本品牌 VS 里斯本市

将里斯本品牌化也面临着它自己的挑战和困难。里斯本是一个有明确边界加以界定的城市，由市长和市政府负责城市管理。尽管如此，人们可能会问里斯本品牌（brand Lisboa）是否只会覆盖里斯本市（city of Lisbon）？如果答案是肯定的，里斯本品牌的覆盖范围正好和里斯本市的边界划定完全吻合，那么里斯本品牌的所有权和管理权就应该是里斯本市长办公室的职责。若答案是否定的，里斯本品牌和城市边界不一致，那么里斯本品牌的所有权和管理权就不归里斯本市长办公室所单独享有，在这种情况下，里斯本品牌的管理权应该与组成该品牌的其他城市所共享。接下来的问题就变成了：里斯本品牌是什么？里斯本品牌应该被如何界定？里斯本品牌覆盖哪些地理区域？

对于葡萄牙消费者来说，里斯本品牌的覆盖范围大于里斯本市。当消费者被要求去描述自己心中的里斯本品牌形象时，他们反复提及艺术画廊、餐厅、夜生活、购物、海滩和大海等变量。消费者用来界定品牌的最后两个变量——海滩和大海，表明里斯本品牌实际上不是仅仅由里斯本市组成，它还包括了里斯本市周边的一些城市。这个结论是有理有据的，因为里斯本市根本没有海滩，而紧邻里斯本的奥埃拉斯（Oeiras）或卡斯卡伊斯（Cascais）等城市才有海滩。实际上，当消费者被直接问到卡斯卡伊斯、奥埃拉斯和辛特拉（Sintra）等邻城是否属于里斯本地区时，大部分回答都是肯定的，他们认为这些城市也是里斯本品牌的一部分。

因此，对于葡萄牙人来说，里斯本品牌不仅包括里斯本市，还包括一些周边城市。实际上，在与其他目的地相比时，正是来自于其他城市的变量使得里斯本品牌如此吸引人。例如卡斯卡伊斯的海滩和赌场、辛特拉的花园和宫殿，它们都是刻画里斯本品牌的重要变量。因此，为了最大化里斯本品牌的吸引力，它应该包括像卡斯卡伊斯、奥埃拉斯和辛特拉这样的其他城市。然而，这些城市可能会拒绝被里斯本品牌涵盖，它们可能会认为它们牺牲了自己的品牌来成全里斯本品牌。尽管这种看法有一定道理，但里斯本市及其周边城市之间的共生关系也是事实。所以，一方面，被里斯本品牌涵盖的周边城市会获得一些优势，它们将受益于里斯本市的强大吸引力。另一方面，如果里斯本品牌不仅包括里斯本市的变量，还包括周边城市的变量，那么它就可以利用杠杆作用而变得更有价值。

22.4 总结

总之，尽管里斯本市是一个明确的概念，但里斯本品牌的定义却颇具争议。实际上，里斯本品牌的范围应该比里斯本市更广泛，应该包括一些周边城市。因此，有着各自的目标和功能的里斯本市和其他周边城市，应被视为同属一个结构。这个结构的概念化是品牌架构（brand architecture）的一个实践，即寻求每一个品牌变量的最优化从而使整体获益。接下来考虑品牌的范围以及哪一种品牌架构能够使里斯本品牌及其内部的其他品牌的效率最大化，是十分重要的。保证里斯本品牌成功的基本点在于建立一个共同的平台，使不同城市的所有重要的利益相关者可以交流并分享他们的愿景。他们不仅要发展出品牌是什么以及品牌想实现什么的愿景，而且还要考虑实现目标的最佳方法。

从葡萄牙旅游局的近期经验以及里斯本和塔霍河谷区品牌化所遇到的困难中，我们可以得出这样的结论，品牌范围的界定是地方品牌管理的一个非常重要的方面。当为一个城市或地区创建或开发品牌识别时，必须把这一方面纳入考虑。地方品牌的范围应该有多广，这是一个必须经过策略性分析和深思熟虑的问题。然而，地方品牌化建设的这一重要问题却时常被忽视。

第23章

蒙得维的亚的城市品牌化

巴勃罗·哈特曼（Pablo Hartmann）

23.1　前言

蒙得维的亚是乌拉圭东岸共和国的首都和主要城市，也是南方共同市场(Mercosur)[①] 和拉丁美洲一体化协会（ALADI）的行政总部所在地。蒙得维的亚位于乌拉圭南部拉普拉塔河的海岸地区，此处的河湾是个天然良港，自 18 世纪初由西班牙开辟后便成为了把布宜诺斯艾利斯和里约热内卢与欧洲港口联系在一起的要道。由于其重要的战略位置，英国于 1807 年占领了蒙得维的亚一年。在 1930 年，蒙得维的亚举办了第一届世界杯足球赛，乌拉圭队夺得桂冠。目前，它是南方共同市场的货物运输要点之一，也是南锥体[②]的主要港口之一。

蒙得维的亚有 130 万人口。这座城市最突出的特点是其开放的都市生活，有许多绿地和公园，还有众多的历史、文化和地理景观。街道两旁共栽种了 150 000 棵树。由美世人力资源咨询公司（2008）最近进行的一项调查表明，蒙得维的亚是南美洲生活质量最高的城市，也是全世界最安全的城市之一。

---

① 译者注："南方共同市场"是巴西、阿根廷、乌拉圭、委内瑞拉和巴拉圭等南美洲国家的区域贸易协定（Regional Trade Agreement，RTA）。在 1991 年，巴西、阿根廷、乌拉圭及巴拉圭四国签订《亚松森协定》，并于 1994 年增修《黑金市议定书》，确立了共同市场组织架构。其成立宗旨为促进自由贸易及资本、劳动、商品的自由流通。

② 译者注："南锥体"是南美洲位于南回归线以南的地区。一般人们所说的南锥体包括了阿根廷、智利和乌拉圭三国，有时也会包括巴拉圭和巴西的南里奥格兰德州、圣卡塔琳娜州、巴拉那州、圣保罗州。南锥体是南美洲经济最为发达的地区。

23.2　旅游业对乌拉圭和蒙得维的亚的重要性

南美洲的游客数量受到了区域内旅游的强烈影响。实际上，大约 80%的游客都来自南美。

乌拉圭每年接待约 200 万游客，是仅次于巴西、阿根廷和智利的南美第四大热门的旅游目的地，市场份额为 10%左右。在 2008 年，乌拉圭旅游业创造的收入相当于国内生产总值（GDP）的 6%，直接带来了 125 000 多个就业机会。乌拉圭旅游的主要客源地是阿根廷、巴西、北美和欧洲。许多从北半球来的游客是乌拉圭国民，约占游客人数的 14%，是仅次于阿根廷（50%）和巴西（16%）之后的第三大市场。来乌拉圭的游客忠诚度较高，一般都会重游。绝大部分游客（93%）之前已经游览过乌拉圭，四分之三的游客游览次数超过 4 次。游览乌拉圭的主要原因是休闲和娱乐（65.5%），探访亲友（21.3%），商务出游（5.4%）和旅游中转（4%）。

在 2008 年，蒙得维的亚市接待游客共 688 331 人次，其中 87%来自于南美洲，他们主要来自阿根廷（67%）。游客游览蒙得维的亚的原因如下：休闲和娱乐（47%），探访亲友（37%）和商务出游（12%）。尽管就游客而言，蒙得维的亚是乌拉圭主要的旅游目的地，35%来到乌拉圭的游客都会游览蒙得维的亚，但就收入而言，它却次于位于蒙得维的亚以东的旅游度假胜地埃斯特角城（Punta del Este）。

近些年，乌拉圭似乎理解了旅游业作为使经济更加充满活力的因素的重要性，开始更积极地参与从非传统市场吸引游客的竞争。旅游部引导并促成了旅游业不同利益相关者之间的对话协调机制。为此，旅游部设立了国家旅游理事会（CONATUR），召集了来自公共、私人部门、第三方机构和社区的代表，共同制定了“国家可持续旅游发展计划”。

蒙得维的亚的旅游策略由“蒙得维的亚旅游产业集群”（Montevideo Tourism Cluster）负责，它是由旅游部、蒙得维的亚市政当局、共和国总统等公共部门和私人部门整合而成的一个机构。“蒙得维的亚旅游产业集群”提出了“提高竞争力计划”（competitiveness reinforcement plan）（Muntal，2009），以下是工作的基本前提：

——合作关系（cooperation）：与乌拉圭为了促进和支持国家旅游业所开展的行动保持一致。

——参与重点（participating focus）：在项目开发的所有阶段都要包括当地人的持续参与。

——结果导向（orientation of results）：策略建议目标在于获得某一时间视域（temporal horizon）内的特定结果。

——可持续发展重点（sustainable focus）：蒙得维的亚旅游业的发展必须符合可持续发展标准。

蒙得维的亚旅游业的“提高竞争力计划”包括了城市资源、城市旅游景点和旅游支持系统的详细清单。在诊断阶段，SWOT方法被用来分析作为旅游目的地的蒙得维的亚，其结果如下文所述。城市的优势在于其优越的地理位置，大量的游客、较高的酒店入住率和较长的平均停留时间，高水平的城市安全，优质的文化、休闲和娱乐选择，城市的旅游基础设施，居民的热情好客，作为该国首都和南方共同市场行政中心的优势地位，开放的都市生活和滨河海岸，公园、餐厅、商业设施等多样景观，等等。城市的劣势包括微弱的城市旅游形象，可用资源的不恰当整合，公共部门和私人部门之间较差的合作史，市场知识的匮乏，区域和国际的有限对接，旅游部门的培训不足，游客每日较低的人均消费。

蒙得维的亚作为旅游目的地的发展机会包括在危机时期对安全的旅游目的地的需求日益增长，低成本航空公司的运营和更加广泛的区域联系，专题旅游的推广，南方共同市场在区域内的一体化和政治意义不断加强。蒙得维的亚所面临的威胁包括新旅游目的地的出现，世界经济危机，健康和国际安全问题，来自阿根廷和巴西的成熟目的地的竞争，对旅游业作为国家经济发展的重要贡献者的认知程度低。

在该计划的分析阶段结束后，“提高竞争力计划”明确了蒙得维的亚作为一个旅游目的地的愿景、目标和行动计划。旅游形象的界定和蒙得维的亚的宣传及商业化被确定为主要的战略重点。

23.3　蒙得维的亚的旅游品牌：“发现蒙得维的亚”

如上文所述，蒙得维的亚作为一个旅游目的地的主要劣势之一就在于较差的城市旅游形象。所以为蒙得维的亚创建一个旅游目的地品牌是极其重要的。“蒙得维的亚旅游产业集群”已经决定维持并延伸由市政当局于 2007 年确定的“发现蒙得维的亚”品牌（Discover Montevideo）。在 2005 年上任后，蒙得维的亚市政府对城市的视觉识别进行了更改，迅速启动了一个全新的标志和口号，它们主要在城市的街头路牌上。新品牌“所有人的蒙得维的亚”（Montevideo for All）传递了市政府在兼容并包基础上的新理念。在新品牌的基础上，市政府开发了一个连贯又全面的品牌架构，它的副品牌“发现蒙得维的亚”就是城市的旅游品牌。

“蒙得维的亚旅游产业集群”选择保持在不同背景下构思出的品牌“发

现蒙得维的亚”，而不是为城市创造一个全新的旅游品牌。蒙得维的亚作为“发现蒙得维的亚”品牌下的旅游目的地，“集群”正在为其设计一个新的营销计划，并已经为此向咨询公司招标。这个营销计划的目标包含多个方面，例如目的地的旅游形象、国家和国际层面的推广、实施计划（遵循战略计划的指导）、制度营销和城市路牌提议。

23.4　总结

蒙得维的亚已经理解了旅游业对经济的影响。城市政府与来自中央政府、私人部门和第三部门的代表，一起创建了负责实施“提高竞争力计划”的“蒙得维的亚旅游产业集群”机构。通过各方的参与，这一战略计划才得以实施，这促进了公共和私人部门、社区和第三部门之间的对话，从而确保了达成共识的广泛基础。

然而，旅游品牌“发现蒙得维的亚”的产生过程与“提高竞争力计划”的产生过程是不同的。在旅游品牌的定义中，一个有限制的品牌概念似乎更被偏爱。虽然一整套联想能为目标市场提供功能上的、情感上的和自我表达上的益处，从而对其态度和行为产生积极影响，但是在品牌的有限视角内，名称、视觉识别或口号会比这一系列联想得到更多的关注。营销计划必须赋予“发现蒙得维的亚”品牌以丰富内容，并在最有吸引力的目标市场进行积极宣传。

第24章

纽约的品牌化——『我爱纽约』的传奇故事

佩吉·R·班德尔（Peggy R. Bendel）

24.1　前言

一座城市或其会议及旅游局（CVB）是否可以绕过一场正式的品牌化活动来确定它们的品牌呢？如果答案是“是”，“也许”，或“有时”，那么在什么样的条件下，这样的做法才会被允许甚至被提倡呢？这是一个带有陷阱的问题吗？

24.2　组约的多重身份

“大苹果城”（The Big Apple），“世界金融中心”（World Financial Capital），“这城市太棒了以至于人们两次为它命名”（The city so nice，they named it twice），甚至因城市和整个世界的灯火璀璨而形成的“不夜城”（the city of light）：作为一个历史上拥有100多个别称的世界级城市，纽约自豪拥有如此多样的身份，以至于没有一个短语可以捕捉其作为游客的旅游目的地的精髓，更不用说对于居民、企业、房地产投资者和世界各地的政治家而言的城市精髓。为这样的一座城市创建品牌需要包括以下基本条件：

- 发达的工业
- 清晰无误的警钟（有些人可能会说危机……）
- 可信的研究
- 充足的资金
- 天时，地利，人和！

对于纽约来说，在 20 世纪 70 年代的早中期就已经具备了所有的这些元素。在 1965 年世界博览会迎来游客高峰之后，纽约游客数量出现了戏剧性的下降，尤其是利润最丰厚的商务游客数量。

不凑巧的是，在同一时期，许多公司把它们的总部迁离纽约——世界金融中心，并选择在附近的康涅狄格州落户，有许多 CEO 居住于此。由于那时没有收入所得税，康涅狄格成为了人们眼中高档理想的居住地，而这里到纽约的便捷通勤也是十分必要的因素。同时，受几乎被遗忘的 20 世纪 70 年代中期的石油危机的影响，纽约州和纽约市的经济不断恶化（繁荣发展的媒体/广告/公关行业除外），人们普遍有着一种“美国发生了什么——就看纽约州发生了什么”的感觉。当时的经济状况与纽约州展现其权力与权利的信条（精益求精）截然不同，着实令人担忧。

24.3 “大苹果城”和“我爱纽约”活动

在 20 世纪 70 年代初，“使纽约更美好协会”（ABNY）认识到了情况的严重性，发起了“大苹果”活动，目的是在居民、企业和游客心中突出纽约市的众多优势。这一活动导致“大苹果”别针、贴纸、海报和其他相关物品的激增，并争取到了媒体和营销合伙人的帮助，在此之前他们可能没有想过他们的成功在一定程度上与纽约这座城市息息相关。

“大苹果”活动之后 ABNY 又发起了更大规模的倡议：“我爱纽约”。

用一句最为难忘的新闻头条来总结，纽约市的财政遭遇了前所未有的危机，随时都面临着债务违约的可能性。纽约当时正向华盛顿寻求帮助，时任纽约市长的亚伯拉罕·比姆（Abraham Beame）在 1975 年 10 月 30 日早晨

被 *New York Daily News* 头版中的标题“福特说：去死吧”惊醒。时任美国总统的杰拉尔德·福特（Gerald Ford）的确拒绝了纽约的求助——尽管没有使用那些戏剧性的话语。

这确实是一个警钟——也是一场危机：纽约只能自食其力去解决问题。纽约州并没有很大的起色。由于几十年来制造业岗位的缺乏，纽约州正面临着自身的财务问题：税收收入下降、失业率增加、缺乏可行的解决方案。

新任命的纽约州商务部（DOC）行政长官 John Dyson 意识到，旅游业是当下最好的创造就业的机会：毕竟，游客可以决定今天参观这里，明天就到那里，并在剧院门票、商场、博物馆入场费和食宿上花费旅游支出，还有在纽约州边远地区的露营地、主题公园、历史遗址、葡萄酒厂和其他方面上也有旅游支出。

在得到大通曼哈顿银行（当时的名字）的贷款的基础上，纽约招募到了顶级营销大师 William S. Doyle 来处理经济发展和旅游营销问题，Doyle 负责策划一个营销活动以拉动游客人数并提升纽约作为商务和会展目的地的形象。由于资金是来自于对此持怀疑态度的州立法机构，Doyle 清楚他的宣传需要世界一流研究的支持。

花费掉纽约州商务部旅游局的所有营销预算（当时是 50 个州中最低的，人均 0.08 美元），Doyle 转向消费者行为公司（Consumer Behavior Inc.）以获取研究所需的数据。最后的数据显示纽约州有两种主要产品：

- 纽约市：其主要吸引物有百老汇剧院、商店、餐厅和博物馆；其吸引对象主要是来自周边地区、整个国家和全球范围内的夫妇和单身者。
- 户外休闲，纽约州的非城市地区：高山、湖泊、壮丽多姿的风景和户外休闲机会吸引着来自纽约州附近及新英格兰周围地区、新泽西州和宾夕法尼亚州的家庭前来游玩。

在这些研究结果的支持下，Doyle 成功说服立法机构为前期活动拨发 430 万美元，以此维持 1977 年夏秋两季的运行。下一步便是找到合适的机构来创造引人注目的口号，从而推动游客选择纽约州和纽约市作为目的地。在与纽约几家顶级机构的激烈竞争中，威尔斯·瑞奇·葛林广告公司（Wells, Rich and Greene，简称 WRG）凭借其创意资历赢得了这项任务。紧接着进入头脑风暴阶段，但谁最先说出“我爱纽约”仍是个谜！

时任《纽约》（*New York*）杂志设计总监的著名平面艺术家、设计师 Milton Glaser 签约负责创建平面标志，而因为绿箭口香糖设计的朗朗上口的广告口号“双重快乐，双重乐趣”（Double your pleasure, double your fun）而闻名的 Steve Karmen 则负责创作“我爱纽约”的主题音乐。设计出的首批电视广告堪称经典，一支宣传纽约市，一支突出纽约州的户外休闲，即便在今天它们也不会过时。

在 1977 年夏天和 1978 年春天播放的电视广告中，缺少了一个元素——这一元素正是 33 年后的今天蜚声全球并被许多其他城市所借鉴的“我爱纽约”的特殊标志。Glaser 设计了几个标志，每个人都赞同“I love New York”的入围作品，它有着菱形轮廓，“love”中的“o”用心形代表。但他并不感到满意，继续对其进行修改，最终勾勒出了现在的“I♥NY”，他知道就是它了。标志虽然被注册为商标，但纽约决定按照标准规格（使用美国打字机字体，彩通的暖红色圆润心形）免费分发到该州所有与旅游有关的物体上，以最大程度地提高其知名度，并使其超出 DOC 预算能达到的效果。

T 恤、别针和保险杠贴纸等衍生品被生产；纽约州（NYS）高速公路管理局开始在收费单据上打印标志；Steve Karmen 的主题音乐被进行了商业发布，并位居迪斯科歌曲排行榜首位。在《纽约》杂志中，纽约市和纽约州的游客指南分别被做成了插页印刷，以最低的成本实现传播的最大化。这一年，秋季观景和冬季运动的宣传也相继被推出。在1978年春天，赫赫有名的“百老汇”广告也出现在了公众的视野。独创的“百老汇”广告以百老汇戏剧和音乐剧的豪华明星阵容为卖点。在纽约剧院和制作人联盟的支持下，最先演唱《我爱纽约》的就是这些为大规模演出效力的非凡天才：

- Yul Brynner，之后重演了《国王和我》（*The King and I*）。
- Hume Cronyn 和 Jessica Tandy，在《金罗美牌游戏》（*The Gin Game*）中进行了合作。
- Angela Lansbury，《理发师陶德》（*Sweeney Todd*）中的明星。
- 《歌舞线上》（*A Chorus Line*）、《安妮》（*Annie*）、《火爆浪子》（*Grease*）和《绿野仙踪》（*The Wiz*）中的演员。
- Frank Langella，甩动着他的《德拉库拉》（*Dracula*）吸血鬼斗篷，吟诵着“我爱纽约，尤其是它的晚上！”结束了整个场景。

对于纽约会议及旅游局来说，“百老汇”广告的反馈是压倒性的：在百老汇广告面世后的短短两星期内，当局收到17 000多个关于百老汇旅游指南的请求，平均每天都有1 500多个获取相关信息的请求，是过去记录的两倍。在接下来的一年里，人们不断地关注，活动带来了门票销售量和酒店入住率的明显增加，作为回应，纽约市长 Koch 批准把 CVB 的预算增加到原来的三倍，达到200万美元。很快，长期以来被搁置的在城市西边建造会展中心的提议也得到了市政支持。与芝加哥等凭借更好的会议和博览空间吸引与会者和参展商来谋取巨额利润的城市相比，纽约长期以来都处于不利地位，会展中心的建立在一定程度上弥补了这种局面。

在随后的几年中，在使用标志性图标的基础上，纽约为合作广告、抵押品及其他营销活动筹集经费，进一步扩大了标志的知名度。每一次对于标志的改动或模仿都使人们想到原创标志，连贯一致的营销已经把原创标志深深地刻在了游客的脑海中。虽然标志的核心市场仍然在北美，尤其是美国东北部地区，但是纽约很快与欧洲、南美和亚洲的各大航空公司进行合作以推动标志的国际宣传和营销。

几十年后的今天，如果问纽约市的游客，“这座城市的品牌识别是什么?”在他们背着的购物袋或拿着的咖啡杯上，穿着的 T 恤衫或戴着的棒球帽上，或者是在他们即将要买的纪念酒杯或储蓄罐还有其他物品上，很可能印有“I LOVE NY”标志，这些游客肯定会说出一个明确的答案。

24.4 总结

在案例研究之初提出的问题也许是一个带有陷阱的问题。毕竟，没有任何一座城市像纽约这样幸运，纽约州的城市营销可以被视为目的地营销史上最值得纪念也是持续时间最长的营销活动之一，在此之前只有“情人之州弗吉尼亚”(Virginia Is for Lovers)可以与之相提并论。随后纽约州开展了一系列经典的品牌化活动，而不只是纽约市。

当笔者在写这篇文章的时候，在 1978 年发起的“我爱纽约”活动即将迎来 32 周年纪念日，穿过纽约州首府奥尔巴尼的政党更迭，越过总是追求新鲜的营销对象的无常变化，“我爱纽约”活动历久弥新，纽约人依然可以宣称这是他们的活动。我们有幸在“我爱纽约”的产生过程中为 DOC 工作，并拥有市场营销 MBA 学位，却没有任何一个人可以预测它经久不衰的吸引力，哪怕是有远见的 Milton Glaser、魅力超凡的 Mary Wells

Lawrence、推动者 John Dyson 或是营销大师 Bill Doyle，也无法预测。这些明星和市场力量被结合在了一起。当上文提及的先决条件就位时，最重要的是天时地利人和。于是造就了这样的成功："我爱纽约"继续自豪地闪耀在机场礼品专柜里、电视屏幕上、T 恤上和海报中，以及全世界那些真正爱着纽约的人的心间和脑海中。

第25章 品牌巴黎

让—诺埃尔·卡普费雷尔（Jean—Noël Kapferer）

25.1 前言

在《经济学人》(2008)的一次采访中,伦敦市长经济顾问 John Ross 在回应巴黎和伦敦由来已久的竞争时说:“我们不再将巴黎作为我们的竞争对手。我们已经赢得了那场比赛。现在我们将与纽约进行较量。”

这个相当直接的断言提醒着我们,城市的确会为了稀缺资源和名气而互相竞争。这种竞争由最流行的定期出版物进行评估,它们利用一些可以衡量城市优势的客观指标来比较世界上主要城市的竞争力。实际上,《经济学人》补充道,伦敦在“绝大多数重要的经济指标”上都超过了巴黎。通过突出经济指标,伦敦选择经济领域作为其战场是十分明确的。然而一座城市不可能全面出击,选择胜算最高的领域进行竞争是策略的精髓。

25.2 城市间的正面交锋

有趣的是,2008 年,在知道巴黎输给伦敦失去了 2012 奥运会的举办权后,巴黎市长 Bertrand Delanoë 作出这样的分析,巴黎有更好的客观性“产品”(提案本身),但是巴黎的“品牌形象”不如伦敦那样迷人。

我们不是为了评判谁对谁错,或是质疑之前提到的经济指标的相关性,也不是为了提出会使巴黎领先的替代指标,但是我们要注意到,这两个非营销者的话可以在品牌的语境下被进行再解构。Ross 谈到的是成就的有形实物证明,而 Delanoë 说的则是成就的无形证明。实际上,一个品牌是由两方面组成——有形部分和无形部分，当然，在有价值的提议中，两者会被紧密联系在一起。

在那些显示谁是赢家的选定经济指标中，包括办公室的平米数、跨国公司总部的数量、大会和会议次数、最有活力行业的公司发展情况，如互联网和电信行业。这些指标的确衡量了城市对企业和跨国公司的吸引力。其他指标则衡量幸福感，从而导致城市想要在体验领域进行竞争，例如空气质量、公园和游乐场数量、基础设施质量，以及幼儿园、小学、医生的数量，医疗费用、社会保障，等等。最后，城市也可以在文化生活方面进行竞争，成功指标将变为剧院和电影院的数量、夜生活的丰富程度、艺术活力、展览和芭蕾舞表演的数量，海外游客的人数、外国学生居住在这里的数量，等等。

当然，每个领域的竞争对手是不一样的。现在，在跨国公司的世界代表大会或会展承办方面，巴黎与柏林或阿姆斯特丹进行竞争。因为交通的拥挤和直达线路的缺乏，从戴高乐机场到巴黎市的路线是相当复杂的。因此，大多数经理人现在更偏爱柏林这样方便快捷的城市，它除了安全保障外，在文化和夜生活方面也相当丰富多彩，离史基浦机场非常近的阿姆斯特丹也深受欢迎。

25.3 构建城市品牌的草图：旗舰产品，主要沟通方式和人

城市确实可以被看作是品牌，因为它们的组成部分都是这些：它们有一个象征着潜在的或明确的体系和价值的名字；它们有一个植根于过去的象征符号；它们有一个历史悠久的众所周知的句子（如巴黎的“Fluctuat nec mergitur”意味着“漂浮却永不沉没”）；它们有时会有一个口号（如“我爱纽约”）；它们在物质层面和无形维度上，都有着优势和劣势。

城市品牌形象是被人们了解的一切所构造的。这包括城市的典型产品，主要沟通方式（无论有没有被管理），最后是我们遇到的人。旗舰产品（Florek 和 Conejo，2007）是那些建立起广为流传的城市积极形象的东西。对于伦敦来说，这些“产品”包括证券交易所、伦敦市、伦敦政治经济学院、泰特现代艺术馆，还有白金汉宫和卡纳比街等最早的文化融合体。对于巴黎来说，关键的主要产品包括埃菲尔铁塔、蓬皮杜艺术中心、卢浮宫、巴黎高级定制时装和圣奥诺雷市郊路上所有的奢华设计品牌。

至于沟通方面，人们想到来自英国的流行音乐潮流，就会联想到它的首都、BBC、《泰晤士报》或《经济学人》，也会联想到那些著名人物，例如改变工党政治家形象的充满活力的托尼·布莱尔（Tony Blair）、备受尊敬的女王、风趣且特立独行的企业家理查德·布兰森（Richard Branson）、西装革履的城市银行家和有丰厚奖金的年轻金融交易员。对于巴黎来说，除了塞纳河和深受浪漫情侣喜爱的众多桥梁的经典形象外，还有传奇般的巴黎高级时装秀，壮丽的城市风光和不计其数的顶级酒店。然而，巴黎人并没有十分好客的声誉。在国际舞台上，或许除了法国的现任总统以外，法国再没有极具代表性的极其优秀的人物。巴黎足球队本身就不是冠军队，更别说提升城市知名度了。

25.4　城市形象和国家形象：它们的关系是什么?

城市品牌的有些方面也是其国家品牌的组成部分。可以说首都扮演着国家旗舰产品的角色。但是，国家品牌和城市品牌之间是有区别的。国家品牌和城市品牌可以遵循不同的轨迹。一谈及“原产地”效应，“德国制造”会让人联想到梅赛德斯—奔驰、宝马、奥迪、大众、机械设备以及秩序理念和高品质的典范。另一方面，“英国制造”已经变得空泛乏味。当然，雅格狮丹风衣、捷豹汽车或“MINI”轿车也发挥着原产地效应，但除了这些还有什么呢？恐怕没有什么了，因为英国已经抛弃了工厂，进入了第三产业世界和非物质化（dematerialization）经济[①]时代。另一方面，当人们想到法国时，首先映入脑海的会是卢瓦尔河城堡 、葡萄园、多尔多涅省的高品质生活，还有以 300 公里/小时的速度把所有主要城市连接在一起的出色的 TGV 高速列车系统、50 个核电厂带来的能源独立、三大汽车品牌、罕见的保证所有国民医疗健康的社会保障体系。

无论国家品牌的形象和表现如何，城市品牌都有它自己的力量。城市品牌不能仅仅被当作是国家品牌资产的总结或顶峰。就像伦敦不是英国。对于巴黎来说，历史上的它一直都是所有革命开始的地方：1789 年、1848 年、1968 年。当国家处于一如往昔的平静时，巴黎却在爆发革命。正因如此，巴黎人改变世界现状的愿望使得巴黎一直以来都是一个不安之地。我们也要注意，法国的工业资源往往分布在各个省，这正是一个典型的无形特点。

25.5 城市是否可以作为品牌被管理?

城市可以用品牌化的概念被分析。然而，人们应该明白，品牌是被管理，它们不仅仅是“当前形象”（current image）的代名词。实际上，品牌

---

① 译者注：“非物质化”是通过技术创新、体制改革和行为诱导，在保障生产和消费质量的前提下，减少社会生产和消费过程中物质资源投入量，将不必要的物质消耗过程降到最低限度的现象。“非物质”并不是指完全不使用物质及能源，而是指试图实现最大限度地节省资源和能源的高福利经济。非物质经济是实现循环经济的关键。

管理（Kapferer，2008）开始于一种你想要代表什么的想法。但是，人真的可以决定一座城市希望代表什么吗?

自然地，所有城市的市长都应该有一个长远的眼光。例如，韩国首尔曾经是亚洲最落后的城市之一。在1980年，韩国政府决定将韩国发展成为下一个日本，并把首尔改造成世界上最有活力的现代化先进城市之一。在30年后，这座城市已经被完全重建，城市样貌焕然一新。首尔和韩国所采用的长期计划是政府管理的精髓。

为了使巴黎成为更具吸引力的城市，有必要在市中心和机场之间建立一条高速列车线，把交通时间缩短至最多15分钟。但是，光是修建这条列车线就会耗时10年，因为线路恰好横穿了郊区居民区。另一方面，品牌化运动一般是短期的，至少在管理周期上是这样的。例如，在2008年巴黎失去2012年奥运会的举办权之后，巴黎市长Bertrand Delanoë决定围绕“品牌巴黎”（法语“Marque Paris”）的项目进行招标。广告、品牌识别和设计机构第一次被邀请在该项目上进行竞争。“Marque Paris”的措辞本身就是一场革命，而不仅仅是流行的营销表达方式。

品牌是体现价值观的愿景，它激励着内部（在城市品牌范围内的城市居民）和外部的人们，紧接着就是调整这些主要项目从而实现愿景。而品牌沟通有助于揭示所有行动的共同方向和意义。品牌是理解和忠诚的来源。当品牌化被认真考虑时，它将顾全到所有利益相关者并努力使他们进行战略性思考，从而确定谁是竞争对手，并从真实和虚构两个方面确定城市的优势和劣势。这将会带来一个有着明确定位和价值主张的品牌平台。

问题是政治和管理之间是有矛盾的。品牌平台是一个明确的声明，这意味着它是公开的。然而，政治已经变成了适应性的艺术。从政治立场来看，没有明确的或者应履行的承诺，事情会变得更加简单。

25.6　品牌还是口号?

在巴黎的案例中，实际上，巴黎市长想要的是一个不错的口号，这就是2008年的品牌构建运动在进行了几个月后被终止进程的原因。对于许多市长来说，品牌化仅仅意味着“给我找一个好的标志和口号”。当然，我们并不是要削弱一个好口号的作用：每个人都知道它在很大程度上可以刺激内部和外部的利益相关者。

所有市长都梦想着能够取得纽约口号那样的效果和成功。有趣的是，纽约的口号和标志是为纽约市旅游局而创建的。首尔也是如此：它们的口号源于旅游局的需求。纽约口号的成功被这样的事实所证明：大多数人都不会把成功归因于为了创造口号而进行的系统管理。它与市场营销或广告无关。“我爱纽约”与其说是商业成功，还不如说是市民的成功：纽约人已经把这句话据为己有。他们无视这背后的营销目标或策略。纽约口号的主要优势之一在于它表达了一种关系，而不是旨在传递优势的差异或消费者利益。阿姆斯特丹的口号“我是阿姆斯特丹人”(I amsterdam) 也是以类似的方式运作的。

那么，这些见解的结果是什么呢？一个城市的好口号必须源自内里。城市口号应该反映品牌的真正特性，而不是像产品口号一样努力突出自己与一系列竞争者的不同。城市是有历史的，它首先要立足于居民，这也是最重要的。口号应该传达一种归属感、自豪感和象征性的亲近感。

25.7　总结

用品牌喻指城市有其局限性。商业品牌是人工制品：它们虚构了一个世界，并在广告、事件、倡议中和互联网上进行展示，例如可口可乐。它们甚至在 Facebook 上也有粉丝社团。可口可乐承载着友谊、活力和在一起的喜悦。这个虚构世界是用来消耗的，其消耗量就像可乐本身一样多。另一方面，城市是一种人类现实，虽然是局部的，但从短期来看却是相当永久的。一座城市也被一段历史、一种文化、一个生态系统所锚定。这些赋予了城市一种现实、一种力量来与时间抗衡。它应该去适应目前的经济状况，但无论如何，它构成了城市的 DNA。

这导致了哪些主要结果呢？首先，没有城市作为基础，人们就无法构建出城市品牌。就像人们不能人为地将服务品牌的内里和外在分开。其次，我们应该理解，利害攸关的不是“管理城市品牌”（manage the city brand)，这仅仅是一项技术任务，而是“通过品牌管理城市”（manage the city by the brand)，品牌可以作为集体意识和承诺的杠杆来发挥作用，从而加速社会变革。

第26章

首尔的城市品牌化：首尔的国际品牌沟通情况

金佑京（Kim，You Kyung），彼得·金（Peter Eung—Pyo Kim）

26.1 前言

韩国在文化、旅游和公民等方面的软实力落后于它的硬实力，特别是与其出色的经济表现相比。软实力部分包括文化、旅游和公民，而城市在其中发挥着重要的作用。因此，韩国的城市需要集中精力培育软实力。首尔，韩国的中心地带，作为一个代表国家的关键战略品牌，扮演着重要的角色。作为一个致力于提高自我可持续性的城市范例，首尔在提高韩国的国家品牌的价值和资产方面发挥了举足轻重的作用。首尔在与政府、当地社区和其他城市的合作中，在不同地方举办了许多品牌化活动。在本节中，我们将探索作为韩国首都的首尔在强有力的领导下实施的策略进程和城市品牌管理实践。

26.2 首尔市政府的营销史

在 1995 年，韩国推行了地方自治体制，鼓励地方政府通过目的地营销策略来进行差异化建设。首尔市政府（SMG）建立了城市营销特别工作组(City Marketing Taskforce)，从而整合由不同部门负责的城市营销事务，而该小组则致力于创建一个世界中心的城市形象。SMG 利用 2002 年韩日世界杯作为转折点，为市民提供团结在一起的机会，并突出城市的积极形象。在当时，首尔有必要建立属于自己的独特形象，而不是简单的作为韩国的首都。在 2002 年，城市营销特别工作组更名为全球市场营销部（Global Marketing Division）。

26.3　2006 年之前：首次宣传活动

自 2002 年韩日世界杯起，负责首尔营销的组织开展了各种活动。在国内层面，活动包括为公民出版月刊、为首尔创作宣传歌曲和创建“你好，首尔”（Hi—Seoul）的城市品牌；而在国际层面，组织则只专注于情景营销。国际层面的推广活动包括在东京、北京和中国香港等主要的海外机场设置灯箱广告，为韩国的国际旅游新闻提供支持，发展清溪川的宣传项目，等等。

26.4　2006 年：整合营销沟通的第一年

从 2006 年开始，SMG 开始积极参与城市品牌的海外推广。这是对集中海外营销实践以创建首尔自己的品牌的新兴需求的回应，这一推广活动直到 2005 年，才以一种更具战略性的方式陆陆续续地被投入实践。在此背景下，SMG 开始推进经过改善的海外营销策略，该策略旨在建设一个热情且环境友好的首尔城市形象。

在 2006 年，SMG 的营销目标是创建全球一流城市的首尔形象。“在首尔荡涤你的灵魂”（refresh your soul in Seoul）和“在首尔”（Be @ Seoul）的口号强调了首尔拥有丰富文化和先进科技的城市形象。当时，首尔被大众看作是韩国的首都，但它却没有与城市相关的明确形象，这表明创建一个独特的首尔形象的紧迫性。焦点小组采访了其他国家的专家和驻韩国的外国记者，结果显示，首尔被视为是一座和其他城市相比在经济部门和信息技术方面更具优势的城市，同时也是一座多元文化与 600 年历史交相辉映的城市。因此，SMG 决定强化其已经被外国观众广泛认知的文化名城这一高端形象。

在营销策略的战略性实施方面，SMG 投入了近 250 万美元的预算，并于 2006 年开始了以亚洲为中心的海外营销沟通工作。营销预算的执行情况如下所述。亚洲以 53％的比例占比最高，欧洲以 34％的比例和包括美国在内的其他地区以 12％的比例紧随其后。在营销媒体方面，户外媒体占比 73％，而第一次被投入使用的电视广告占比 15％，平面媒体占比 12％。在 2006 年发布的广告方面，在北京地区进行的影响调查显示，大约 26％的受访者表示他们已经看到了广告，70％的人表示他们对首尔的广告有一个积极的印象。一些人表示这个聚焦于过去和现在的完美融合的广告很好地描绘了城市的良好形象，而有人则表示说很难专注于广告，因为它展示了首尔的太多方面。

值得注意的是，2006 年的营销执行是 SMG 首次在其品牌化活动中采用基于市场细分、目标市场和定位原则上的策略。在亚洲，新加坡和中国香港一直以来都积极地开展品牌活动，但首尔直到 2006 年才开始这样做。此外，首尔充分利用电视、平面以及户外广告等媒体，这使得 2006 年成为了首尔的城市品牌化中的整合营销沟通方法的起步之年。

26.5　2007 年：首尔海外营销的转型

在 2007 年，随着吴世勋先生就任首尔新市长，SMG 的海外营销发生了巨大转变。在新市长的领导下，首尔设定了建立“洁净、诱人的城市”（clean and attractive city）形象以及通过城市营销来提升旅游业竞争力的目标。此外，首尔将“亚洲之魂”（soul of Asia）作为新的品牌口号，旨在传播“首尔是亚洲中心”的理念。基于在该口号下建立起的品牌识别，SMG 制定了终极目标为吸引更多游客的营销沟通策略。

在 2007 年，环境分析结果显示，与周边城市和国家相比，首尔只有一点辨识度和独特性。基于地理临近和旅游活动的相似性分析表明，中国内地、日本、新加坡、中国香港是首尔的主要竞争对手。因此，首尔需要使自己与中国和日本的城市不同。与中国和日本的城市相比，首尔在其年轻的整体形象方面占据优势。因此，在市场细分方面，考虑到对首尔的感知和行为参与，亚洲是主要的目标市场。此外，在赴首尔旅游的潜在游客的数量增长方面，日本和中国内地被划分为重点市场，而包括新加坡和中国香港在内的南亚市场也被归类为成长型市场。主要目标群体是根据来到韩国的游客占比和类型而被选择的。数据显示，中国游客通常会渴望体验首尔的时尚文化，例如时装；日本游客希望获得深入的文化体验，例如访问首尔的各个街区；东南亚游客则被流行文化中的韩星吸引而到首尔来。

为了在其目标市场中创建一个细腻的、现代的首尔形象，SMG 将其营销定位设定为“情感现代性”（emotional modernity）。SMG 制作了两支电视商业片和三支平面广告来满足各个目标市场的需求。作为一种传播工具，电视主要被用来有效地传播城市的品牌形象，并且根据每个地理区域的特性和目标消费者的细分，其他不同的传播媒介也被采用。在媒体执行方面，包括 CNN（美国有线电视新闻网）在内的电视占最大份额（43%），其次是户外广告（14.4%）、互联网（9.5%）和平面媒体（7.8%）。媒介渠道的混合使用的目的在于优化与每个目标群体的联系。在 2007 年的营销执行中，首尔尝试通过利用互联网来使营销媒介更加多样化，并对东南亚游客优先使用互联网来作为传播媒介。媒体营销集中在亚洲，其中东南亚有 35%的媒体预算，中国有 27%，欧洲有 20%，这种分配力图实现区域平衡。2007 年的成果意义深远，因为为了支持"情感现代性"的品牌定位，不同的传播媒介被运用在了目标市场中。然而，由于缺乏关于首尔广告的消费者调查，以及采用的媒体没有在每个目标区域中被充分曝光，导致广告在提升城市形象方面的有效性难以被准确评估。

26.6　2008 年：首尔营销预算的历史性增长

对于首尔的海外营销沟通来说，2008 年是具有历史意义的一年。SMG 采取了革新式措施，把海外营销的预算从 2007 年的 53 亿韩元（约 530 万美元）提高到了 401 亿韩元（约合 4 000 万美元）。在新的预算中，353 亿韩元（3 500 万美元）被用于海外营销沟通。预算增加的原因是 SMG 认识到旅游业是一个高附加值行业，它通过赚取外汇和创造就业来刺激经济增长。把旅游业作为振兴经济的核心项目，SMG 试图以此来积极地吸引游客。SMG 认为，如果游览首尔的游客数量增加，通过吸引投资可以带动整体经济发展，还可以推动旅游业自身发展。在此背景下，SMG 开发了几个改变城市的有形资产的项目，包括汉江复兴计划和旨在开发汉江、南大门、明洞区和仁寺洞街道的城市休闲娱乐项目。

除了有形的变化外，建立首尔的品牌识别也成为了必要。自 2003 年以来，首尔周边的亚洲城市一直致力于城市品牌化，如新加坡和中国香港，它们在城市识别建设上每年投资超过 5 000 万美元。因此，新加坡 2004 年的游客数量比 2003 年增加了 35%。直到 2007 年，SMG 在其他国家开展了预算为 100 万到 500 万美元不等的品牌化活动，并通过各种营销工具来促进营销沟通，但与其竞争城市相比，首尔的预算规模仍然停留在一个相对微薄的水平。针对这种情况，在市长和相关官员的支持下，2008 年，SMG 把海外营销沟通预算增加到 4 000 万美元，这是一次空前的增长。为了制定海外营销沟通策略，SMG 分析了首尔品牌的当前地位以及竞争城市的政策，采取了策略方针来确立首尔城市品牌化的方向。SMG 开发了沟通执行计划、口号、相关媒体活动，等等。营销沟通定位被设定为“我的灵魂故事”（my soul story），它来源于游客的目的从观光目的地转变为体验目的地的理念。至于针对每个国家的品牌定位，SMG 对中国采用“时尚故事”（stylish story），对日本采用“人文故事”（humanistic story），对东南亚国家采用“奇妙故事”（fantastic story），对美国和欧洲采用“鼓舞人心的故事”（inspirational story）。

在获取旅游信息时，游客似乎最容易被口头传播的内容所影响。因此，SMG 采取了制作当地人讲述首尔体验的商业广告的策略。广告分为两类：一类是来自目标国家的普通民众推荐首尔行；另一类是当地名人详细叙述他们在首尔的经历。四支定制生产的宣传广告被用来迎合四个目标区域的不同特点，这四个目标区域分别是中国、日本、东南亚和美国/欧洲。在广告中使用名人来讲述他们对首尔的体验，例如电影导演陈凯歌（中国）、小说家村上龙（日本）、摄影师 Anuchai（东南亚）、著名钢琴家 George Winston（美国/欧洲）。在 2008 年进一步开展的特别行动就是 SMG 成为了曼联足球俱乐部的目的地合作伙伴。这为首尔提供了一个向亚洲 1.9 亿人和全球 3.3 亿人宣传自己的机会，首尔可以通过 20 多场足球比赛向 200 个国家展示自己。

作为城市的国际品牌沟通的结果，首尔被中国、日本和泰国的游客评为人们在一年内最想游览的城市。在广告宣传之前，首尔在中国是第五想要游览的城市，在日本是第四，在泰国是第一。此外，由于首尔开始赞助曼联，首尔在足球队球迷中的知名度从 2004 年 10 月的 14%增加到了 2009 年 5 月的 38%。在 2008 年，韩国的境外游客数量达到了 690 万美元，同比增长了 7%。因此，SMG 的营销实践似乎已经带来了跨越不同区域的积极影响。

26.7　2009 年：首尔城市品牌的新全球定位

在 2009 年，SMG 的海外营销目标是通过制定新的活动口号和利用各种宣传机会和媒体来强化整合营销策略功能，使首尔品牌形象的效应最大化。目标市场与 2008 年的是相同的，但是在新采用的口号“你的无限首尔”（infinitely yours，Seoul）的基础上，首尔的全球定位已经变成了“时尚之城”（trendy city）、“24 小时活力之都”（24 hour-lively city）和“数字化城市”（digitalization city）。新的品牌口号“你的无限首尔”表明首尔是一个拥有文化多样性的城市，你可以全天候在一个地方尽情享受无限的文化体验。在全球性的活动口号下，针对每一个目标区域，当地的子口号也被确立了，从而同时进行品牌的全球化和本地化。例如，考虑到很多中国游客享受不同种类的首尔体验的事实，“无限乐趣”（infinite pleasure）被用作中国市场的子口号。在活动总口号“你的无限首尔”下，每个市场的营销定位都是不同的。

针对四个不同的地区：中国、日本、东南亚、美国/欧洲，不同的品牌活动广告也被分别制作。广告采用了相同的形式，由当地人民做出关于首尔的证明，但他们的故事以不同的方式被呈现。2008 年制作的广告的最鲜明特点是在中国、日本和东南亚备受欢迎的韩国歌手的客串亮相。例如，东方神起、Super Junior 和少女时代，在宣传短片中短暂地出现了大约两到三秒钟，增加了观众的兴趣。此外，广告制作的幕后故事被剪辑成了单独的短片，并被发布在 SMG 的 YouTube 页面上，这成为了病毒性营销[①]（viral marketing）活动的一部分。广告及幕后故事吸引了 200 万次的在线点击，是在韩国政府的海外宣传史上前所未有的数字。由于广告在韩流明星的粉丝之间传播，病毒性营销获得了成功。尤其是他们在上传的影片下面做出的关于他们渴望游览首尔的在线评论，表明病毒式营销实践为首尔正面形象的建设作出了重大贡献。

在 2009 年，SMG 开展了“首尔无限梦想系列”（Seoul infinite dream series）活动和“你的无限首尔”活动。系列宣传活动在线上及线下同时展开，利用体育、韩剧和韩国音乐使首尔成为外国观众的谈论话题。首场宣传活动是“首尔无限比赛”（Seoul infinite match），在曼联足球队的亚洲之旅中，被选中的人可以参与和曼联进行的小型足球比赛并获得来自职业球员的培训。全球有超过 100 万的人浏览过该广告，大约有 5 000 人申请该宣传活动。其中，只有 5 人被选中并有机会与曼联进行一场小型比赛。这个“梦之赛”（dream match）受到了大量来自其他国家的媒体关注，并通过《欧洲体育》和《吉列国际体育》等媒体成为全球性新闻。

第二个宣传活动是与雅虎合作开展的“首尔无限梦想故事”（Seoul infinite dream story）。被选中的申请人可以参加韩国名人的粉丝见面会，例

---

① 译者注：“病毒性营销”是一种常用的网络营销方法，常用于进行网站推广、品牌推广等。病毒性营销利用的是用户口碑传播的原理。在互联网上，这种“口碑传播”更为方便，可以像病毒一样迅速蔓延，因此病毒性营销成为一种高效的信息传播方式。而且，由于这种传播是在用户之间自发进行的，因此几乎是不需要费用的网络营销手段。

如在首尔举行的演技大奖上出现的著名歌手。为了获得申请人，雅虎的活动页面被开放用来获取人们关于想要见到韩国明星的故事。只有一对夫妇被选中并被邀请到首尔与韩国明星见面。这个活动创造了1.2亿点击率的记录和成千上万的申请。

第三个宣传活动是“首尔无限梦想音乐会”（Seoul infinite dream concert），它提供了与首尔广告上出现的韩国明星见面的机会。该宣传活动在SMG的YouTube页面上进行，并举行了一个选择两位获奖者的在线比赛。超过400 000人次访问了该页面，约2 000人申请参加该比赛。在梦之赛、梦想故事与梦想音乐会中被选中的申请人参观首尔的过程被录制下来，他们享受着城市之旅，并愉快地与韩星见面。当影片被上传到YouTube上时，引起了许多群众的积极响应。

“梦想系列”的第四个宣传活动是“首尔无限梦想跳跃”（Seoul infinite dream jump），由国际滑雪联合会举办的“Big Air世界杯”于12月11日至13日在首尔中心地带光化门广场举行。为了这个体育盛会，SMG在城市中心设立了一个34米高的陡坡。在“Big Air世界杯”期间，超过300 000人游览了首尔，该比赛在ESPN卫视体育、FOX体育台和欧洲体育台播出。“首尔无限梦想系列”进行线上和线下的同步宣传活动，它采用了聚合营销[①]（convergence marketing），这在城市品牌营销中是十分少见的。尤其，聚合营销被视为是在营销实践中的发展，它聚焦于通过举办实际的宣传活动来建立首尔的品牌形象，而不仅仅是在线广告的已有方法。

在2009年，SMG开展了多项活动，除了首尔海外营销的广告和宣传活

① 译者注：“聚合营销”是指在数字化的时代，基于在消费者身上出现的新科技和人类持久的行为习惯的聚合，企业通过对不同类型的新科技、多渠道或多手段的组合，建立、保持和加强与顾客以及其他合作者的关系，以此使各方的利益得到满足和融合的一种社会和管理过程。

动外，还有植入式营销[①]（product placement）。特别地，由探索频道制作的国家文化纪录片“时尚韩国”（hip Korea），聚焦于韩国歌手 Rain 和演员李秉宪，使人们对首尔产生正面感知。为了给人留下首尔无极限的印象，“时尚韩国”被分成子标题为“动感首尔”（Seoul vibes）（Rain）和“浪漫首尔”（Seoul savvy）（李秉宪）两部分。这部纪录片在探索频道亚洲台和日本广播协会播放后，获得了非常好的反响，并在 2009 年亚洲电视大奖中赢得最佳跨平台内容大奖。

26.8　总结

城市品牌化是一项艰巨的任务。与城市相关的形象是无形且抽象的。因此，为了提供令人难忘的体验印象，把城市拥有的资源具体化和形象化是很有必要的。SMG 的品牌化策略从一个城市应该是一个体验和消费完美融合的地方的理念开始，而不是简单地作为一个历史悠久的地方。换句话说，一个城市不应该为它已经建立起来的提供历史和文化资源的形象自鸣得意，而应该是向前迈进以振兴城市经济，在平衡购物和其他活动的旅游设施的基础上，增加游客体验的价值。只有当这些条件被满足时，城市才可以成为一个宜居的有吸引力的地方，然后才能获得消费者城市的声誉。为此，SMG 已经建立了明确的城市品牌识别，并尽最大努力采用革新式方法，从而以一种实际高效的方式传播品牌识别，而不囿于传统方法。最近，中小型城市已经

---

① 译者注：“植入式营销”是指将产品或品牌及其代表性的视觉符号甚至服务内容策略性地融入到电影、电视剧或电视节目的各种内容之中，通过场景的再现，让观众在不知不觉中留下对产品及品牌的印象，继而达到营销产品的目的。

采取大胆举措，通过和其他城市的协调与合作来提高自我可持续发展性。对SMG城市品牌化的成功的评估推动了当地城市的联合营销努力，从而探索了城市联盟的可能性。我们有信心，首尔在创新性地提升其作为全球品牌的城市识别的同时，将继续进行品牌管理项目，最终将建立可与巴黎、纽约和新加坡相媲美的强大识别和形象。

第27章

悉尼的城市品牌化

杰夫·帕门特（Geoff Parmenter）

27.1　前言

尽管一直以来都被认为是世界上最好的城市之一，但是悉尼在近几年与澳大利亚和海外的其他城市的竞争中一直落败。受到由悉尼商人 John O' Neill撰写的系列报告的启示，在 2008 年年中，悉尼的广大利益相关者加入了一个主要在城市范围内的合作，从而凝聚、协调和激励这座城市，使其能够更有力地营销自己。该组织首次发起了为悉尼研究有效的品牌模型的倡议，并生成了一个利用在全市范围内正在实施的多个大型项目的框架体系。这些项目包括数十亿美元的基础设施建设，体现悉尼特色的年度活动和节日的创意项目，促进旅游和国家发展的专门活动和项目，还有 2018 年或 2022 年澳大利亚申办世界杯足球赛中的主导角色。

27.2　2008 年的悉尼

悉尼是澳大利亚唯一的全球城市。它是澳大利亚的门户，它每年接待半数以上的所有澳大利亚的国际游客。它是澳大利亚的金融服务业、创意产业、表演艺术和媒体的大本营，也是将近一半的全国 500 强企业的总部所在地。它拥有得天独厚的美丽海港、标志性的歌剧院、海港大桥和海滩。悉尼蝉联每一年的 Anholt 城市品牌指数的世界前三甲城市。事实上，在 2008 年 3 月，它已经连续两年被评为世界第一城市品牌。正如一位美国同事最近对我所说的，“当上帝创造悉尼时，他度过了美好的一天!”

尽管如此，在 2008 年年中，悉尼的广大利益相关者抛开各自在悉尼的传统利益，加入了一个主要在城市范围内的合作，来凝聚、协调和激励这座城市，使其能够更有力地营销自己。这是为什么呢？

答案很简单。一系列的研究和报告已经证实了这样的一种地方认知，即尽管悉尼拥有雄厚的资产和成功经验，但是近几年来它在与澳大利亚和海外的其他城市的各个方面的竞争中都已经失势——不管是旅游、商务活动，还是其他更广泛的经济健康的指标。事实上，一直存在这样一种认识，即悉尼强大的自然资产和成功经验实际上导致了它在一定程度上的自满，这种自满使悉尼容易受到来自许多进步的、干劲十足的又兼具一定能力的竞争者的积极定位的影响。还有一个迟来的认知，即拥有一个美丽海港并举办“有史以来最好的运动会”不会自动转化成持久的繁荣。于是，在 2008 年 8 月，悉尼——当时的“世界第一城市品牌”——第一次开始发起了慎重界定、阐明并展示城市品牌的倡议。

27.3　品牌化悉尼

悉尼是一个特别分散的城市。按澳大利亚的标准来看，这是一个大城市。大量的航道界定并划分了悉尼，以明确和独特的文化及特征创建了飞地[①]和村庄。悉尼的规模、地理环境和作为澳大利亚唯一的全球城市的地位不利于城市的社会意识或公民责任感的自然发展。在这方面有一个明显的例

① 译者注：“飞地”是区域内文化或民族不同的部分。它是一种特殊的人文地理现象，指隶属于某一行政区管辖但不与本区毗连的土地。

外，那就是悉尼在举办非凡的全球盛会时，所有部分都可被出色地完成。2000 年的奥运会、2003 年的橄榄球世界杯赛和 2008 年的世界青年节，不到十年，它已成功举办了世界五大“大型活动”中的三个。但是，在没有这样一个团结“项目”的情况下，调动全市主要利益相关者的积极性，让他们不只是来参加，而是联合投资一个数百万美元的提案以建设使悉尼变回佼佼者的平台，是相当重要的而又前所未有的成就。

启发灵感的人是一位著名的悉尼商业领袖 John O' Neill AO，他在 2007 年受州政府委托撰写了三份批判悉尼近期的自满的调查报告。他在 2008 年和 2009 年担任品牌悉尼指导委员会主席期间，成功实现了三个非常重要的成果。

首先，他为项目的研究和开发进程设计了一个管理结构，确保了没有单独的一方能够“拥有”主动权，并且在这种情况下，他创造了一个所有的参与者能够共享所有权的环境。其结果是开发了一个由 13 个利益相关者共同投资数百万美元而成立的项目，他们来自联邦、州及当地政府和私人部门①。

其次，他强调了稳健而严谨的研究的极端重要性。在来自总部位于亚特兰大的咨询公司 Helios 的国际专家 Terrence Burns ②以及 2000 年悉尼奥运会的前营销总监 John Moore 的指导下，大量数据被收集，并且新的研究被委托进行，从而确保在这个平台上创建的最终品牌模型可以通过行业领袖和

---

① 悉尼市，新南威尔士州和区域发展部门，澳大利亚旅游局，悉尼商会，悉尼大学，悉尼委员会，新南威尔士州活动，新南威尔士州艺术、体育及娱乐部门，悉尼商务活动，悉尼海港管理局，帕拉玛塔市议会，新南威尔士州旅游局，旅游和运输论坛。

② 自 1996 年至 2000 年，Burns 在国际奥委会中负责奥运会品牌的首届全球品牌评估工作，评估范围涵盖了 15 个国家。

其他潜在合作伙伴的严格审查。如果没有这样的研究，所有的品牌化——尤其是城市品牌化——会成为“只是别人的看法”。

最后，O' Neill 主张建立一个适当的结构化实体来传播项目的研究成果和开发阶段。再次强调，传播媒介不应该被任何特定的利益相关者所“拥有”，重要的是，不被政府所有。其结果是大悉尼地区合作伙伴私人有限公司的成立，它由私人部门的代表组织建立，包括悉尼商会、悉尼委员会和旅游及运输论坛，董事由州和当地的政府任命，还有一个独立主席。该公司从州政府和悉尼市议会那里成功获得启动资金。在 2010 年 4 月 30 日，公司正式宣布成立。

27.4 为悉尼创建品牌模型

一旦创建一个用于整理、分析、存储或删减数据的大型数据库，那么项目参与者委托进行的大量研究也就实现了共享。一些贯穿始终的主题开始出现。针对悉尼的主要地理目标市场和行业，在整个澳大利亚和国际上进行了为期 6 个月的定制设计研究活动，这些活动支持、放大和强化了这些主题。Moore 单独进行了 100 多次的一对一采访，采访对象是从世界各地精选的商界意见领袖。

结果包括一些可预见的质询。根据一个人的说法，悉尼是自满的——“像褪色的口红模型”。我们是支离破碎的，缺乏一致的策略，基础设施也面临严峻挑战。

但是，作为世界上最受喜爱的城市之一，悉尼有幸拥有世界著名的自然美景。悉尼的非凡活力和令人羡慕的生活方式是全球公认的。它拥有“在度假胜地中的世界第一商务中心”的独特组合。在悉尼，我们努力工作，但也拥有健康和幸福。“悉尼的舒适生活！”

研究也支持悉尼独特创意的概念。一般认为，我们的广阔前景和自由的思维方式来源于城市的多样性：悉尼不会不容忍（tolerate）不同的观点；悉尼会颂扬（celebrate）它们。

在过去的 200 多年里，悉尼已经成为了一个世界著名的极为成功的城市。悉尼不怕做其他地方做过的事情，不怕从最好的地方借鉴经验，但是如果我们相信有更好的选择的话，我们会尝试自己的方式。最好的例证就是我们在悉尼奥运会中使用的方法。我们仔细研究了亚特兰大和长野的奥运会，借用了一些它们的做法，但在许多领域，我们进行了创新——非常有创造性，也非常有效。许多创新之举已经成为了传承到现在的奥运会“基准”。

从“活力魅力”（vibrant magnetism）的本质中，悉尼构建了一个品牌模型，该模型为利益相关者和合作伙伴提供了四个主要驱动因素或定位选择。它们是：

1. “可以做”的态度——“努力工作，舒适生活”
2. 广阔的前景
3. 进步性
4. 自然景观

悉尼的差异化属性和所需定位的研究和表达，强有力地支持了悉尼创意机构 Moon 管理的创意开发工作。这项工作为寻求合作伙伴的营销者和传播者打造了独特的全新外貌和感觉，还有一个功能强大的工具箱，并且利用了悉尼独特的国际形象和声誉。

27.5 2010 年的悉尼

在这座城市的年轻生命中，2010 年的悉尼步入了令人振奋的新时代。它的外貌、个性和行为在未来的十年里将会有极大的发展。

奥美集团的全球总裁 Miles Young，认为“大箱子”（big boxes）和“文化孵化器”（cultural incubators）是重塑城市形象和荣誉①的关键。在“大箱子”或大型基建项目的实物方面，悉尼于 2010 年开展了几个大规模的发展项目。“Barangaroo”项目将会把目前闲置的 22 公顷混凝土土地转化为悉尼壮观的滨海中央商务区的最后一部分，投资 60 亿美元。这个世界领先的绿色商务、居住、公共娱乐和公园空间的建设，将首次连通从岩石区到达令港的整个海港区。一个五星级以上的新品牌酒店是星城酒店发展计划的一部分，耗资 5 亿美元，它将会成为最新的悉尼标志。“中央公园”项目现正在开发中，占地六公顷，位于悉尼的心脏地带百老汇附近，而这里正在建设一个投资 20 亿美元用于商业、住宅及购物空间发展的步行区。通过在施工现场引进热电冷联产系统②（被称为“绿色变革”），这里将成为澳大利亚最大的城市发展项目。主要的翻新工程是针对环形码头附近的坎贝尔湾（Campbell's Cove）、悉尼安扎克大桥附近的罗泽尔湾（Rozelle Bay）和滨海当代艺术博物馆进行的。总之，这些发展将会为城市的硬件设施带来一个

---

① 2008 年 10 月 22 日，Miles Young 在悉尼大都市会议上的发言。

② 译者注：“热电冷联产系统”以小水电、生物能、风能、太阳能、地热能、天然气、垃圾能或工业余热等一切可以产生电或热的资源作为一次能源，将发电系统和供热、供冷系统相结合，从而满足用户对热、电、冷等能源的需求。

非常明显的升级，并将为悉尼形象及声誉的更新和重塑提供一个有形的平台。

这些重要的大型基建项目的不断开发为 Young 的“文化孵化器”（cultural incubators）的创建提供了主要推动力，而“文化孵化器”的形式是与一个独特的具有悉尼特色的年度节庆相关的项目。例如，大型的灯光节“生动悉尼”（Vivid Sydney），创办于 2009 年，在 2010 年 5 月开办第二届。它被誉为悉尼一年一度的“灯光、音乐和想象的节日”，它被专门用于展示悉尼独特的创造力——我们的广阔前景和自由的思维方式。它的特色是悉尼歌剧院风帆的壮观彩灯，还有国际著名的创意总监 Brian Eno（2009）、Lou Reed 和 Laurie Anderson（2010）。一共有三万两百人参加了首届盛会。

在每年的 10 月份，悉尼令人羡慕的生活方式会通过另一个特别开发的节日“渴望悉尼”（Crave Sydney）而被特别突显出来。该节日是悉尼国际化生活方式的一个展示，其特色是在特别的悉尼地区展示特别的美食体验。2009 年的首届盛会的特色是它在悉尼海港大桥新开辟的草地上开办的野外早餐，还有在海港群岛上举办的一系列主题活动和娱乐活动，再加上一个国际美食节的许多传统元素，如国际级大厨，以及城市餐厅的特殊事件和服务。

对事件的特殊能力的强烈认知可以精准有效地向当地人、游客和媒体观众等展示一个十分真实的城市形象。一个结构性的年度事件项目为悉尼的有关各方提供了一个联合点，推动了团结目标的实现，而这正是悉尼这些年来欠缺的地方。最终的激励力量是澳大利亚申办 2018 年或 2022 年世界杯足球赛。这是为数不多的悉尼没有举办过的大型活动之一，世界杯足球赛将极大地鼓舞澳大利亚的足球重地——悉尼，并有可能使其主办决赛及其他主要赛事，其申办应该会成功[①]。国际足联将于 2010 年 12 月做出决定。

旅游业也迅速地把握了新确立的悉尼品牌所提供的机会。在 2010 年 4 月，悉尼发起了一场旅游活动，而这在人们的记忆中还是第一次发生。它引入了"Sydnicity"的概念——它对悉尼难以言喻的活力魅力（vibrant magnetism）做出了包罗万象的描述——并且在今后一段时间里将得到新南威尔士州政府大约 2 200 万美元的资金支持。

这项工作与澳大利亚政府推进的旨在为国家确立新品牌的项目齐头并进，时机不谋而合。联邦政府的目标是在五月的上海世博会上发布这项工作，届时将在澳大利亚馆强力推出全新的悉尼品牌和形象。澳大利亚和悉尼品牌工作之间的协同增效作用当然不足为奇，但其形式化和验证使这种作用能够以一种更加结构化和深思熟虑的方式得到发挥。

因此，在 2010 年，悉尼发起了许多强有力且令人振奋的举措。新成立的大悉尼地区合作伙伴私人有限公司就是为了在利用这一势头中扮演关键的角色。它首先召集成立了"悉尼营销合作伙伴"，该合作机构中的 70 多个组织已经直接确定了目前由谁来负责营销悉尼，或是利用悉尼的形象和声誉为自己的生意增值。只需通过提供这些营销和传播活动的共享可见度，第一步将实施团结、协调和鼓舞悉尼的可行计划，如此一来，数亿美元的传播活动就会被启动。这些都是悉尼为了实现纽约市长 Michael Bloomberg 所说的"城市形象的直接统筹管理"的第一阶段努力。

---

① 译者注：遗憾的是，在 2010 年 12 月 2 日，国际足联主席布拉特在苏黎世会展中心正式宣布，俄罗斯获得 2018 年世界杯举办权。

27.6 总结

当然，必要的改变不会在一夜之间发生。但行动的所有要素都已经被呈现出来。研发已经被严谨稳健地完成。它被城市的所有关键成员所共同拥有。它已经被清晰地阐明、包装和呈现。合作活动的大量推动因素都已存在。舞台已经搭好。艰苦的工作即将开始。

第28章

超扁平[①]东京：最神秘的城市

罗兰德·凯尔茨（Roland Kelts）

---

① 译者注："超扁平"（superflat）是村上隆提倡的日造英语，也是在1999年广泛受人注目的词汇，用以描述日本的文化特质。这个词不仅点明了卡通动画及漫画影像上的二维平面特质，更深入指向日本大众文化的扁平无深度现象。他曾不止一次提到，日本整个社会就是"超扁平"的，社会、风俗、艺术、文化都极度平面。今天，日本电玩和卡通动画最能表现这种特质，而这些又在世界文化中具有强大的力量。

28.1 前言

美国小说家 Paul Auster 在他的第一次东京之旅中，向他的日语翻译评论道，这座城市的管理将曼哈顿的稠密和洛杉矶的无序结合在了一起——居然还能繁荣发展。美国诗人 Gary Snyder 虽然拒绝再次居住在东京，但他声称它是世界上最成功的大都市——数百万民众的家园，却是绝对的实用、干净、安全和高效。据说，从美国国家航空航天局的太空卫星看下来，东京是世界上最明亮的城市。现在，东京拥有最多的由巴黎《米其林指南》[①] 评出的三星餐厅。东京的公共交通体系令世界上的每个城市都十分羡慕，其相对较低的犯罪率、稳定的收入和公共服务也是如此。不过，虽然很容易找到那些对东京感到惊奇或是简单地尊重东京的人，但却很难找到声称爱它的人。

快速问答：你能说出多少首关于纽约、巴黎或伦敦的荣耀的歌曲？现在试试东京。

东京是巨大的，Auster 很可能对此惊奇不已，因为我们中的很多人都是第一次来到日本的首都，它是金融、政府、出版、媒体和大众娱乐唯一的国家中心。想象一下，纽约、华盛顿哥伦比亚特区和洛杉矶共享同一区域的地产，一同共享的还有迈阿密南部海滩的一些衰退的边缘地区，同时，世界上最多的城市人口，约 3 500 万人，在争夺这一共享区域的服务和关注。现

① 译者注：《米其林指南》是法国知名轮胎制造商米其林公司所出版的美食及旅游指南书籍的总称，其中以评鉴餐厅及旅馆，书皮为红色的“红色指南”最具代表性，所以有时《米其林指南》一词特指“红色指南”。除了红皮的食宿指南之外，还有绿色书皮的“绿色指南”，内容为旅游的行程规划、景点推荐、道路导引等。

在再试想一下，要努力把这个城市变成是宜居的，甚至是令人愉快的。

在我年轻时跟随日裔母亲多次参观东京后，现在我已经在东京生活了几年。但我永远不会忘记在我年轻时，从新宿区京王广场酒店 40 楼的房间看到的城市景象。那是我第一次一个人在东京，时差反应让我睡眼蒙眬，我看到灯光一直蔓延到很远的地方，不禁想到：这个城市有没有尽头？

整个城市摩天大楼林立，从城市的政治中心，皇宫，一直扩张到东边的千叶、北边的埼玉和西边的横滨。城市南部是天然水湾东京湾，但是在这里，在用垃圾填埋而成的台场（Odaiba）之上建立起来的小型都市里，也有许多摩天大楼和娱乐中心，这里原本是在 19 世纪用于抵御外来殖民者的防御炮台。在 1853 年，美国海军准将 Matthew Perry 和他所谓的“黑船”来到日本，拥有四艘舰船的海军舰队在东京南部伊豆半岛的一个岩岸前哨着陆，日本自此正式参与全球贸易。对二战中的亚洲实行帝国统治，这一噩梦般的尝试改变了日本的大炮，大炮不是变成了犁头，而是变成了弹球盘（赌博）店和娱乐中心。东京是资本主义商业中心走向疯狂的充分证明，是战后的一个娱乐游戏场。

前首都京都（794—1868 年）和奈良（710—794 年）的当地人仍然认为东京是一个羽翼未丰的暴发户，被过度的西方化，并且在适当的文明礼仪方面缺乏足够的教育。在大阪住了一年后，我亲身体会到了这些。在我拜访那里的朋友的时候，他们在自己家中愉快地招待了我，但是，除非是业务需要，他们一般都会回绝我想要礼尚往来的北上邀请。其中一人向我解释并道歉说：“东京是一个人造的城市，没有什么是真正的或者是日本的东西。”

事实是：东京无法代表日本，比不过纽约可以代表美国，或者伦敦可以代表英国。很多东京以外的日本人也对大都市站在他们的立场做决策深表怀疑或不屑一顾，就像美国人喜欢谴责纽约人或华盛顿人的行为，英国的农村人也乐于批评伦敦一样。但是对我来说，由于它基本上单一种族的人口（如今大约有2%的居民出生于外国）、金融和媒体业，东京仍然是十分典型的日本（Japanese）城市。在附近地区关注星巴克或麦当劳的普通游客可能无法立即理解这个矛盾：东京既是日本最国际化的城市，又是一个不透明的国际神秘之城，即使它在奋力保持其与快速发展的亚洲众邻国的相关性。东京是一个难以被理解的城市品牌，这也可能是它的吸引力的一部分。

28.2　东京欢迎你——混合型城市

在21世纪初的时候，我研究并撰写了一篇关于日本政府当时的新旅游口号“Yokoso，日本!”或“日本欢迎你!”（Welcome to Japan!）的文章。一个外交部官员告诉我，他们的策略是使日本词语“yokoso”（“欢迎”）变得像夏威夷词“阿罗哈”(aloha)① 一样受欢迎。在2010年，日本并没有如此幸运。机场的欢迎横幅和少量标牌仍被拴在街灯上，但是在日本或其他地方并没有人兴高采烈地击掌、挥拳或晃动着身体叫出“Yokoso!”

这位官员委婉地表示出的担忧也许强调了一部分原因。他指出，东京，没有可以宣称属于自己的视觉图标。埃菲尔铁塔实际上（ipso facto）代表了巴黎，大本钟代表了伦敦，帝国大厦只会让人们想起纽约，当你想到东京时，会在脑海里看到什么？最明显的标志是东京铁塔，是壮观的巴黎埃菲尔

① 译者注：“Aloha”是夏威夷语中的一个词语，本有希望、爱、和平以及幸福等意思。在19世纪中期被英文词汇吸收，后来变成问候语，与“你好”的意思相近，并开始被广泛应用。

铁塔的艳丽橙色（如果稍微高一点的话）版。东京最具象征性的摩天大楼都是大同小异。新宿的日本电报电话公司（NTT）大厦是帝国大厦的深色无窗版。位于东京湾的人工岛台场出于礼貌，用自由女神像的迷你版复制品来迎接法国的进港船只。

东京品牌与模仿和混合相关，在当地文化背景下，借用其影响并对它们进行再创造。这是一个需要新的品牌化策略来加以理解和欣赏的城市形象。

28.3 东京的品牌经理

我第一次领略东京艺术家村上隆的艺术是通过他的雕塑作品“Hiropon”：一个大眼睛的少女，双手摆动着乳房挤出大量的乳汁，乳汁像跳绳般环绕在她的身体四周。她的四肢纤细而健美，而乳房却硕大无比。乳汁看起来几乎是致命的——它更像是波动着的束缚，而非生命源泉。Hiropon小巧精致的鼻子上面那闪闪发亮的大眼睛冲击了我，我起初以为创作者过于刻意地借用了日本动画的老一套。但是经过仔细观察，我意识到为什么它们让我感到越来越不安：白色反光球状物偏离了中心，为环绕着它们的彩条增添了孤女的神秘趣味性。换个角度看，它们的无趣也可以很吓人。她很可爱，甚至因为那夸张滑稽的模仿而显得性感。但她也很可能精神错乱。那时我刚到东京，却在一个不起眼的西郊发现了Hiropon的深层涵义。对我来说，东京已经成为了一个可以经常于世俗之中意外发现动人之处的城市。

几天后，我才知道，“hiropon”是指甲基苯丙胺——尤其是指在日本战后重建期间建设新东京的日本劳动者所使用的兴奋剂。这个词也是海洛因的一种代号。当时，我正在起草一份受委托撰写的简短故事（Kelts，1999）。这个故事是对于我一直痴迷的东西的探索，至少是由幻想的渴望和幻想的怀旧这两个部分组成，我禁不住要借用村上隆的雕塑作品的名称："我的女主角 Hiropon"（Hiropon my Heroine）。

村上已经成为国际知名的日本当代流行文化意象间的纽带，主要是通过动漫、动画和玩具，还有其当代艺术与时尚场景——前者主要通过巨大的商业成功，后者主要通过疯狂的商业化。他也成为某种意义上的经理人，在东京和纽约的全球艺术品市场上呈现当代日本艺术家的风采，并为解释和推销艺术品而提供颇具争议性的理论。村上隆是洛杉矶、纽约和欧洲大型展览的主办人，是一位经验丰富的商人，并且毫无顾忌。在 2003 年，他接受了路易威登的设计师 Marc Jacobs 的邀请，用早期画作中的五彩笑脸花图案作为该公司著名的棕色手袋的标志。当时，抱怨和质疑声四起，而报纸却高兴地称他为"CEO 艺术家"（the artist as CEO）。

村上几乎凭借一己之力把东京推向了全球艺术圈的买家、批评者和仰慕者。在其独特审美的指导下，村上挑选日本艺术家并在事业上帮助其发展，如青岛千穗和 Mr.，他们现在都在皇后区新建成的艺术家工作室工作。通过他在日本的"Geisai"艺术博览会，村上希望展示东京艺术世界中城市本土艺术家的抱负和成就。他在纽约的一位工作人员说道："在西方，你已经有了自己的画廊和展览，但在日本，这就不好说了。村上隆的展览是为了刺激购买和销售，并发掘年轻艺术家。他正努力为尚不成熟的雕塑品建立一个艺术市场。"

那么，真正的村上隆到底是什么：东京的标志？一个技艺娴熟的推销员？把庸俗艺术和消费主义鼓吹成资本主义进取心，并推动其在西方虚增成本？一位以对抗麦迪逊大道的时尚为名，将高雅与通俗巧妙地混合在一起的后现代中年潮人？或者两者都有——还是一个训练有素的工匠，能够通过其所有的卡通人物来展现当今日本，并向西方展示其想在当今日本看到的东西？我们这些在东京生活和工作的人，也许不太明白这些问题甚至是辩论的出现。对村上来说，他非常理解并关心这个他投入了大量精力的城市。他最常被引用的理论——作为一种特定文化背景下的审美风格的“超扁平”理论和作为一种特定文化背景下的历史病理学的“小男孩”理论①——相较于在世界的其他城市来说，在东京更好地被体现了出来。

“超扁平”几乎不是新词汇，但它是一个很好用的词汇——既传达了光滑的电脑显示器和平面的电视屏幕的形象，又暗示了体面和神秘的历史性传承（双关语意）。日本艺术家相对比较重视对线条的控制或轮廓的形状和形式，西方艺术家所追求的超越阴影技术（经典的明暗对照法）的深度感知和透视法的效果就是“超扁平”的一个例子，这可以追溯到12世纪的书画卷轴（emakimono）。根据村上所说，日本人一直都在以这种方式观察并且传达世界，现在，随着我们对网络视频、电脑游戏、手机和液晶显示器的痴迷，我们这些人也是如此。

当我被要求在《日本美国》（*Japanamerica*）中描述从上空（我的飞机舷窗）看到的纽约和东京的不同风景的时候（Kelts，2007），我用了下面的比喻说法。纽约，上升的石制摩天大楼和下降的街道河谷井然有序，从上面看，其线条优美的河流、自然的轮廓和明亮的灯光像一颗宝石，优雅、坚定，正如它向你清晰展示的那样，冷静地召唤着你。东京则恰恰相反，无尽

① 译者注：关于“小男孩”，村上隆做了极富政治性的阐释，他说：“日本是个被战胜国美国父亲阉割后，在温室里娇生惯养，培育起来的怠惰的小孩，这样的环境派生出御宅这样的畸形文化。”

的迂回模式似乎遵循了它们的复杂逻辑，与海洋的不确定关系（海湾中间的一个人工岛?），红色的灯光和霓虹灯不眠不休地闪烁着，看起来更像是一个电脑芯片，一个以某种方式从不展现起点或终点的连锁装置的混乱集合，与无限的数据一起运作着。

从上面来看，纽约的一切都关于上升和降落，前景和背景，在帝国州建筑物的巨大尖顶之间的空间和第五大道两侧的宽阔黑暗带。由上而下凝视东京，我几乎无法辨认出单独的一条街道、一个建筑物或社区。取而代之的是看似无止境的、非常平坦的、广袤的城市。

如上所说，在曼哈顿上城沿着百老汇溜达，除非你是本地人，否则会因为太激动、太专注而停下来，你会花时间来欣赏阳台和塔楼、熨斗大厦等具有强烈吸引力的建筑物，还有铁门后庭院中的巨大裂口。光线和阴影的对比将会把你吸引进来。

在东京，灯光下充斥着普通游客。建筑物坚持要确保自己被那些在灯光下几乎看不清的狭窄小巷所包围。但在大街上的活动之中却很难注意到这些游客——闪烁的标志邀请你到通宵居酒屋（提供酒类和饭菜的料理店）、歌厅、女主人俱乐部、快餐店和面馆。它们包围了每一个火车站，所以你在哪里不重要，重要的是你已经在那了。无论你什么时候降落到东京，都会是你所期望的——也是你会得到的。超扁平。

在这个唯一遭受过核武器袭击的国家里，村上用迅速发展的蘑菇云来迎接我们，他用嘲弄般的灿烂笑容送给我们力量之花，用他迷药般的、茫然晕眩的、神志不清的 Hiropon，那个拥有巨大乳房和乳液的少女，以及不安好斗的愿望来取悦我们。对于这些，你会产生疑惑吗?

在艺术手法上，“超扁平”是一个巧妙的词汇，从历史角度看，它很好地迎合了日本人的口味。村上暗示了 21 世纪将会发生的偶然趋同会使动漫、动画、时尚、高雅与通俗、东方与西方比以前更加迷乱、联系更加紧密，他至少在一定程度上是正确的。套用一下英国流行乐队“The Vapors”的歌曲名，也许我们正在以这种方式“转向日本”（turning Japanese）。

村上的“小男孩”理论——他的国家 60 年来都屈从于西方利益，并产生了一定的怨恨和不敬——这是受到伤害的自尊心和丑陋的野心的历史畸形审美。追求，但不信奉，这是他对作为大哥的美国及西方的设想，我仍然认为这有助于对东京的直接理解。

在这个问题上，我有自己的看法。虽然我的母亲出生在东京，但她在日本北部长大，起初在江刺的村庄，后来在小城盛冈。如果现在去访问江刺或盛冈，你很少会发现那些可以丰富村上想象的东西，比如对西方的顺从、崇拜和觉醒的结合。尽管经济条件比东京恶劣，但是当地社区的居民真心实意地行善——并且他们的真诚方式不同。他们并不指望外国人能表现得像日本人一样，因此，他们似乎对国际游客比较有偏见。与此同时，他们并没有村上所说的仇恨或自我厌恶心理。他们既没有被埋没在西方的图标里，也没有被美国士兵摧残。不足为奇。

在这个世界上，还会有哪个首都城市会夸耀自己的地标是其他城市地标的复制品，自己的优秀艺术家对于资本主义复制品的理解比对于其主要资源的理解更加深刻？东京的城市品牌扎根于它的战后历史——一个 21 世纪的后工业的混合型大都市，一个通过本地收购、精明借用其他城市的象征，甚至是出于需要彻底改造自己，以此来挑战原创性价值的城市中心。总之，东京品牌是精神神殿（佛教和神道教、民族信仰）和资本主义（挪用来自西方模型的摩天大楼和雕像）的一种混合体。同样地，东京已经成为一个鲜明的现代城市品牌，在西方电影中从默默无闻到异军突起，如 2004 年的《迷失东京》（*Lost in Translation*）和本土的动画杰作《阿基拉》（*Akira*）。东京是一个充满真实的人的真实城市，拥有数百万人口。但在世界舞台上活跃几十年之后，东京依然像是一个“Hello Kitty”一般的密码——单调却又使人着迷，规模庞大却又深藏不露，它是一个让你可以填充疯狂梦想的空容器。哦，多棒的城市！

第29章

伍伦贡的城市品牌化

格雷格·克尔（Greg Kerr），加里·诺布尔（Gary Noble）
约翰·格林（John Glynn）

29.1　前言

伍伦贡的城市品牌形象策略，“伍伦贡：创新之城”（Wollongong：City of Innovation），从1999年开始被实施，到2010年仍在被使用。本章的目的首先在于阐述伍伦贡的领导人是如何认识到自己的城市形象已经成为城市改善和发展的障碍。其次，在分析对品牌策略相关人员所做的近期采访的基础上，本章解释了在获取支持和实施的过程中，什么活动可以成为城市形象活动。对于什么可以做得更好、还可以做什么，本文也写了一些利益相关者给出的建议。最后，本章提出了一些结论性的意见。

下一节将提供伍伦贡的一些背景资料。熟悉它的一些特征有助于理解城市品牌形象策略的论点。

29.2　伍伦贡

伍伦贡位于澳大利亚东海岸的新南威尔士州（NSW），在州首府悉尼以南约100公里。伍伦贡是新南威尔士州的第三大城市，在2009年拥有201 438人口（Wollongong City Council，2010a）。在20世纪，城市的工业基础受位于市中心以南的肯布拉港的一个钢厂所主导。除了煤的直接出口外，地方煤矿还与钢铁产业相结合。繁忙的港口、公路和铁路货运对这些工业都很重要，并进一步促进了城市工人阶级的发展。在20世纪80年代，随着需求的下降，炼钢厂进行了合理化改革，通过引进劳动节约型技术来减少开支，从而提高竞争力并把握机遇。在 20 世纪 90 年代初，肯布拉港钢厂把劳动力从 22 000 人减少至不到 7 000 人（Watson，1991；Garrett—Jcnes 等，2007）。出于类似的原因，地方煤矿迫于经济压力，引进了更先进的不依赖劳动力的采矿设备。

虽然在 2010 年钢厂和煤矿都从它们的生产效率和来自中国和印度的空前需求中获利，但是 20 世纪 80 年代末期和 90 年代的经验教训促使城市领导者寻求使城市工业基础多元化的发展道路。在 1991 年，伊拉瓦拉地区（伍伦贡拥有该地区约三分之二的人口）的失业率达到 13.6%，该地区所有年龄段的失业率都处在新南威尔士州的平均水平之上，特别是 25 岁以下的人口（Buchan Consulting，2003）。在这个时期，伍伦贡的经历与世界各地的许多工业城市都十分类似（例如，见 Kotler 等，1993；Dickinson，2006）。

29.3　形象运动的需要

除了 20 世纪 90 年代初期经济衰退的现实以外，伍伦贡还经常成为媒体负面故事的报道对象。“伍伦贡形象策略”（Valerio 等，1999）报告显示，伍伦贡大量的负面报道与严重犯罪、重工业、污染和洪水相关。工业动乱也被确定为潜在投资者的阻力因素。许多著名的澳大利亚喜剧演员经常在全国热播的节目中嘲讽伍伦贡。

尽管在 20 世纪 90 年代初一些工业基础得到拓展，特别是本地大学和信息技术等服务业的发展（Buchan Consulting，2003），但是许多城市领导人对于城市形象还是有着深深的忧虑，并且意识到部分外来投资者的不情愿，他们甚至不会考虑把伍伦贡作为投资地。当时的一位社区领袖反映：

“那些我们需要在新经济中引入的投资者仍然觉得不应该去那里，因为它只是一个钢铁小镇。”

另一个被采访的人解释：

“好吧，伍伦贡形象很糟糕。正如你所知，很多负面形象都是历史性的。那些曾经沿南海岸而下并绕过高速公路的家庭，穿过伍伦贡，经过烟囱和硫磺味；在20世纪六七十年代，有人来此进行校园郊游，并参观了当时十分肮脏的肯布拉港。我觉得当时他们大概都认为，伍伦贡根本没有好东西。还有嘲讽伍伦贡的电视节目，这才产生了伍伦贡作为新南威尔士州的笑柄的悠久历史，但是事实上，伍伦贡与它们描绘的形象根本不同。”

人们认识到，从来没有尝试过控制和管理伍伦贡信息，有人评论道，“它几乎有自己的生命”。伍伦贡和许多开始参与品牌化的地方，产生了被Ecorys研究咨询（2008：7）称之为“紧迫感”（sense of urgency）的问题，其最终被归结为“公共和私人合作伙伴在营销过程中的真正承诺”问题。一些城市领导人分析了负面形象的影响。在审查过程中，作者确定了一些重要的阶段。这些阶段在下文中被进行了详述。

29.4 资源筹集阶段

伍伦贡品牌策略的主要推动者之一是当时的旅游局主席，正如一位利益相关者所说，该主席热衷于把城市作为旅游目的地来宣传，但又担心“我们的工业形象的负面影响”。一位利益相关者说，尽管主席有远见和热情，但

“他真的无能为力，因为他没有资金或权利”。然而，主席成为了地方品牌化的倡导者，并开始了被 Morgan、Pritchard 和 Pride（2004：8）称之为“地方品牌化的政治行动”的活动。资源的获取需要借助政治的支持，一位利益相关者建议旅游局主席，“通过有效的游说和报纸的利用，从总经理和市长那里获得支持”。伍伦贡品牌形象策略的建议不仅获得了高度支持，而且有许多城市领导人在其中都扮演了具体的角色。一位利益相关者解释道：

“市长必须针对其他议员和社会团体对此采取政治推销术。旅游局主席必须要说服业界，我们必须要遵循所规划的步骤进行，而非局限于向媒体活动投钱……议会的总经理是一个典型的公仆角色，从管理角度如何使这种情况真实地发生……所以，我想每个人都会有不同的角色。”

议会在五年内拨款 250 万美元用于城市形象活动。城市形象活动规划不仅有政治、官僚和产业的广泛支持，它还有财政资源的保障。

29.5 概念设计阶段

除了提供大量资金外，议会组织了一个力量强大的“营销宣传委员会”，由市长、市议会总经理和伍伦贡旅游局主席负责执行。委员会成员包括议员和企业代表。该委员会确保招募那些拥有所需能力从而能够推进项目的人，正如在咨询报告中所写的那样（Valerio 等，1999：iii）：

“不只是简单地发起一场宣传活动而是要做得更多，受这样一种期望的驱动，议会雇用了在目标营销战略上拥有营销规划经验的顾问来提供支持。这种支持的形式是一个由 Peter Valerio（旅游解决方案和地方营销）联合 Bill Baker（目的地发展集团）和 Graeme Gulloch（来自伍伦贡公司形象景

观私人有限公司）共同领导的小型目标形成团队。Frank Small 及其合伙人被委派承担对伍伦贡形象的主要研究工作……”

顾问公司的报告提供了研究方法的细节，其中包括基于内部资产、社会价值和现有及预期需求的框架的采用。报告对规划和旅游文件进行了分析，对英国、卡尔加里、格拉斯哥、拉斯维加斯和夏威夷等其他地方的营销文件进行了评估，还进行了地方形象的学术文献的综述研究，如 Echtner 和 Ritchie（2003）。

顾问对伍伦贡的前景提出的建议是“以创新、创造力和卓越而闻名”，而“伍伦贡：创新之城”（Wollongong：City of Innovation）则是主要口号。他们提醒他们的委托人，尽管伍伦贡有 20 世纪八九十年代的负面形象，但是创新是其一个可行的主张（Wollongong City Council，2010B），他们援引了许多例子，从城市的历史初期（航空先驱 Lawrence Hargrave）一直到 20 世纪 90 年代（伍伦贡大学智能高分子研究所和必和必拓[①]在钢铁生产领域的创新）。顾问认为，城市创新策略不仅包括已有的成果，还包括“一种可以展现所有居民和组织的抱负的兼容并包的态度”（Valerio 等，1999：76）。此外，他们把创新确立为“在下个世纪里成功组织的最重要属性”（1999：76）。

29.6　方案实施阶段

在 1999 年 6 月，议会宣布伍伦贡是“创新之城”，顾问的报告提供了策

① 译者注：必和必拓是世界最大的综合矿业公司，近年来已经发展成全球最大的资源公司，已跻身为全球五百强企业中发展最迅速的公司之一。

略实施方面的建议，其中包括大量的广告宣传和公关活动。因此，在 2010 年由市议会开发的标志仍然在被使用。尽管顾问在形象策略实施方面给出了具体建议，但在实施过程中还是遇到了一些障碍，尤其是在那些社区不支持的部分。在组织方面，Hatch、Schultz（1997）和 de Chernatony（1999）的工作可能会有助于对所遭遇的品牌文化欠缺的理解。一位参与形象活动的社区领袖反映：

“我不知道我们是否拥有作为一个社区所必需的一定程度的自我信仰……我不知道我们是否有那种自豪感，我们有时会自嘲，会贬低自己”。

尽管有些消极，但是那些领导形象运动的人能够争取到支持（见 Vallaster 和 Chernatony，2006，关于在组织品牌实施中领导力的重要性）。一个时任当地报纸高级经理的人发表意见说：

“我记得他们来见我，我们与议会总经理和品牌经理开了一个会……在会上，他们都明显寻求本地报纸的支持……理事会在这方面花了很多钱，一年就花了 50 万美元，我想他们不希望当地媒体动辄批评他们。”

29.7　利益相关者的反思

有证据表明，品牌形象活动是成功的。当要求人们反思形象活动过程时，就会出现切实可行的时间表和承诺的问题。

在时间表方面，一位利益相关者评论说，利益相关者需要理解品牌形象策略是一个中长期项目：

“建议是，一个长期项目不能在 12 个月内被完成。你必须设定一个策略，并按照它执行……我会说至少三年。对于允许信息传播到使其信息内容

一致来说，它需要得到资助和三至五年的承诺。这是我最强烈的建议，它不能被迅速地解决，五年可能是一个合适的时间。三年甚至可能都会有点短。”

在很大程度上是因为所需的时间表，承诺问题也被利益相关者认为是十分重要的。虽然在2010年仍在使用品牌口号“创新之城”，但大多数活动的发起者都发生了工作调动或员工退休。有人强调了承诺的连续性需求：

“现在，那些曾经满怀激情的人已经不再像从前一样……所以我们正在寻求一种革新……寻找那些在推动城市上拥有激情的人……那些在过去推动策略发展的核心人物……现在在做其他事情。下一代的激情在哪里？……我们可以讨论它在实际意义上是怎样的，我们可以把它规划出来，但是，如果你没有团体精神和团体自豪感，没有个人的激情，你又怎么做这些事情呢？”

就伍伦贡20世纪八九十年代的经济和随之而来的社会问题而言，虽然可以说最坏的已经过去了，但是一位利益相关者认为，有必要继续进行地方营销，而不是“罢工”。一位关键的利益相关者思考道：

“目前缺乏一个后续组织——如果它只是突然停止，你已经浪费了你的钱，仅此而已。如果它导致了一些东西的话……这就是伍伦贡的情况……这就是我们现在面对的……最大的问题。”

有趣的是，在2008年，伍伦贡议会登上了国家和国际的头条新闻。甚至是英语小报也报道了城市规划者和房地产开发商的性贿赂事件[①]，并声称议员和工作人员向开发商收取报酬，最终导致被选举出来的议会及其任命的行政人员的解散。一些社区领袖现在正提倡发起另一场城市形象活动，以应对该事件对城市形象所造成的损害。

---

① 译者注：2008年，澳大利亚廉政公署披露一桩丑闻，新南威尔士州一名负责城市规划的女性官员 Beth Morgan 先后与至少3名男性开发商展开权色、权钱双重交易。作为回报，女官员为这些开发商的建设项目大开方便之门。

29.8 伍伦贡活动的成功

有证据表明，城市形象活动已经成功。在 1999 年，伊拉瓦拉区域信息服务（IRIS）进行了伍伦贡形象的基准研究，通过与它们 2004 年的研究结果相比较，发现伍伦贡的外部感知在此期间已经得到了显著改善。例如，相信伍伦贡提供了美丽的、未受污染的自然景观的人的比例从基准调查的 49%增加至 73%。同样重要的是，人们发现，从基准调查（IRIS Research，2004）到现在，伍伦贡作为“工业导向”的形象已经弱化了。

形象活动的成功不仅是公共关系和广告宣传策略的结果。伍伦贡品牌的功能性利益（见 Hankinson 和 Cowking，1995；Hankinson，2005）已经发生了变化。例如，伍伦贡形象策略（Valerio 等，1999）显示，肯布拉港钢厂通过在工地种植 50 万棵树和在建筑物上绘画，来努力为伍伦贡融合和柔化其生态形象。市议会已经改善了城市的海滩自然保护区，建造了自行车道。资本投资用于新工业和住宅的发展。

29.9 总结

对于地方品牌来说，在多个部门间建立关联性是一个重大挑战，当然，除非这个品牌是专门为一个部门设计的。虽然有证据支持伍伦贡形象活动的成功，但旅游业经营者在利用“创新之城”口号以吸引休闲游客方面遇到了困难。其他城市都试图采用与它们的许多部门都相关的标语，例如“推动开普敦”（Accelerate Cape Town，www.acceleratecapetown.com/）和“在阿米代尔蓬勃发展”（Thrive in Armidale，www.armidaletourism.com.au/）。目前，一些社区领袖正致力于在伍伦贡实施“伍伦贡优势”（Advantage Wollongong）的活动，该活动传达了城市在地理位置、创新、贸易、发展和生活方式方面的战略性优势。市议会批准了这个活动，当地商会也支持它的发展，但其支持力度和资助水平目前还没有达到最初的城市形象活动的程度。

伍伦贡的案例展示了负面形象是如何成为发展和变化的阻碍的。对该案例的分析提供了一些有益的经验教训，包括获得政治及官僚的高度支持和在社区领袖之间形成伙伴关系的重要性。此外，拥有一定水平的金融资源和地方营销能力的人才的重要性已经显现。城市品牌策略应该建立在全面研究的基础之上。重要地，品牌活动需要有一个中长期的重点，并能够在必要时通过招募有热情的新人来保持连续性。最后，管理那些关注地方未来的人的心目中的城市意义，应该是一项持续的任务，而非在应对危机时才会被优先考虑的工作。

参考文献

Aaker, D. (1996), *Building Strong Brands*, The Free Press, New York, United States.

Aaker, D. and Joachimsthaler, E. (2000), *Brand Leadership*, The Free Press, New York, United States.

Accra Metropolitan Assembly (2007), *Medium Term Development Plan 2006—2009.*

Accra Metropolitan Assembly (2009), *A New Accra for a Better Ghana: Medium Term Development Plan* 2010—2013.

Advisory Council on the Environment (2008), "Brand Hong Kong Review", ACE Paper 20/2008, available at: http://www.epd.gov.hk/epd/english/boards/advisory_council/files/ACE_Paper_20_2008.pdf (accessed 6 February 2010).

Ahmedabad Mirror (2010), "A word worth thousand pictures:

Amdavad", 3 January, p. 10.

AllMalaysia (2010), "Strictly Malaysian—Malaysia Boleh!", available at: http://allmalaysia.info/msiaknow/malaysiana/malaysia_boleh.asp (accessed 28 January 2010).

Andersen, V., Prentice, R. and Guerin, S. (1997), "Imagery of Denmark among visitors to Danish fine arts exhibitions in Scotland", *Tourism Management*, Vol. 18, No. 7, pp. 453—464.

Anholt, S. (2004), *Brand New Justice*, Second edition, Butterworth-Heinemann, Oxford, United Kingdom.

Anholt, S. (2006a), "The Anholt-GMI City Brands Index: How the world sees the world's cities", *Place Branding*, Vol. 2, No. 1, pp. 18—31.

Anholt, S. (2006b), "Public diplomacy and place branding: Where's the link?", *Place Branding*, Vol. 2, No. 4, pp. 271—275.

Anholt, S. (2007), *Competitive Identity: The New Brand Management for Nations, Cities and Regions*, Palgrave Macmillan, London, United Kingdom.

Anholt, S. (2008), "Place branding: Is it marketing, or isn't it?", *Place Branding and Public Diplomacy*, Vol. 4, No. 1, pp. 1—6.

Anholt-Gfk Roper City Brands Index (2009), www.gfkamerica.com

Anon (2010) "Absolutely, positively Wellington", *Business Today*, Issue 41 (Dec. 2009—Jan. 2010), p. 53.

Ariffin, A. A. M and Hasim, M. S. (2009), "Marketing Malaysia to the Middle East tourists: Towards a preferred inter-regional destinations", *International Journal of West Asian Studies*, Vol. 1, No. 1, pp. 43—58.

Ashworth, G. (2009), "The instruments of place branding: How is it done?", *European Spatial Research and Policy*, Vol. 16, No. 1, pp. 9—22.

Askegaard, S. and Ger, G. (1998), "Product-country images: Towards a contextualized approach", *European Advances in Consumer Research*, Vol. 3, pp. 50—58.

Astrup, S. (2009), Politiken. dk, "KØbenhavns ry vinder påtopmØde" [Copenhagen's reputation wins at summit], *Politiken. dk*, 19 December, available at: http://politiken.dk/klima/Topmode_i_Kobenhavn/article864489.ece (accessed 5 February 2010).

Avraham, E. and Ketter, E. (2008), *Media Strategies for Marketing Places in Crisis: Improving the Image of Cities, Countries and Tourist Destinations*, Butterworth-Heinemann, Oxford, United Kingdom.

Baker, B. (2007), *Destination Branding for Small Cities: The Essentials for Successful Place Branding*, Creative Leap Books, Portland, Oregon, United States.

Balibrea, M. (2001), "Urbanism, culture and the post-industrial city: Challenging the 'Barcelona Model'", *Journal of Spanish Cultural Studies*, Vol. 2, No. 2, pp. 187—210.

Balmer, J. M. T. and Greyser, S. A. (2003), *Revealing the Corporation: Perspectives on Identity, Image, Reputation, Corporate Branding and Corporate Branding*, Routledge, London, United Kingdom.

Bayliss, D. (2007), "The rise of the creative city: Culture and creativity in Copenhagen", *European Planning Studies*, Vol. 15, No. 7, pp. 889—903.

Bell, D. and Valentine, G. (1997), *Consuming Geographies: We are Where We Eat*, Routledge, London, United Kingdom.

Bentil, N. L. (2010), "Accra declared Millennium City", *Daily Graphic (Metro News)*, 16 January, p. 18.

Berács, J. (2005), "Opinion pieces: How has place branding developed during the year that *Place Branding* has been in publication?", *Place Branding*, Vol. 2, No. 1, pp. 6—17.

Bickford-Smith, V. (2009), "Creating a city of the tourist imagination: The case of Cape Town, 'The Fairest Cape ofThem All'", *Urban Studies*, Vol. 46, No. 9, pp. 1763—1785.

Biel, A. L. (1993), "Converting image into equity", in Aaker, D. and Biel, A. L. (eds), *Brand Equity and Advertising — Advertising's Role in Building Strong Brands*, Psychology Press, United States, pp. 67—82.

Black, R. (2009), "Why did Copenhagen fail to deliver a climate deal?", *BBC News*, 22 December 2009, available at: http://news.bbc.co.uk/2/hi/science/nature/8426835.stm (accessed 5 February 2010).

Boer, J. D. (2009), "Top 20 of the world's best city icons", *The Pop-Up City*, online, available at: http://popupcity.net/2009/05/top-20-of-the-worlds-best-city-icons/ (accessed 7 January 2010).

Boissevain, J. (1992), "Introduction", in Boissevain, J. (ed.), *Revitalizing European Rituals*, Routledge, London, United Kingdom, pp. 1—19.

Braiterman, J. and Takahashi, Y. (2010), "Urban biodiversity identification and tracking system", paper presented at Urban Biodiversity & Design－URBIO 2010 International Conference, 18－22 May, Nagoya, Japan.

Brown, A. (2010), *Just Enough: Lessons in Green Living from Traditional Japan*, Kodansha International, Tokyo, Japan.

Brown, G., Chalip, L., Jago, L. and Mules, T. (2002), "The Sydney Olympics and brand Australia", in Morgan, N., Pritchard, A. and Pride, R. (eds), *Destination Branding: Creating the Unique Destination Proposition*, Butterworth-Heinemann, Oxford, United Kingdom, pp. 163－185.

Buchan Consulting (2003), Wollongong Economic Development Road Map, available at: http://www.wollongong.nsw.gov.au/documents/Wollongong_Economic_Development_Roadmap.pdf (accessed 15 May 2010).

Burgan, B. and Mules, T. (1992), "Economic impact of sporting events", *Annals of Tourism Research*, Vol. 19, No. 4, pp. 700－710.

Business Week (2009a), "The Madrid region concentrated 82% of foreign direct investment into Spain during 2008. Do you want to know why?", 28 December, p. 23.

Business Week (2009b), "Japan regional initiative － Food industry Saitama-Shizuoka: A mouth-watering opportunity", 28 December, p. 77.

Business Week (2009c), "The Kyrgyz Republic looks ahead", 28 December, pp. 85－91.

Carr, J. and Servon, L. (2009), "Vernacular culture and urban economic development: Thinking outside the (big) box", *Journal of the*

American Planning Association, Vol. 75, No. 1, pp. 28—40.

CEOs for Cities (2010), "New York city's $19b green dividend", April 21, available at: http://www.ceosforcities.org/ (accessed 30 May 2010).

Chalip, L. and Costa, C. A. (2005), "Sport event tourism and the destination brand: Towards a general theory", *Sport in Society*, Vol. 8, No. 2, pp. 218—237.

Chang, T. C. (2000), "Renaissance revisited: Singapore as a 'Global City for the Arts'", *International Journal of Urban and Regional Research*, Vol. 24, No. 4, pp. 818—831.

Chesshyre, T. (2009), "Copenhagen: Europe's greenest city", *TheTimes*, 5 December, available at: http://www.timesonline.co.uk/tol/travel/holiday_type/green_travel/article6941259.ece (accessed 5 February 2010).

Chinese Academy of Social Sciences (2009), *Blue Book of Cities in China*, Urban Development and Environment Research Center, Beijing, China.

Choe, S.-H. (2010), "In Seoul, green transit is mayor's pet project", *New York Times*, 27 March, p. 3.

Clark, G. (2007), *Report to the Economic Development Committee, City of Toronto, a Presentation to The City of Toronto*, Januar y 24.

Cohen, E. (1988), "Authenticity and commoditization in tourism", *Annals of Tourism Research*, Vol. 15, No. 3, pp. 371—386.

Commission on Strategic Development (2000), "Bringing the vision to life: Hong Kong's long-term development needs and goals", available at: http: //www. info. gov. hk/gia/general/ 200002/21/0221082. htm (accessed 12 January 2010) .

Crandall, D. , Backstrom, L. , Huttenlocher, D. and Kleinberg, J. (2009), "Mapping the world's photos", Working Paper of the International World Wide Web Conference Committee, 20—24 April, Madrid, Spain, available at: http: //www2009. eprints. org/77/1/p761. pdf (accessed 5 June 2010) .

Cushman & Wakefield (2009), *European Cities Monitor* 2009, www. cushwake. com

Daily Express, *East Malaysia* (2009), "Najib explains 'One Malaysia' concept", 3 April, available at: http: //www. dailyexpress. com. my/news. cfm? NewsID=63970 (accessed 7 January 2010) .

DBKL (2008), "Research on creating various tourism products in Kuala Lumpur", prepared by the Consultation Unit of the University of Malaya for Kuala Lumpur City Hall.

De Carlo, M. , Canali, S. , Pritchard, A. and Morgan, N. (2009), "Moving Milan towards Expo 2015: Designing culture into a city brand", *Journal of Place Management and Development*, Vol. 2, No. 1, pp. 8—22.

de Chernatony, L. (1999), "Brand management through narrowing the gap between brand identity and brand reputation", *Journal of Marketing Management*, Vol. 15, Nos 1—3, pp. 157—179.

de Chernatony, L. and Christodoulides, G. (2004), "Taking the brand promise online: Challenges and opportunities", *Interactive*

Marketing, Vol. 5, No. 3, pp. 238—251.

Delaney, K., and Eckstein, R. (2007), "Urban power structures and publicly financed stadiums", *Sociological Forum*, Vol. 22, No. 3, pp. 331—353.

Delanty, G. (1998), "Redefining political culture in Europe today: From ideology to the politics of identity and beyond", in Hedentoft, U. (ed.), *Political Symbols, Symbolic Politics: European Identities in Transformation*, Ashgate Publishing Company, Hampshire, United Kingdom, pp. 23—43.

Demos (2003), "Manchester is favourite with the 'new bohemians'", available at: http://www.demos.co.uk/press_releases/bohobritain (accessed 10 January 2010).

"Destination Edinburgh marketing alliance: A step change for Edinburgh", September 2009, DEMA (prepared on their behalf by Leithal Thinking). Available at: http://www.edinburgh-brand.com/PDF/DEMA%20General%20Presentation%20December.pdf (accessed 5 February 2010).

Devlin, J. F. and McKechnie, S. (2008), "Consumer perceptions of brand architecture in financial services", *European Journal of Marketing*, Vol. 42, No. 5/6, pp. 654—666.

Dickinson, S. (2006), "Urban regeneration: UK practice", in Diamond, J., Liddle, J., Southern, A. and Townsend, A. (eds), *Managing the City*, Routledge, United Kingdom, pp. 16—31.

Dinnie, K. (2008), Nation Branding — *Concepts*, *Issues*, Practice, Butterworth-Heinemann, Oxford, United Kingdom.

Dooley, G. and Bowie, D. (2005), "Place brand architecture: Strategic management of the brand portfolio", *Place Branding*, Vol. 1, No. 4, pp. 402—419.

dottourism. com (2010), "Case study—Monaco", available at: http://www. dottourism. com/case-study-monaco-tourism-email-marketing. php (accessed 5 January 2010).

Dutch Ministry of Foreign Affairs (2008), *Be Our Guests: Policy Review on Hosting International Organisations in the Netherlands*, No. 316, The Hague: Inspectie Ontwikkelingssamenwerking en Beleidsevaluatie.

Echtner, C. M. and Ritchie, J. R. B. (2003), "The meaning and measurement of destination image: [Reprint of original article published in v. 2, no. 2, 1991: 2 — 12.]", *Journal of Tourism Studies*, Vol. 14, No. 1, pp. 37—48.

Economist (2009), "Go north ... or go south", 8 June, available at: http: //www. economist. com/ markets/rankings/displaystory. cfm? story _id=E1_TPRDJSSD (accessed 5 February 2010).

Ecorys Research and Consulting (2008), *The City and Region Success Carrier*, available at: http: //www. ecorys. com/news-items-press-releases/the-ecorys-approach-to-place-marketing. html (accessed 2 May 2008).

Education Malaysia (2009), "International student statistics", available at: http: //educationmalaysia. gov. my/studentpass2008. php (accessed 27 January 2010).

Edvinsson, L. (2006), "Aspects on the city as a knowledge tool",

Journal of Knowledge Management, Vol. 10, No. 5, pp. 6—13.

Ernst & Young (2008), Baromed 2008, The Next European Frontier, www.ey.com

Ernst & Young (2009), *Globalization Index 2009*, available at: http://www.ey.com/GL/en/Issues/Business-environment/Redrawing-the-map-globalization-and-the-changing-world-of-business-The-Globalization-Index-2009 (accessed 2 June 2010).

Evans, G. (2003), "Hard-branding the cultural city—From Prado to Prada", *International Journal of Urban and Regional Research*, Vol. 27, No. 2, pp. 417—440.

Finfacts (2008), "Dublin fourth most expensive city of 71 global cites—Kuala Lumpur cheapest according to UBS report", available at: http://www.finfacts.com/irishfinancenews/article_1012932.shtml (accessed 21 January 2010).

Florek, M. and Conejo, F. (2007), "Export flagships in branding small developing countries: The cases of Costa Rica and Moldova", *Place Branding and Public Diplomacy*, Vol. 3, No. 1, pp. 53—72.

Florek, M., Insch, A. and Gnoth, J. (2006), "City Council websites as a means of place brand identity communication", *Place Branding*, Vol. 2, No. 4, pp. 276—296.

Florida, R. (2003), *The Rise of the Creative Class: And How It's Transforming Work, Leisure, Community and Everyday Life*, Basic Books, NewYork, United States.

Florida, R. (2005), *The Flight of the Creative Class: The New*

Global Competition for Talent, HarperBusiness, New York, United States.

Fola, M. (2007), "The international image of Greece. An analysis on the occasion of the Athens 2004 Olympic Games", Hellenic Observatory 3rd PhD Symposium on Contemporary Greece, 14 — 15 June, available at: http://www.lse.ac.uk/collections/hellenicObservatory/pdf/3rd_Symposium/PAPERS/FOLA_MARIA.pdf (accessed 12 April 2010).

Forbes.com (2009), "City blogs", available at: http://autos.forbes.com/bow/b2c/category.jhtml?id=23 (accessed 3 January 2010).

Foreign Policy (2009), "The 2008 Global Cities Index", Nov./Dec., Issue 169, pp. 68—76.

Fortune (2009), 'Jalisco—Mexico's innovation capital', 21 December, p. 57.

Freire, J. R. (2005), "Geo-branding, are we talking nonsense? A theoretical reflection on brands applied to places", *Place Branding*, Vol. 1, No. 4, pp. 347—362.

Freire, J. (2009) " 'Local People' a critical dimension for place brands", *Journal of Brand Management*, Vol. 16, No. 7, pp. 420—438.

Futurebuzz.com (2009), "49 amazing social media, Web 2.0 and Internet stats", available at: http://thefuturebuzz.com/2009/01/12/social-media-web-20-internet-numbers-stats/ (accessed 10 January 2010).

Gaggiotti, H., Cheng, P. L. C. and Yunak, O. (2008), "City brand management (CBM): The case of Khazakstan", *Place Branding and Public Diplomacy*, Vol. 4, No. 2, pp. 115—123.

Garrett-Jones, S., Gross, M., Kerr, G., Kotevski, S. and

Zaeemdar, S. (2007), "Cities of innovation: Exploring the role of local community organisations in 'constructing advantage'", paper presented at the Australian and New Zealand Academy of Management Conference, 4—7 December, Sydney, Australia.

Gemeente Den Haag (Municipality of The Hague) (2008), *Economische betekenis internationale bedrijven en organisaties in Haaglanden* (*Economic impact of international corporations and organisations in Haaglanden region of Greater The Hague*), The Hague: Decisio BV and Bureau Louter.

Gerhardt, W. (2008), "Prosumers: A new growth opportunity", Cisco Internet Business Solutions Group, available at: http://www.cisco.com/web/about/ac79/docs/wp/Prosumer_VS2_POV_0404_FINAL.pdf (accessed 5 January 2010).

Gilmore, F. (2002), "A country—Can it be repositioned? Spain—The success story of country branding", *Journal of Brand Management*, Vol. 9, Nos 4—5, pp. 281—293.

Govers, R. and Go, F. M. (2009), *Place Branding: Glocal, Virtual and Physical Identities, Constructed, Imagined and Experienced*, Palgrave Macmillan, Basingstoke, United Kingdom.

Grabow, B. (1998) *Stadtmarketing: Eine Kritische Zwischenbilanz*, Deutsches Institut für Urbanistik, Berlin, Germany.

Green, B. C. and Chalip, L. (1998), "Sport tourism as the celebration of subculture", *Annals of Tourism Research*, Vol. 25, No. 2, pp. 275—291.

Greenberg, M. (2000), "Branding cities: A social history of the urban lifestyle magazine", *Urban Affairs Review*, Vol. 36, No. 2, pp. 228—263.

Greenley, G. E. and Foxall, G. R. (1997), "Multiple stakeholder orientation in UK companies and the implications for company performance", *Journal of Management Studies*, Vol. 34, No. 2, pp. 259—284.

Guhathakurta, S. and Stimson, R. J. (2007), "What is driving the growth of new 'sunbelt' metro-polises? Quality of life and urban regimes in Greater Phoenix and Brisbane-South East Queensland Region", *International Planning Studies*, Vol. 12, No. 2, pp. 129—152.

Hall, C. M., Sharples, L., Mitchell, R., Macionis, N. and Cambourne, B. (eds) (2003), *Food Tourism Around the World: Development, Management and Markets*, Butterworth-Heinemann, Oxford, United Kingdom.

Hankinson, G. (2001), "Location branding: A study of the branding practices of 12 English cities", *Journal of Brand Management*, Vol. 9, No. 2, pp. 127—142.

Hankinson, G. (2004), "Relational network brands: Towards a conceptual model of place brands", *Journal of Vacation Marketing*, Vol. 10, No. 2, pp. 109—121.

Hankinson, G. (2005), "Destination brand images: A business tourism perspective", *Journal of Services Marketing*, Vol. 19, No. 1, pp. 24—32.

Hankinson, G. (2007), "The management of destination brands: Five guiding principles based on recent developments in corporate branding *theory*", *Journal of Brand Management*, Vol. 14, No. 3, pp. 240—254.

Hankinson, G. (2009), "Managing destination brands: Establishing a theoretical foundation", *Journal of Marketing Management*, Vol. 25, Nos 1—2, pp. 97—115.

Hankinson, G. and Cowking, P. (1995), "What do you really mean by a brand?", *Journal of Brand Management*, Vol. 3, No. 1, pp. 43—50.

Harmaakorpi, V., Kari, K. and Parjanen, S. (2008), "City design management as a local competitive-ness factor", *Place Branding and Public Diplomacy*, Vol. 4, No. 2, pp. 169—181.

Harrisinteractive. com (2009), "Internet users now spending an average of 13 hours a week online", available at: http://news. harrisinteractive. com/profiles/investor/ResLibraryView. asp? BzID = 1963&Category = 1777&ResLibraryID=35164 (accessed 2 January 2010).

Hatch, M. and Schultz, M. (1997), "Relations between organisational culture, identity and image", *European Journal of Marketing*, Vol. 31, No. 5, pp. 356—365.

Hayden, D. (1997), *The Power of Place: Urban Landscapes as Public History*, MIT Press, Cambridge, Massachusetts, United States.

Healey, P. (2004), "Creativity and urban governance", *Policy Studies*, Vol. 25, No. 2, pp. 87—102.

Heldt-Cassel, S. (2003), "Att tillaga en region" (In English: "The taste of the Archipelago. Representations and practises in regional food projects"), *Geografiska Regionstudier*, Vol. 56. Uppsala: Uppsala University.

Heritage Foundation (2010), *Index of Economic Freedom*, available at: http: //www. heritage. org/ Index/ (accessed 2 June 2010) .

Hernandez, J. (2008), "Car-free streets, a Colombian export, inspire debate", *New York Times*, June 24, p. 6.

Hestor, R. (2006), Design for *Ecological Democracy*, MIT Press, Cambridge, United States.

Holman, N. (2008), "Community participation: Using social network analysis to improve developmental benefits", *Environment and Planning C: Government and Policy*, Vol. 26, No. 3, pp. 525—543.

Hong Kong General Chamber of Commerce (2003), "Developing Hong Kong's creative industries — An action-oriented strategy", available at: http: //www. chamber. org. hk/member-area/chamber _view/others/Creative _industries. pdf (accessed 18 February 2010) .

Hong Kong Information Services Department (2008), "Asia's world city", available at: http: //www. info. gov. hk/info/sar5/easia. htm (accessed 3 February 2010) .

Hong Kong Information Services Department (2009), "Hong Kong: The facts (tourism)", avail-able at: http: //www. gov. hk/en/about/abouthk/factsheets/docs/tourism. pdf (accessed 17 January 2010) .

Hooi, N. S. (2009), "Air Asia named world's best low-cost carrier by Skytrax", 4 April, available at: http: //thestar. com. my/news/story. asp? file =/2009/4/4/nation/20090404163724&sec = nation (accessed 27 January 2010) .

Hospers, G. J. (2003), "Creative cities: Breeding places in the *knowledge economy*", *Knowledge, Technology, & Policy*, Vol. 16, No. 3, pp. 143—162.

Hospers, G. J. (2009a), *Citymarketing in Perspectief* (in Dutch), IVIO, Lelystad, The Netherlands.

Hospers, G. J. (2009b), "Lynch, Urry and city marketing: Taking advantage of the city as a built and graphic image", *Place Branding and Public Diplomacy*, Vol. 5, No. 3, pp. 226—233.

Hurme, P. (2001), "Online PR: Emerging organisational practice", *Corporate Communications: An International Journal*, Vol. 6, No. 2, pp. 71—75.

Ilbery, B. and Kneafsey, M. (2000), "Producer construction of quality in regional speciality food production: A case study from South West England", *Journal of Rural Studies*, Vol. 16, No. 2, pp. 217—230.

Illroots (2008), "Sean 'Diddy' Combs featured in NYC's Tourism Campaign 'Just Ask The Locals' ", available at: http://illroots.com/2008/04/28/sean-diddy-combs-featured-in-nycs-tourism-campaign-just-ask-the-locals (accessed 24 January 2010).

Ind, N. and Riondino, C. M. (2001), "Branding on the web: A real revolution?", *Journal of Brand Management*, Vol. 9, No. 1, pp. 8—19.

Insch, A. (in press), "Managing residents' expectations and satisfaction with city life: Application of importance-satisfaction analysis", *Journal of Town and City Management*, Vol. 1, No. 2.

Insch, A. and Florek, M. (2008), "A great place to live, work and play: Conceptualising place satisfaction in the case of a city's residents", *Journal of*

Place Management and Development, Vol. 1, No. 2, pp. 138—149.

Insch, A. and Florek, M. (2010), "Place satisfaction of city residents: Findings and implications for city branding", in Ashworth, G. and Kavaratzis, M. (eds), *Towards Effective Place Brand Management: Branding European Cities and Regions*, Edward Elgar, Cheltenham, United Kingdom.

Interbrand (2009), *Most Valuable Global Brands*, available at: http://www.interbrand.com (accessed 30 September 2009).

International Congress and Convention Association (2008), www.iccaworld.com

IRIS Research (2004), *Wollongong Image Study, 2004: Measuring External Perceptions of Wollongong*, Innovation Campus, University of Wollongong, Australia.

Jain, K. (1988), "Wooden houses", in Michell, G. and Shah, S. (eds), *Ahmadabad*, Marg Publications, Mumbai, India.

Jansson, J. and Power, D. (2006), *Image of the City: Urban Branding as Constructed Capabilities in Nordic City Regions*, Research Report, Nordic Innovation Centre, Oslo, Norway, available at: http://www.nordicinnovation.net/_img/image_of_the_city_—_web.pdf (accessed 2 June 2010).

Jinnai, H. (1995), *Tokyo: A Spatial Anthropology*, University of California Press, Berkeley, United States.

Kajikawa, A., Masuda, Y., Sato, M., Takahashi, N. and Ojima, T. (2005), "A field study on revival conditions of covered rivers in Tokyo's wards", *Journal of Asian Architecture and Building Engineering*, Vol. 4, No. 2, pp. 489—494.

Kapferer, J.-N. (2008), *The New Strategic Brand Management: Creating and Sustaining Brand Equity Long Term*, Fourth edition, Kogan Page, London, United Kingdom.

Kavaratzis, M. (2004), "From city marketing to city branding: Towards a theoretical framework for developing city brands", *Place Branding*, Vol. 1, No. 1, pp. 58—73.

Kavaratzis, M. (2009a), "Cities and their brands: Lessons from corporate branding", *Place Branding and Public Diplomacy*, Vol. 5, No. 1, pp. 26—37.

Kavaratzis, M. (2009b), "What can we learn from city marketing practice?", *European Spatial Research and Policy*, Vol. 16, No. 1, pp. 41—58.

Kavaratzis, M. and Ashworth, G. J. (2006), "City branding: An effective assertion of identity or a transitory marketing trick?", *Place Branding*, Vol. 2, No. 3, pp. 183—194.

Kavaratzis, M. and Ashworth, G. J. (2007), "Partners in coffeeshops, canals and commerce: Marketing the city of Amsterdam", *Cities*, Vol. 24, No. 1, pp. 16—25.

Kazis, N. (2010), "Picturing a car-free seine: The new vision for the Paris waterfront", Streetsblog, 7 May, available at: http://www.streetsblog.org/2010/05/07/picturing-a-car-free-seine-the-new-vision-for-the-paris-waterfront/ (accessed 24 May 2010).

Keith, V. (2010), "Clip-on architecture: Reforesting cities", *Urban Omnibus*, 13 January, available at: http: //urbanomnibus. net/2010/01/clip-on-architecture-reforesting-cities/ (accessed 28 May 2010).

Kelts, R. (1999), 'Hiropon my heroine', *Zoetrope All-Story*, Vol. 3, No. 4, available at: http: //www. all-story. com/issues. cgi?action=show_story&story_id=55 (accessed 5 June 2010).

Kelts, R. (2007), *Japanamerica: How Japanese Pop Culture Has Invaded The U. S.*, Palgrave Macmillan, New York, United States.

Khera, M. (2009), "Ahmedabad: The entrepreneurship capital of India", *The Times of India*, Ahmedabad edition, 13 August, Special Supplement, p. 6.

Kleppe, I. A., Iversen, N. M. and Stensaker, I. G. (2002), "Country images in marketing strategies: Conceptual issues and an empirical Asian illustration", *Journal of Brand Management*, Vol. 10, No. 1, pp. 61—74.

Kneafsey, M. (2000), "Tourism, place identities and social relations in the European rural periphery", *European Urban and Regional Studies*, Vol. 7, No. 1, pp. 19—33.

Kotler, P., Asplund, C., Rein, I. and Haider, D. H. (1999), *Marketing Places Europe: How to Attract Investments, Industries, Residents and Visitors to Cities, Communities, Regions and Nations in Europe*, Financial Times Management, London, United Kingdom.

Kotler, P., Haider, D. and Rein, I. (1993), *Marketing Places: Attracting Investment, Industry, and Tourism to Cities, States, and*

Nations, Free Press, New York, United States.

Kuala Lumpur City Hall (2008), *Draft Kuala Lumpur City Plan 2020*, available at: http://klcity－plan2020.dbkl.gov.my/eis/? page_id =280 (accessed 7 January 2010).

Kumagai, Y. and Yamada, Y. (2008), "Green space relations with residential values in downtown Tokyo: Implications for urban biodiversity conservation", *Local Environment: The International Journal of Justice and Sustainability*, Vol. 13, No. 2, pp. 141－157.

Lanfant, M.－F. (1995), "International tourism, internalization and the challenge to identity", in Lanfant, M.－F., Allcock, J. B. and Bruner, E. M. (eds), *International Tourism: Identity and Change*, Sage Publications, London, United Kingdom, pp. 24－43.

Leonard, M. (1997), *Britain™ Renewing Our Identity*, Demos, London, United Kingdom.

Lindstrom, M. (2001), "Corporate branding and the Web: A global/local challenge", *Journal of Brand Management*, Vol. 8, No. 4/5, pp. 365－368.

Long, L. (ed.) (2004), *Culinary Tourism*, University Press of Kentucky, Lexington, Kentucky, United States.

Lynch, K. (1960), *The Image of the City*, The MIT Press, Cambridge, United States.

MacCannell, D. (1999), *The Tourist: A New Theory of the Leisure Class*, University of California Press, Berkeley, United States.

Markusen, A. (2006), "Urban development and the politics of a creative class: Evidence from a study of artists", *Environment and Planning*, Vol. 38, No. 10, pp. 1921—1940.

Markusen, A. and Schrock, G. (2006), "The distinctive city: Divergent patterns in growth, hierarchy and specialization", *Urban Studies*, Vol. 43, No. 8, pp. 1301—1323.

Marshall, T. (ed.) (2004), *Transforming Barcelona*, Routledge, London, United Kingdom.

Martinez, J. G. (2007), "Selling avant-garde: How Antwerp became a fashion capital (1990—2002)", *Urban Studies*, Vol. 44, No. 12, pp. 2449—2464.

McCleary, K. W. and Whitney, D. L. (1994), "Projecting Western consumer attitudes toward travel to six Eastern European countries", in Uysal, M. (ed.), *Global Tourist Behaviour*, International Business Press, New York, United States, pp. 239—256.

McWilliam, G. (2000), "Building stronger brands through online communities", *Sloan Management Review*, Vol. 41, No. 3, pp. 43—54.

Mehta, H. (2010), "Vibrant Gujarat 2011 attempts a Davos", *The Times of India*, Ahmedabad edition, 5 February, p. 1.

Mehta, R. N. and Jamindar, R. (1988), "Urban context", in Michell, G. and Shah, S. (eds), *Ahmadabad*, Marg Publications, Mumbai, India.

Melissen, J. (2005), "Wielding soft power: The new public diplomacy", Netherlands Institute of International Relations "Clingendael", available at: http://www.clingendael.nl/publications/2005/20050500_

cdsp _paper _diplomacy _2_melissen. pdf (accessed 5 June 2010) .

Mercer Human Resource Consulting (2008), *Quality of Living Global City Rankings* 2008, available at: http: //www. mercer. com/summary. htm? idContent=1307990 (accessed 25 May 2010) .

Merton, R. (1968), "The Matthew effect in science", Science, Vol. 159, No. 3810, pp. 56—63.

Metzger, J. (2005), "I Köttbullslandet: Konstruktionen av svenskt och utländskt på det kulinariska få ltet" (In the land of meatballs: The historical construction of Swedishness and foreignness in the culinary field), *Stockholm Studies in Economic History* 42, Stockholm University, Sweden.

Miele, M. and Murdoch, J. (2002), "The practical aesthetics of traditional cuisines: Slow food in Tuscany", *Sociologia Ruralis*, Vol. 42, No. 4, pp. 312—328.

Miguéns, J. , Baggio, R. and Costa, C. (2008), "Social media and tourism destinations: TripAdvisor case study", *Advances in Tourism Research*, Aveiro, Portugal, 26—28 May.

Mishima, Y. , Shikanai, K. , Hayashi, M. and Ishikawa, M. (2010), "Revitalization of the Kyobashi River in Tokyo", paper presented at 15th Inter-University Symposium on Asian Mega-Cities (IUSAM), 11—12 March, University of Tokyo, Japan.

Mitchell, R. K. , Agle, B. R. and Wood, D. J. (1997), "Toward a theory of stakeholder identification and salience: Defining the principle of who and what really counts", *Academy of Management Review*, Vol. 22,

No. 4, pp. 853—886.

Miyazaki, H. (1991), *Totoro no sumu ie* [The place where Totoro lives], Asahi Shinbunsha, Tokyo, Japan.

Moilanen, T. and Rainisto, S. (2008), *How to Brand Nations, Cities and Destinations: A Planning Book for Place Branding*, Palgrave Macmillan, London, United Kingdom.

Morgan, N. (2004), "Problematizing place promotion", in Lew, A., Hall, C. and Williams, A. (eds), *A Companion to Tourism*, Blackwell, Oxford, United Kingdom, pp. 173—183.

Morgan, N., Pritchard, A. and Pride, R. (2002), *Destination Branding-Creating the Unique Destination Proposition*, Butterworth-Heinemann, Oxford, United Kingdom.

Morgan, N., Pritchard, A. and Pride, R. (2004), *Destination Branding: Creating the Unique Destination Proposition*, Second edition, Elsevier, Butterworth-Heinemann, Oxford, United Kingdom.

Morton, L. W., Chen, Y. C. and Morse, R. (2008), "Small town civic structure and interlocal collaboration for public services", *City & Community*, Vol. 7, No. 1, pp. 45—60.

Moscardo, G. (1996), "Mindful visitors: Heritage and tourism", *Annals of Tourism Research*, Vol. 23, No. 2, pp. 376—397.

Mossberg, L. and Getz, D. (2006), "Stakeholder influences on the ownership and management of festival brands", *Scandinavian Journal of Hospitality and Tourism*, Vol. 6, No. 4, pp. 308—326.

Muniz, A. M. and O' Guinn, T. C. (2001), "Brand community",

Journal of Consumer Research, Vol. 27, No. 4, pp. 412—432.

Muntal, J. (2009), "Propuesta de Plan Estratégico Conglomerado de Turismo en Montevideo" [Competitiveness reinforcement plan], available at: http://www.diprode.opp.gub.uy/pacc/mvd/ planestrategico.pdf (accessed 2 June 2010).

Musa, G. (2000), "Tourism in Malaysia", in Hall, C. M. and Page, S. (eds), *Tourism in South and South East Asia: Issues and Cases*, Butterworth-Heinemann, Oxford, United Kingdom, pp. 144—156.

New Economics Foundation (NEF) (2004), "Clone town Britain", New Economics Foundation, United Kingdom.

New StraitsTimes (2010), "Putrajaya, Cyberberjaya aim low", 22 January, p. 12.

Nilsson, P. Å. (2007), "Stakeholder theory: The need for a convenor. The case of Billund", *Scandinavian Journal of Hospitality and Tourism*, Vol. 7, No. 2, pp. 171—184.

Nordic Council (2005), *The Nordic Council Declaration in Aarhus on a New Nordic Cuisine*, signed 30 June 2005, Nordic Council, Copenhagen, Denmark.

O'Flaherty, B. (2005), *City Economics*, Harvard University Press, Cambridge, United States.

O'Keefe, K. (2008), "75% of journalists use blogs for story ideas: New survey", available at: http://kevin.lexblog.com/2008/01/articles/public-relations/75-of-journalists-use-blogs-for-story-ideas-new-survey/ (accessed 15 January 2010).

Oakes, T. S. (1993), "The cultural space of modernity: Ethnic tourism and place identity in China", *Society and Space*, Vol. 11, No. 1, pp. 47—66.

Obama, B. (2009), *Speech to the Parliament of Republic of Ghana*, 11 July.

OECD (1995), *Niche Markets as a Rural Development Strategy*, Organisation for Economic Co-operation and Development, Paris, France.

OECD (2005), *Culture and Local Development*, OECD, Paris, France.

Ooi, C.-S. (2005), "State-civil society relations and tourism: Singaporeanizing tourists, touristify-ing Singapore", *Sojourn-Journal of Social Issues in Southeast Asia*, Vol. 20, No. 2, pp. 249—272.

Ooi, C.-S. (2007), "The creative industries and tourism in Singapore", in Richards, G. and Wilson, J. (eds), *Tourism, Creativity and Development*, Routledge, London, United Kingdom, pp. 240—251.

Ooi, C.-S. (2008), "Reimagining Singapore as a creative nation: The politics of place branding", *Place Branding and Public Diplomacy*, Vol. 4, No. 4, pp. 287—302.

Ooi, C.-S. and Stöber, B. (2010), "Authenticity and place branding: The arts and culture in branding Berlin and Singapore", in *Re-Investing Authenticity: Tourism, Places and Emotions*, Knudsen, B. T. and Waade, A. M. (eds), Channel View Publications, Bristol, United Kingdom, pp. 66—79.

Osborne, P. (2000), *Travelling Light: Photography, Travel and*

Visual Culture, Manchester University Press, Manchester, United Kingdom.

Paddison, R. (1993), "City marketing, image reconstruction and urban regeneration", *Urban Studies*, Vol. 30, No. 2, pp. 339—350.

Palmer, A. (2002), "Destination branding and the Web", in Morgan, N., Pritchard, A. and Pride, R. (eds), *Destination Branding: Creating the Unique Destination Proposition*, Butterworth-Heinemann, Oxford, United Kingdom, pp. 186—197.

Papadopoulos, N. and Heslop, L. A. (1993), *Product-Country Images: Impact and Role in Inter-national Marketing*, International Business Press, New York, United States.

Parent, M. M. and Deephouse, D. L. (2007), "A case study of stakeholder identification and prioritization by managers", *Journal of Business Ethics*, Vol. 75, No. 1, pp. 1—23.

Parkerson, B. and Saunders, J. (2005), "City branding: Can goods and services branding models be used to brand cities?", *Place Branding*, Vol. 1, No. 3, pp. 242—264.

Parmar, V. (2008), "Here,farmers welcome Nano", *Sunday Times*, Ahmedabad edition, 5 October, p. 1.

Peck, J. (2005), "Struggling with the creative class", *International Journal of Urban and Regional Research*, Vol. 29, No. 4, pp. 740—770.

Peel, D. and Lloyd, G. (2008), "New communicative challenges: Dundee, place branding and the reconstruction of a city image", *Town Planning Review*, Vol. 79, No. 5, pp. 507—532.

Pesek, W. (2006), "Our future up in the air", *The Standard*, 8 December, available at: http: //www. thestandard. com. hk/news _detail. asp? pp_cat=15&ar t_id=33647&sid=1122481 3&con_type=1&d_str=20061208&sear_year=2006 (accessed 20 May 2010) .

Peterson, R. A. and Jolibert, A. J. P. (1995), "A meta-analysis of country—of—origin effects", *Journal of International Business Studies*, Vol. 26, No. 4, pp. 883—900.

Pine, J. and Gilmore, J. (1999), *The Experience Economy: Work is Theatre & Every Business a Stage*, Harvard Business School Press, Boston, United States.

Prashanth, B. (2009), "Ahmedabad: The city of the future", *The Times of India*, Ahmedabad edition, 10 October, Special Supplement, p. 1.

Prentice, R. and Andersen, V. (2007), "Interpreting heritage essentialisms: Familiarity and felt history", *Tourism Management*, Vol. 28, No. 3, pp. 661—676.

"Promoting Edinburgh as a destination: Investigating the future promotion of Edinburgh as a place to live, invest and visit" . February 2008, The Communication Group. Available at: http: //www. edinburgh. gov. uk/internet/Attachments/Internet/Business/Economic _develop-ment/Promoting _ Edinburgh _ as _ a _ Destination. pdf (accessed 12 February 2010) .

Puczko, L. , Ratz, T. and Smith, M. (2007), "Old city, new image: Perception, positioning and pro-motion of Budapest", *Journal of*

Travel and Tourism Marketing, Vol. 22, No. 3, pp. 21—34.

Puntigam, M., Braiterman, J. and Suzuki, M. (2010), "Biodiversity and new urbanism in Tokyo: The role of the Kanda River", paper presented at the International Federation of Landscape Architects 47th World Congress, 28—30 May, Suzhou, China.

Reader, J. (2004), *Cities*, Atlantic Monthly Press, New York, United States.

Richards, B. (1992), *How to Market Tourist Attractions, Festivals, and Special Events*, Longman, Essex.

Robertson, S. (2008), "Malaysia education: Strategic branding leads to growth in international student numbers 2006—8", *GlobalHigherEd*, available at: http://globalhighered.wordpress.com/2008/03/16/malaysias-international-student-numbers-increase-by-30-between—2006—8/ (accessed 27 January 2010).

Rowley, J. (2004), "Online branding", *Online Information Review*, Vol. 28, No. 2, pp. 131—138.

Russell, D., Mort, G. S. and Hume, M. (2009), "Analysis of management narrative to understand social marketing strategy: The case of 'Branding Logan City'", *Australasian Marketing Journal*, Vol. 17, No. 4, pp. 232—237.

Saffron Brand Consultants (2008), *The City Brand Barometer* 2008, www.saffron—consultants.com.

Salomonsson, A. (1984), "Some thoughts on the concept of revitalization", *Ethnologia Scandinavica*, Vol. 1, pp. 34—47.

Sauer, A. (2006), "Las Vegas cashes in", Brandchannel, available at: http://www.brandchannel.com/features_profile.asp?pr_id=292 (accessed 10 July 2009).

Scott, A. J. (2006), "Creative cities: Conceptual issues and policy questions", *Journal of Urban Affairs*, Vol. 28, No. 1, pp. 1—17.

Selby, M. (2004), *Understanding Urban Tourism: Image, Culture and Experience*, I. B. Taurus & Co., London, United Kingdom.

Seno, A. (2009), "Art wars: Hong Kong vs Singapore", *Wall Street Journal* [online], 30 October, available at: http://online.wsj.com/article/SB125678376301415081.html (accessed 24 November 2009).

Sesser, S. (2006), "The cheapest city on earth", *The Wall Street Journal* [online], 21 October, available at: http://online.wsj.com/article/SB116137824861399313.html (accessed 21 January 2010).

Shah, R. (2008), "Nano will be made in Ahmedabad", *Sunday Times*, Ahmedabad edition, 5 October, p. 1.

Shah, R. and Shukla, N. (2009), "Liquidity flows into 'dry' Gujarat", *The Times of India*, Ahmedabad edition, 12 January, p. 1.

Sharp, L. (2001), "Positive response action: The ultimate goal of website communication", *Journal of Communication Management*, Vol. 6, No. 1, pp. 41—52.

Sheth, J. and Sisodia, R. (2005), "A dangerous divergence: Marketing and society", *Journal of Public Policy and Marketing*, Vol. 24, No. 1, pp. 160—162.

Skinner, H. (2005), "Wish you were here? Some problems associated with integrating marketing communications when promoting place brands", *Place Branding*, Vol. 1, No. 3, pp. 299—315.

Smith, A. (2005), "Conceptualizing city image change: The 're—imaging' of Barcelona", *Tourism Geographies*, Vol. 7, No. 4, pp. 398—423.

Smith, M. F. (2004), "Brand Philadelphia: The power of spotlight events", in Morgan, N., Pritchard, A. and Pride, R. (eds), *Destination Branding: Creating the Unique Destination Proposition*, Second edition, Butterworth-Heinemann, Oxford, United Kingdom, pp. 261—278.

Sterne, J. (1999), *WorldWideWeb Marketing*, Second edition, Wiley, NewYork, United States.

Svenska Livsmedel (2009), "Det nya matlandet: Att göra näringspolitik av gastronomi" (In English: The new food land: Making economic policies of gastronomy), *Svenska Livsmedel*, No. 6, pp. 20—22.

Sya, L. S. (2005), *Branding Malaysia*, Oak Enterprise, Petaling Jaya, Malaysia.

Tatevossian, A. R. (2008), "Domestic society's (often-neglected) role in nation branding", *Place Branding and Public Diplomacy*, Vol. 4, No. 2, pp. 182—190.

Tellström, R., Gustafsson, I. B. and Mossberg, L. (2005), "Local food cultures in the Swedish rural economy", *Sociologia Ruralis*, Vol. 45, No. 4, pp. 346—360.

Tellström, R., Gustafsson, I. B. and Mossberg, L. (2006),

"Origin as brand: Converting anonymous food products into symbols of place using regional food cultural heritage", *Place Branding*, Vol. 2, No. 2, pp. 130—143.

Temporal, P. (2001), *Branding in Asia*, John Wiley and Sons, Singapore.

The Economist (2008), "The rivals-London and Paris", 15 March, p. 35.

The Globe and Mail (1987), Peter Ustinov Interview with John Bentley Mays, 1 August 1987.

The Governor's Residence Cookery Book-Food from the West for Everyday and Festive Meals (1999). (In Swedish: Residensets kokbok: Mat från väst till vardag och fest., Nordbok International, Gothenburg, Sweden.

The Star Online (2008), "Highlights of Budget 2009", 29 August, available at: http://thestar.com.my/news/story.asp?file=/2008/8/29/budget2009/20080829161149&sec=budget2009 (accessed 11 January 2010).

The Times of India (2009), "Apco to market Vibrant Guj", Ahmedabad edition, 15 October, p. 1.

The Times of India (2010a), "One more feather in the cap for city BRTS", 29 May, p. 2.

The Times of India (2010b), "At 50, ready to rival Mumbai", Ahmedabad edition, 1 May, p. 1.

Therkelsen, A. and Halkier, H. (2008), "Contemplating place branding umbrellas. The case of coordinated national tourism and business promotion in Denmark", *Scandinavian Journal of Hospitality and Tourism*, Vol. 8, No. 2, pp. 159—175.

Thetourismcompany. com (2009), "Twitter and its use by tourism destinations", available at: http://www.thetourismcompany.com/topic.asp? topicid=21 (accessed 12 January 2010).

Tourismireland. com (2007), "Tourism Ireland launches the world's first tourism marketing drive in 'Second Life'", available at: http://www.tourismireland.com/Home/about-us/press-releases/2007/Tourism-Ireland-Launches-the-World%E2%80%99s-First-Tourism.aspx (accessed 6 January 2010).

Travolution. co. uk (2009), "Case study-WAYN-Joburg tourism", available at: http://www.travolution.co.uk/articles/2009/02/23/2258/case-study-wayn-joburg-tourism.html (accessed 5 January 2010).

Tregear, A. (1998), "Artisan producers in the UK food system: Attributes and implications", paper presented at the Agricultural Economics Society Annual Conference, University of Reading, 26 March 1998.

Tregear, A. (2003), "From Stilton to Vimto: Using food history to re-think typical products in rural development", *Sociologia Ruralis*, Vol. 43, No. 2, pp. 91—108.

Trubek, A. (2008), *The Taste of a Place: A Cultural Journey into Terror*, University of California Press, Berkeley, United States.

Trueman, M., Cook, D. and Cornelius, N. (2008), "Creative dimensions for branding and regen-eration: Overcoming negative perceptions *of a city*", *Place Branding and Public Diplomacy*, Vol. 4, No. 1, pp. 29—44.

Trueman, M., Klemm, M. and Giroud, A. (2004), "Can a city communicate? Bradford as a corporate brand", *Corporate Communications: An International Journal*, Vol. 9, No. 4, pp. 317—330.

United Nations (2005), *World Urbanization Prospects: The* 2005 *Revision*, Population Division, Department of Economic and Social Affairs, United Nations, available at: http://www.un.org/esa/population/publications/WUP2005/2005wup.htm.

United Nations Population Fund (2007), *State of World Population* 2007: *Unleashing the Potential of Urban Growth*, available at: http://www.unfpa.org/swp/2007/english/introduction.html (accessed 15 May 2010).

Urry, J. (1990), *The Tourist Gaze: Leisure and Travel in Contemporary Societies*, Sage, London, United Kingdom.

Urry, J. (1995), *Consuming Places*, Routledge, London, United Kingdom.

Urry, J. (2002 [1990]), *The Tourist Gaze: Leisure and Travel in Contemporary Societies*, Second edition, Sage Publications, London, United Kingdom.

Valerio, P., Baker, B. and Gulloch, G. (1999), *Wollongong Image Strategy*, Report to Wollongong City Council, Wollongong, Australia.

Vallaster, C. and de Chernatony, L. (2006), "Internal brand building and structuration: The role of leadership", *European Journal of*

Marketing, Vol. 40, No. 7/8, pp. 761—784.

van Gelder, S. (2008), "An introduction to city branding", available at: www. placebrands. net/ _files/An _Introduction _to _City _Branding. pdf (accessed 20 January 2010).

Vanolo, A. (2008), "Internationalization in the Helsinki metropolitan area: Images, discourses and metaphors", *European Planning Studies*, Vol. 16, No. 2, pp. 229—252.

Vastu-Shilpa Foundation (2002), *The Ahmedabad Chronicle: Imprints of a Millennium*, Vastu Shilpa Foundation for Studies and Research in Environmental Design, Ahmedabad, India.

Vasudevan, S. (2008), "The role of internal stakeholders in destination branding: Observations from Kerala tourism", *Place Branding and Public Diplomacy*, Vol. 4, No. 4, pp. 331—335.

Verlegh, P. W. J. and Steenkamp, J-B. E. M. (1999), "A review and meta-analysis of country-of-origin research", *Journal of Economic Psychology*, Vol. 20, No. 5, pp. 521—546.

Visit Aarhus (2010), *Frontpage*, available at: http: //www. visitaarhus. com/international/en-gb/menu/turist/turist-maalgruppe-forside. htm (accessed 5 February 2010).

Waller, J. and Lea, S. E. G. (1999), "Seeking the real Spain? Authenticity in Motivation", *Annals of Tourism Research*, Vol. 26, No. 1, pp. 110—129.

Watson, S. (1991), "Gilding the smokestacks: The new symbolic representations of de-industrialised regions", *Environment and Planning*

D: *Society and Space*, Vol. 9, No. 1, pp. 59—70.

Weisman, A. (2007), *The World Without Us*, St Martin Press, NewYork, United States.

White, C. and Raman, N. (1999), "The World Wide Web as a public relations medium: The use of research, planning and evaluation in website development", *Public Relations Review*, Vol. 25, No. 4, pp. 405—513.

Williams, A., Kitchen, P., Randall, J. and Muhajarine, N. (2008), "Changes in quality of life perceptions in Saskatoon, Saskatchewan: Comparing survey results from 2001 and 2004", *Social Indicators Research*, Vol. 85, No. 1, pp. 5—22.

Winn, M. (2008), *Central Park in the Dark*: *More Mysteries of Urban Wildlife*, Farrar, Straus and Giroux, New York, United States.

Winter, C. (2009), *Branding Finland on the Internet*: *Images and Stereotypes in Finland's Tourism Marketing*, Master's Thesis, University of Jyväskylä, Jyväskylä, Finland, available at: https: // jyx. jyu. fi/ dspace/bitstream/handle/123456789/21829/URN _ NBN _ fi _ jyu — 200910073971. pdf? sequence=1 (accessed 28 May 2010).

Wolf, E. (2006), *Culinary Tourism*: *The Hidden Harvest*, Kendall/Hunt Publishing Company, United States.

Wollongong City Council (2010a), *Community Profile*, available at: http: //profile. id. com. au/ Default. aspx? id = 302 (accessed 15 January 2010).

Wollongong City Council (2010b), *City of Innovation*, available at: http: //www. wollongong. nsw. gov. au/ (accessed 15 January 2010).

Wong, A. (2008), "Heritage and ecology may become part of Hong Kong branding", *South China Morning Post*, 29 September, p. 5.

Yale Center for Environmental Law and Policy, and Center for International Earth Science Information Network, Columbia University (2010), 2010 *Environmental Performance Index*, Yale University, Yale, available at: http: //epi. yale. edu/file _columns/0000/0008/epi－2010. pdf (accessed 5 February 2010) .

Yoder, D. (1981), "The sausage culture of the Pennsylvania Germans", in Fenton, A. and Owen, T. M. (eds), *Food in Perspective: Proceedings of the Third International Conference on Ethnological Food Research, Cardiff, Wales*, 1977, J. Donald Publishers Ltd, Edinburgh, United Kingdom, pp. 409－425.

Zanina, P. (2010), "We' re tops in tourism", *Travel Times/New Straits Times* [online], available at: http: //travel. nst. com. my/article/FeatureStory/20100105100226/Article/print _ html (accessed 29 January 2010) .

Zeller, Jr, T. (2009), "Bloomberg eyes Danish offshore wind farm and sees NewYork's future", *New York Times*, 14 December, available at: http: //greeninc. blogs. nytimes. com/2009/12/14/ bloomberg-eyes-danish-offshore-wind-farm-and-sees-new-yorks-future/? scp = 3&sq = copenhagen%20wind&st=cse (accessed 5 February 2010) .

Zenker, S. (2009), "Who's your target? The creative class as a target group for place branding", *Journal of Place Management and Development*, Vol. 2, No. 1, pp. 23－32.

Zhang，L. and Zhao，S. X.（2009），“City branding and the Olympic effect：A case study of Beijing”，*Cities*，Vol. 26，No. 5，pp. 245－254.

推荐读物

Baker, B. (2007), *Destination Branding for Small Cities: The Essentials for Successful Place Branding*, Creative Leap Books, Portland Oregon, USA. Succinct and compelling, an easy-read recipe for branding success from one of today's top destination marketers and an architect of the Australian Tourism Commission's 'Shrimp on the Barbie' campaign.

Greenberg, M. (2008), *Branding New York City: How a City in Crisis Was Sold to the World*, Routledge, London and New York. Meticulously researched, this study is written by a socio-logist rather than a marketer, and provides an interesting perspective on New York City's woes during the 1970s as the campaign was developing.